Heidi Dohmen

Vergessene Aspekte des Horoskops

Standardwerke der Astrologie

Heidi Dohmen

Vergessene Aspekte des Horoskops

Die geheimnisvollen quintilischen Winkel in der Astrologie

Deutsche Erstausgabe
ISBN 978-3-89997-281-8

Lektorat: Andrea John
Umschlag: Judith Hamann, Tübingen
Foto Vorderseite © shutterstock
Foto Rückseite © Rolf Baltensperger

Druck: SDL, Berlin

Zu beziehen über:
Chiron Verlag, Postfach 1250, D-72002 Tübingen
www.chiron-verlag.de

Inhaltsverzeichnis

Mein großer Dank

für die kompetente Unterstützung, was Gehalt und Gestalt des Buches betrifft, geht an:

Andrea John, Lehrerin, Autorin von Lehrmitteln, Ausbildung in Astrologie, Astrologie-Kursleiterin SAF, die als Lektorin das Manuskript mit viel Geduld und Ausdauer akribisch überprüft und korrigiert hat.

Sowie an meine Tochter, *Sonja Granchi*, die sich stets für mein Wissensgebiet interessiert hat. Sie hat das Manuskript kritisch durchforstet und gegliedert.

Beide haben viel zur Entstehung dieses Buches beigetragen.

Dank gebührt auch *Leo Glatz*, mit dessen ausgezeichneter Astro-Software *Chiron 7* die Horoskop-Bilder erstellt wurden (www.astroleo.ch).

Ebenso *Rolf Baltensperger*, Präsident des *Schweizer Astroforum SAF*, der mich ab Beginn meiner Artikelreihe »Quintilische Aspekte« im KURIER des SAF ermuntert und unterstützt hat, diesen brisanten Stoff in ein Buch umzusetzen.

Mein Weg zu den quintilischen Aspekten

Durch das Studium der Astrologie bemüht sich der Mensch, Gesetzmäßigkeiten seines Seins in dieser Welt sowie des Seins an sich zu erkennen, um im besten Fall daraus Lehren für seine Lebensgestaltung zu gewinnen.

Astrologie bedient sich dazu des 360°-Kreises und weiterer geometrischer Formen wie Dreiecke, Vier- bis Zwölfecke, wie aus der einschlägigen Literatur hervorgeht. Das Fünfeck, das Pentagramm fehlt jedoch meist, macht höchstens Negativschlagzeilen. Das Durchforsten der deutschsprachigen astrologischen Literatur dazu ergab zu fast 99 Prozent: »Quintilische Aspekte sind unbedeutend, unwichtig und nur schwach wirkend, am besten, man lässt sie ganz weg.«

Mir – mit Aszendent Skorpion – war das Impuls genug, den quintilischen Aspekten nachzugehen und diesen zu ihrer Würde und Beachtung zu verhelfen. Unterwegs damit, stieß ich auf die ebenfalls selten benützten und kaum beschriebenen Aspekte der Decilreihe, die in entsprechenden Horoskopen, z. B. von Architekten und anderen Planern, ausschlaggebend sind. Damit hoffe ich, auf sie aufmerksam zu machen.

Ich freue mich, wenn meine Darstellungen zu Erkenntnissen in der Leserschaft führen, was ihre Geburtsbilder betrifft.

Noch Schülerin, 14-jährig, kam ich durch meine Mutter Olga zur Astrologie. Sie, begeisterte Leserin esoterischer Literatur, war eben auf die Astrologie gestoßen. Ich war stets an ihrer Lektüre interessiert, nahm vieles auf.

Meine Mutter bestellte nach Probeheften den monatlich erscheinenden LEHRGANG ASTROLOGIE im Baumgarten Verlag in Deutschland. Ich las die Hefte mit und schließlich allein. Mit dem

Errechnen und Zeichnen der Horoskope kam ich besser zurecht als sie. Als meine Mutter bald darauf die Horoskope der Familie und Verwandtschaft hatte und studieren konnte, war ihre Neugier zum Thema Astrologie gestillt. Sie wandte sich der PSYCHO-PHYSIOGNOMIK von Carl Huter zu. Dabei wurde sie – als Waage-Geborene – bald virtuos im Erkennen feinster Nuancen im menschlichen Aussehen und Ausdruck. Mich dagegen begleitete die Astrologie bis zum heutigen Tag – seit bald 70 Jahren – intensiv und als Berufung. Ich glaube nicht an die Astrologie, ich weiß um sie.

Seit 1953 arbeite ich mit dem Quintil. Basierend auf meinen Erkenntnissen ist es mir unverständlich, dass ein Aspekt dieser Stärke und Bedeutung von der Mehrzahl der AstrologInnen und Schulen bis heute kaum berücksichtigt wird. Ein besonderes Erlebnis hat mich darin bestärkt, diesen Aspekt stets mitzuführen und im Auge zu behalten. Alles begann mit dem Horoskop des Oberlehrers, zu dessen Kollegium ich gehörte. Er war dem Pensionsalter nahe, ich etwas über zwanzig. Er hatte Prinzipien, was sein Amt als Schulleiter betraf, die mir zumindest ungewöhnlich vorkamen. Gespräche mit ihm waren stets interessant, er war ein Mann mit geistiger Kapazität. Als wir u. a. auf die Astrologie zu sprechen kamen, bot ich ihm an, sein Horoskop zu berechnen.

Ich zeichnete also Häuser, Planeten und Aspekte ein … und als ich fertig war, prangte in seinem Horoskop ein vollständiges Pentagon! Was bedeutete das? Auf brauchbare Literatur darüber war ich noch nicht gestoßen. Ich empfand dessen magischen Charakter und diesen wiederum als passend zu diesem Menschen, konnte jedoch keine weiterführenden Unterlagen zu quintilischen Aspekten finden. Nach reiflichem Überlegen und intuitivem Kombinieren im Hinblick auf die Persönlichkeit des Mannes fragte ich ihn alsbald bei der Besprechung des Horoskops, ob er in einem Geheimbund mitmache. Ins Schwarze getroffen! Sein Erstaunen und der Schreck waren groß. Nie hatte er jemandem etwas darüber verraten. Ausgerechnet dieses junge Ding entriss ihm das Geheimnis! Zum Glück konnte er mit meiner Verschwiegenheit rechnen. Die Mitgliedschaft im Geheimbund passte zur geistesgeschichtlichen Bedeutung der

Zahl fünf, dem magischen Charakter des Fünfecks – dem Pentagramm – sowie zu teilweise okkulten Praktiken im Rahmen des Fünfsterns.

Es sollte jahrzehntelang das einzige Horoskop meiner Sammlung mit einem quintilisch exakt angeordneten Fünfstern als Komponente bleiben. Erst nach vielen Jahren, 1973, nach der Geburt meiner Tochter Nelia, begegnete ich dem perfekten Fünfeck im Horoskop erneut, diesmal samt andauerndem Erlebnisunterricht über Wesen und Erscheinungsform quintilischer Aspekte! Das Interesse für deren Bedeutung war erneut geweckt und die zu ergründende Thematik ließ mich nie mehr los.

Ab 2011 forschte ich systematisch im Bereich sämtlicher quintilischer Aspekte. Dieses Buch basiert auf den von mir im KURIER, der Fachschrift des Schweizer Astroforums (SAF), von 2012 bis 2019 veröffentlichten Aufsätzen mit Beispielhoroskopen. Sowohl die aussagekräftigsten Beispiele als auch die Quintessenz meiner Erkenntnisse und Schlussfolgerungen präsentiere ich einer geneigten Leserschaft im vorliegenden Buch.

Ihre Heidi Dohmen
im April 2020

Forschungserfahrungen

Am Ausgangspunkt meiner Forschungen

Die Faszination des geheimnisvollen Quintils hat, wie im Vorwort geschildert, bei mir schon früh an Boden gewonnen. So kam es, dass bereits ab 1979 die SchülerInnen des Schweizer Astroforums SAF Quintil und Biquintil in ihrer Ausbildung kennenlernten. Intensive Beschäftigung mit dem quintilischen Horoskop zeigte bald, dass es sich – was dessen Bedeutung betrifft – nicht einfach um ein Anhängsel an das gewohnte Geburtsbild handeln konnte. Ich wurde mir zunehmend sicherer, dass diesem eine weitere Dimension der Deutung zukommt. Aber welche? Ich wollte herausfinden, welche Bedeutung die quintilischen Aspekte in ihrer Gesamtheit haben und wie sich die einzelnen Aspekte differenzieren. Es konnte, aus rein logischen Überlegungen heraus, nicht sein, dass sämtliche quintilischen Aspekte dieselbe Bedeutung hatten. Als Verwandte stimmen sie in ihrer Grundbedeutung überein, als Einzelne tragen sie, entsprechend ihrem jeweils eigenen mathematischen Hintergrund, ihren speziellen, individuellen Charakter, wie alle anderen Aspektarten auch.

Stets klar war mir, dass es sich dabei nicht um meine »Erfindung« handeln konnte. Ich musste finden, was verborgen schon existierte! Ausgehend von einem bedeutenden mathematisch-wissenschaftlichen Astrologen des 16. und 17. Jahrhunderts, Johannes Kepler, machte ich mich auf den Weg, um zu entdecken, was es zu erforschen geben könnte …

Mein **Forschungsschwerpunkt** war, die Charakteristik der unterschiedlichen quintilischen Aspekte, über die Grundbedeutung hinaus, herauszuarbeiten. Ich bemühte mich um Differenzierungen in der Sache: Was bedeuten die unterschiedlich großen Winkel quintilischer Aspekte (Halbdecil 18°, Decil 36°, Quintil 72°,

Biquintil 144°, Tridecil 108°), was bedeuten die Aspektfiguren unter deren Beteiligung?

Ich suchte und fand erste Anknüpfungspunkte in der astrologischen Literatur. Die Deutungsvorschläge zum quintilischen Aspekt sollten grundsätzlich und in der Folge die Hypothesen, die von Astrologen der Vergangenheit und Gegenwart zu den unterschiedlichen quintilischen Aspektgrößen gemacht wurden, mit den Forschungsergebnissen verglichen und diskutiert werden. Die dort vorhandenen und die aus den laufenden Ergebnissen abgeleiteten eigenen Hypothesen habe ich über den Forschungszeitraum mittels Studium verschiedener Kategorien von Personengruppen validiert. Ich gewann Erkenntnisse aus der Gegenüberstellung zwischen vorgefundenen Deutungen quintilischer Aspekte und Resultaten aus der eigenen Forschungsreihe.

Definitionen

Das Kernhoroskop: Für dieses Bild werden ausschließlich Aspekte mit maximal 1° Orbis berücksichtigt. Dies entspricht der Reduktion auf die wesentlichsten Aspekte des Horoskops.

Orbis: Die SAF-Orben für das übliche Horoskop betragen maximal 5° für Aspekte mit Sonne und Mond, maximal 4° für Aspekte mit allen anderen Faktoren.
Quintile und Biquintile 4° (mit den persönlichen Punkten Sonne, Mond, AC und MC 5°), Tridecile 2°, Decile 1°.

Orbis-Erweiterungen: Eine Regel erlaubt bekanntlich, den Orbis von Aspekten bei Beteiligung an Aspektfiguren etwas zu erweitern. Transite und Direktionen vervollständigen ungenaue Figuren nämlich zeitweise exakt. Bei Beinahe-Figuren kann der Orbis folglich um 1–2° erhöht werden.
Diese Orbis-Erweiterung kann auch im Sinne einer Gesamtaussage infolge der Häufigkeit einer bestimmten Aspektart zur Anwendung kommen. Größerer Orbis heißt in diesen Fällen »früher/später« oder »schwächer«, was für das psychologische

Verständnis hilfreiche Information sein kann. Schließlich mögen Tierkreiszeichen, Häuser und Quadranten weitere wichtige Hinweise geben.

Studium der Literatur: erste praktische Maßnahmen

Umfangreiche Recherchen über die Jahrhunderte astrologischer Literatur hinweg brachten wenig brauchbare Hinweise zum Thema; das Quintil glänzte vor allem mit Abwesenheit oder galt als Randerscheinung. Die meisten Autoren erwähnten es gar nicht, oder empfahlen dessen Nichtbeachtung, seiner schwachen Wirkung wegen. Umso bedeutender waren die vorhandenen Arbeiten zum Thema, wie die von Gertrud Hürlimann und Dr. Hans Jörg Walter.

Ich war erstaunt und enttäuscht, in der Literatur, mit seltenen Ausnahmen, nichts Gescheites über quintilische Aspekte zu finden. Ich fand es amateurhaft und oberflächlich, wie diese fast durchgehend den »kleinen, unbedeutenden Aspekten« zugeordnet und damit abgetan wurden. Dass quintilische Aspekte als schwach wirkend und vielfach heute noch als unbedeutend bezeichnet werden, deckt sich mit den allgemeinen Schwierigkeiten im Verständnis und Umgang mit den Regungen der Seele, auch im astrologischen Bereich. Immerhin schien man/frau zu ahnen, dass diese Aspekte nicht wie üblich gedeutet werden können. Also müssen die quintilischen Aspekte einer anderen Dimension des Geburtsbildes angehören.

Im Rahmen der Erforschung von Beispielhoroskopen, u. a. anhand der Thesen von Dr. Hans-Jörg Walter, bekam ich erste vielversprechende Anregungen und Antworten. Und etwas Unerwartetes traf ein: Die Erfahrung mit dem Einbezug aller quintilischen Aspekte zeigte alsbald, dass Horoskope durch diese zusätzlichen Aspektbilder mehr oder weniger zugedeckt und schwer leserlich wurden. Also habe ich meine Meinung über die Unzulänglichkeiten der astrologischen Autoren teilweise revidiert und zu praktischen Gegenmaßnahmen gegriffen.

Ich übernahm für Quintile und Biquintile die SAF-Orben der Hauptaspekte: Maximal 5° für Aspekte mit Sonne und Mond, 4° für Aspekte mit allen anderen Faktoren. Zuerst arbeitete ich zu Forschungszwecken mit zwei Horoskopen, der gewohnten Radix und einem weiteren mit allen quintilischen Aspekten. Später ging ich dazu über, die Grundhoroskope ganz ohne quintilische Aspekte anzufertigen. Somit blieben zum Vergleichen ein übliches Horoskop ohne quintilische Aspekte und das quintilische Kernhoroskop (Orbis 1°) mit allen dazugehörenden quintilischen Aspekten. Für die tiefere Sicht und zu Forschungszwecken diente fortan das Bild mit sämtlichen Aspekten der Fünferreihe: Quintil, Biquintil und, vertiefend, Decil, Halb- und Tridecil. In diesem Geburtsbild verblieben neben den quintilischen auch die auf 1° limitierten Aspekte des üblichen Horoskops. Damit wurden die absolut stärksten Aussagen hervorgehoben.

Mit den decilischen und quintilischen Aspekten Decil, Halbdecil, Tridecil, Quintil, Biquintil entsteht ein Horoskop von ergänzender und weitergehender Bedeutung. Dabei geht es nicht nur um die Leserlichkeit des Horoskops, sondern um das Erkennen einer weiteren Dimension des Menschen, welche diese Aspekte offenbaren.

Die Zuordnung der Aspekte zu den Planeten

Dr. Hansjörg Walter unterscheidet die »quintilischen« von den »decilischen« Aspektgrößen innerhalb der ganzen Aspektgruppe »Quintil«, wie eine Liste auf Seite 31 seines Buches ENTSCHLÜSSELTE ASPEKTFIGUREN verdeutlicht. Er deutet die Quintile als marsisch und die decilischen Aspekte allgemein als plutonisch. Demgegenüber weisen die vielen untersuchten Geburtsbilder eher auf einen grundsätzlich plutonischen Grundcharakter aller quintilischen Aspekte hin, der sich jedoch in den einzelnen quintilischen Aspektarten zusätzlich differenziert.

Diese gegebene Reihe und logische Zuordnungen nahm ich als Vorlage zu einer ersten groben Unterteilung der gesammelten

Deutungsvorschläge. Damit teilte ich quintilisch betonte Menschen vorerst ebenfalls in 2 Hauptgruppen, in eine quintilisch-marsische und in eine decilisch-plutonische Gruppe.

Im Laufe meiner Forschungen habe ich diese Unterteilung fallengelassen, weil sie sich nicht bestätigt hat, und bin dazu übergegangen, alle quintilischen Aspekte dem Grundcharakter Plutos zuzuordnen.

Damit ergab sich folgende durch das Quintil ergänzte, Aufstellung der Gestirns-/Aspekthoroskope, aus entsprechenden Winkelarten und -größen gebildet:

Nonil	Neuneck	neptunische Winkel	40°, 80°, 120°, 160°
Oktil	Achteck	uranische Winkel	45°, 90°, 135°, 180°
Septil	Siebeneck	saturnische Winkel	ca. 51 ½°, 103°. 154°
Sextil	Sechseck	joviale Winkel	60°, 120°, 180°
Quintil	Fünfeck	plutonische Winkel	36°, 72°, 108°, 144°

Man beachte den Platz in der Reihenfolge 9, 8, 7, 6, 5, welche die quintilischen Aspekte einnehmen, sie schließen unmittelbar an die Hauptaspekte an. Bei den Quintilen kann es sich unmöglich um »kleine und unwichtige Aspekte« handeln, als die sie weitgehend in der bestehenden astrologischen Literatur bezeichnet und in der Horoskopdeutung entsprechend vernachlässigt das heißt weggelassen, wurden.

Nachdem nun die geometrischen Gesetzmäßigkeiten von Winkelgrößen im 360°-Kreis des Horoskops durchgehend und umfassend dargestellt sind, wird die unbedingte Notwendigkeit deutlich, den genauen Charakter der quintilischen Aspekte zu verstehen und diesen in die Horoskopdeutung einzubeziehen.

Abbildung 1: Pentagramm mit Quintil und Biquintil
(SAF-Lehrheft 2, 1996)

Der plutonische Charakter aller quintilischen Aspekte

Ich fand im Laufe meiner Forschungen heraus, dass sämtliche quintilischen Aspekte grundsätzlich plutonischer Natur sind, bevor für ihre Deutung die winkelgrößenabhängige Färbung zusätzlich und differenzierend ins Gewicht fällt.

Die Symbolik des Pentagramms

Die überlieferte symbolische Bedeutung des Pentagramms, ist durch ihren magischen Charakter unschwer als plutonisch zu erkennen. Dazu steht im HERDER LEXIKON:

Der in einem Zug gezeichnete Fünfstern ist ein uraltes magisches Zeichen. Bei den Pythagoräern Symbol für Gesundheit und Erkenntnis. Im Mittelalter wurde der Fünfstern als Abwehrzeichen gegen dämonische Mächte, wie die der Druden (weibliche Nachtgeister), verwendet. Als in sich selbst verschlungene Form gelegentlich auch Symbol für Christus als das Alpha und Omega sowie als Fünfzack – für die fünf heiligen Wunden Christi.

Im LEXIKON DER SYMBOLE, Fourier Verlag unter dem Untertitel Ursymbole steht:

Der Fünfstern, im Volksmund auch Drudenfuß, wohl »der Fuß« (also das Grundzeichen ihrer Wissenschaft) der Druden oder Hexen: Vereinzelte Gelehrte versuchten in diesem Wort sogar den Namen der keltischen Priester, der Druiden, zu finden (Seite 43).

Die Magier, wie Agrippa von Nettesheim, zeichneten in den Fünfstern die Gestalt des bewussten Menschen: In die vier unteren Strahlen (Dreiecke) Arme und Beine, so ausgebreitet, als wollte der Dargestellte die Welt umfangen, in den Spitz nach oben – das Haupt. Der Stern wird zum Zeichen der »Adepten«, dem »Stern der Magier«, die durch ihr Wissen um die Gegebenheiten und Gesetze der meistens als Vierheit dargestellten Welt einen Weg zum glücklichen Dasein gefunden glauben.

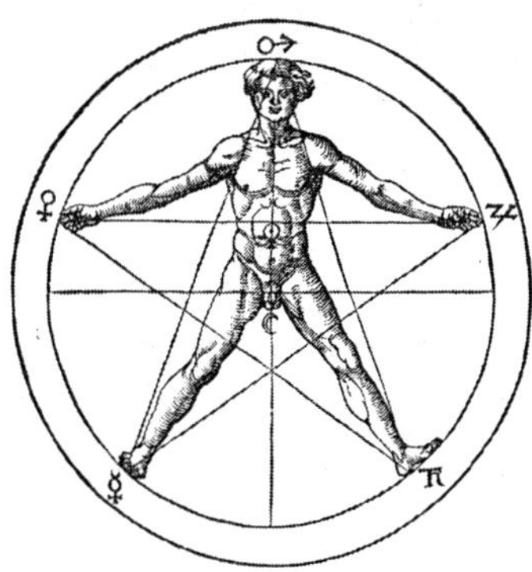

Abbildung 2: Der Mensch im Pentagramm nach Agrippa von Nettesheim 1531

Lévi fasst zusammen: »Das Pentagramm, das man in den gnostischen Schulen den flammenden Stern nennt, ist das Zeichen der Allmacht und der geistigen Selbstherrschaft ... Das G, das die Freimaurer in den Mittelpunkt des flammenden Sterns anbringen, bezeichnet Gnosis und Generatio, die zwei heiligen Worte der alten Kabbala. Es heißt auch der »Große Architekt«; denn das Pentagramm, von welcher Seite man es auch betrachtet, stellt ein A dar.

Verwandte Zeichen für die Überwindung der Materie durch den »erwachten« Menschen bieten, wie wir schon sahen, fünfblättrige Pflanzen (Rosen, Lilie, Weinstock). Hierher gehört auch, nach der Überlieferung der Heraldiker, dass die Krone, wie wir sie über den Wappen der geborenen Edelleute (Ritter, Chevaliers) sehen, fünf Zacken haben muss.

Kommen wir auf den allgemeinen quintilischen Charakter zurück, der den sogenannten »Goldenen Schnitt« der Proportionslehre beinhaltet: Teile eine Strecke so, dass die ganze Strecke a zum größeren Teil b, sich wie der größere Teil b zum kleineren verhält. Dazu gibt es den Näherungswert 13 zu 8. Diese Proportion ist in der Natur verbreitet. Selbst der Mensch folgt ihr, z. B. im Verhältnis des Oberarms zu Unterarm und Hand oder der Hand zum Unterarm usw. Ohne es zu wissen, folgt der Mensch, mehr oder weniger bewusst, diesem Ebenmaß, der Proportion *Goldener Schnitt*, welche über ihn hinaus die gesamte Natur gestaltet. Bereits die einzelnen Fingerglieder der Menschenhand sind gesetzmäßig unterschiedlicher Länge. Denkt man sich, Hand und Finger betrachtend, alle Fingerglieder gleich lang oder gleich kurz, fällt sofort auf, wie ungeschickt die Hand in der Folge wäre, um eine Hand voller Erdbeeren zu tragen.

Die Tatsache, dass sich durch das Idealverhältnis (8.0213 : 12.9787, Annäherungswert 8 : 13) die Pentagramme nach oben und nach unten bis ins Unendliche reproduzieren und teilen lassen, legte die Analogien »schöpferisch« und »zerstörerisch« nahe. Diese beiden Extrempositionen finden sich wieder in den Begriffen »Werden und Vergehen«, »Geburt und Tod«, deren plutonische Zuordnung bekannt ist.

Meine Ahnung: Es gibt außer dem Pentagramm, dem Fünfstern, mit den Seitenlängen im *Goldenen Schnitt*, keine andere Figur, die sich »vor unseren Augen« derart aus sich selbst heraus aufbaut, produziert, reproduziert, schöpft, »erschafft« – andererseits sich selbst bis zum Verschwinden zurückzubauen vermag. Leben hält sich aufrecht, indem es den Tod zwischenschaltet und die Lebensgrundlagen und -formen bis ins Kleinste ununterbrochen optimiert und weiterentwickelt (es ist der Mensch, der arg dazwischenfunkt). Der geheimnisvolle Stern zeigt augenscheinlich den Vorgang des Sterbens und Werdens in jeder seiner Neuschöpfungen ebenso zerstörerisch wie schöpferisch – was im Endeffekt dasselbe ist und ebenso für des Menschen Überzeugungen gilt: Sie sind als absolute Wahrheiten äußerst gefährlich!

Die astrologische Symbolik des Tierkreiszeichens Skorpion

Ein alter und ein neuer Herrscher. Plutos Entdeckung (1930) ist noch nicht einmal 100 Jahre her. In der astrologischen Szene fielen die Begriffe »Macht und Masse« und ziemlich unvermittelt wurde Mars durch Pluto als Herrscher des Tierkreiszeichens Skorpion ersetzt. Mars symbolisiert Antrieb und Kraft. Doch dem hitzigen Feuerplanet fehlt die Tiefgründigkeit und Ausdauer des Zeichens Skorpion. Als absolut zutreffend zum Charakter des 8. Tierkreiszeichens wurde richtigerweise nicht mehr der hitzige Mars, sondern der am Himmel bereits gesuchte und endlich im Sternbild Skorpion entdeckte, Pluto empfunden.

In der Zeit der Entdeckung Plutos begründete C. G. Jung die Tiefenpsychologie, dies u.a. mittels seiner Experimente im Reich des Unbewussten – seiner persönlichen »Nachtmeerfahrt« –, die er bereits ab 1913 an seiner eigenen Person vollzog, und die später als »Auseinandersetzung mit dem Unbewussten« bekannt wurden. Es war die Entwicklung einer »Technik, um den inneren Vorgängen auf den Grund zu kommen«, »Emotionen in Bilder zu übersetzen«, »Phantasien, die [ihn] unterirdisch bewegten, zu fassen«. Diese Methode nannte Jung später *Aktive Imagination.*

Was könnte getreuer dokumentieren, was und mit welcher tief greifenden Emotionalität bei der Entdeckung Plutos in die Welt kam, was die Art Emotion, die dem Tierkreiszeichen Skorpion entspricht, besser beschreiben? Endlich hatten die Astrologen einen Herrscher, welcher der intensiven und kreativen Emotionalität des Tierkreiszeichens Skorpion gerecht wurde.

Mit der Entdeckung Plutos war das Herrscherproblem für die

meisten Fachleute schlagartig gelöst. Pluto, der zeitweise jenseits des Sonnensystems kreist, entsprach nach den Astrologen dem gesuchten Skorpion-Wasser! Die Gefühlswelt war mit den drei Wasserzeichen Krebs, Skorpion und Fische umfassend und ausnahmslos einleuchtend beschrieben.

Wasser: Emotionalität – vom Wässerchen bis zum Tsunami

Charakteristik und Bedeutung quintilischer Faktoren haben einen Bezug zu den Wasserzeichen. Insbesondere die skorpionischen Eigenschaften sind ausschlaggebend.

Im ersten Moment mutet es irritierend an, dass es einerseits kaum etwas Sanfteres, Lieblicheres, Stilleres und gleichzeitig Lebenswichtigeres gibt als Wasser, dieses aber andererseits zu Fels- und Bergstürzen, zur Verwüstung ganzer Ländereien, Städte und Kulturen und zum Untergang riesiger Schiffe führen kann. Wasser ist selbst absolut inaktiv, lässt sich aber leicht und folgerichtig gesetzmäßig bewegen.

Wenn Weltraumforscher fremde Planeten entdecken, ist ihre erste und wichtigste Frage, ob es darauf Wasser gibt, denn ohne das kostbare Nass ist Leben unmöglich. Der Mensch wird durch seine Emotionen bewegt, ohne sie wäre er nicht Mensch. Wer die Beziehung zu seiner Seele verliert, wird krank. Alles, was lebt, ist beseelt, jede Blume, jeder Grashalm. Selbst im Stein schläft Seele! Die ganze Entwicklung vom Einzeller bis zur »Bevölkerung« der Erde geschah infolge von Emotionen, dem Motor der Evolution.

Als Herr des Tierkreiszeichens Skorpion wird Pluto dem Wasserelement zugeordnet. Wasser ist allerdings nicht gleich Wasser, auch in der Astrologie nicht. Man müsste eher von »Wässern« sprechen – vom »Wässerchen« bis zum »Tsunami«.

Die Tierkreiszeichen des Elements Wasser »Krebs, Skorpion und Fische« beschreiben 3 Stadien der Emotionalität – vergleichbar dem Kreislauf des Wassers: Die heitere, klare Quelle, das muntere Bächlein (Krebs), das sich vielerlei Geländeformen und Wetterstimmungen anpasst und mit andern Wassern zusammenfließend zu Bächen schwillt, die Erde und Steine – Ballast – mitzuführen vermögen. Immerzu nach der Tiefe strebend (Skorpion) ergießen die Bäche sich schließlich in Seen, Wolken und Himmel spiegelnd. Doch auch da ist keine Bleibe für das Wasser. Zu Flüssen und Strömen wachsend drängt es weiter durch unendliche Landschaften, immerzu dem tiefsten Punkt (Skorpion) entgegen. Im großen, tiefen Meer, in einer unglaublich farben- und formenreichen, faszinierenden und urtümlichen Pflanzen-, Tier- und Wasserwelt angekommen, gibt es viel zu bestaunen. In dieser Ewigkeitsstimmung (Fische) flacht alles Weiterdrängen ab. Hier wurde Schöpfungsgeschichte geschrieben, wird des Wassers ewiges »im Wandel Sein« – Sein an sich – fühlbar. Alles wandelt sich und ist gleichzeitig ewig – nichts geht verloren! Es gibt keinen Bereich, wohin Leben und Welt wirklich verschwinden könnten.

Unschwer sind die unterschiedlichen Zustände und Wirkungsformen im Bereich Wasser als immense Skala der Gefühle, als emotionaler Charakter, der den Tierkreiszeichen Krebs, Skorpion und Fische sowie deren Herrschern Mond, Pluto und Neptun zugesprochen wird, auszumachen.

Die Häuser-Achse 2–8, Eigen- und Fremdwert

In der Folge schildere ich die Beobachtungen und Überlegungen, die durch Vergleich und Studium zahlreicher Horoskope bestimmter Kategorien zur Annahme des plutonischen Grundcharakters quintilischer Aspekte geführt haben.

Im Mutterleib wird der Embryo von der Mutter mit allem versorgt, was das werdende Kind für seine Entwicklung braucht. Mögliche Ausnahmen entstehen dort, wo die Mutter durch Depression und Ängste, mangelnde Geborgenheit in Leben, Partnerschaft, oder durch Hungersnot, Krieg, Flucht körperlich und seelisch Mangel erleidet. Fraglich ist, ob – und allenfalls wie –, sich Probleme, Nöte oder gar die Ablehnung der Schwangerschaft einer werdenden Mutter auf das Kind, auf dessen künftiges Leben, Charakter und Wesen auswirken, ob möglicherweise hemmend, förderlich, herausfordernd oder gar nicht? Dieses Werdende besitzt eine Erbmasse, zusammengestellt aus Anlagen seiner mütterlichen und väterlichen Ahnenreihe, ist aber von seinem Gesamtwesen her bereits eigen! Obwohl durch das Blut der Mutter mit Aufbau- und Nährstoffen versorgt, kreist bereits seit der Befruchtung allein sein eigenes Blut in seinen eigenen Bahnen seines eigenen Körpers. Der Fötus ist weder Klon noch Kopie, sondern frei, sein eigenes Wesen und sich nach eigenem Programm zu entwickeln. Das Bestreben nach Eigenheit und Unabhängigkeit ist in der gesunden Leibesfrucht von Beginn an vorgesehen und entsprechend »programmiert«.

Mit der Geburt wird das Kind zwar von der Mutter abgenabelt, aber es ist noch lange nicht selbstständig und unabhängig. Es muss weiter genährt und gepflegt werden. Die Natur sieht das Stillen in den Armen der Mutter vor. Dabei erlebt der Säugling – normalerweise und im besten Fall – neben der Sättigung Wärme, Geborgenheit und Akzeptanz. Er empfindet sich dabei als angenommen, geliebt und in seiner Eigenart bekräftigt, sich kundzutun und dazuzugehören. Die weitere Kindheit im Kreise der Familie, deren Zusammensetzung und Schicksal, das Wesen der Angehörigen mögen die Eigengefühle des Kindes stärken, schmälern oder gar kränken: Wie es damit umgeht und dabei empfindet, hängt bis zu einem gewissen Grad bereits vom Kind und dessen empfundenem Eigenwert ab. In Fällen süchtiger, gefühlloser, gewalttätiger, sexuell übergreifender Eltern oder Verwandter wird das Kind in seinem Selbstwertgefühl empfindlich verunsichert – wie schwer, hängt nicht allein von der Situation, sondern bereits auch von ihm selbst und seinem »Gott«- und Selbstvertrauen, seiner Veranlagung, ab. Dabei zeigt sich, dass eine übertrieben starke Selbstüberzeugung, wie sie nicht allein Diktatoren zueigen ist, ebenso problematisch sein kann wie das mangelnde Selbstwertempfinden. Übertriebene Selbstsicherheit kompensiert meist Unsicherheit, was die eigenen Werte betrifft.

Kenntnisse über die Auswirkungen krass gestörten Selbstwertempfindens vermitteln Kriminalfälle. Dabei zeigt sich in den

Biografien von Schwerverbrechern wie Serienmördern, dass sie in den Opfern ihre Eltern, die Mutter oder andere »Schuldige« stellvertretend malträtieren, ihnen mit der Tat indirekt und mehr oder weniger bewusst heimzahlen, was sie in ihrer Entwicklung als grausam und quälend empfunden haben. Dabei blenden sie mögliche Folgen ihrer Taten aus. Früher oder später sitzen sie zu »lebenslänglich« oder sogar zur Todesstrafe verurteilt im Gefängnis – endgültig verstoßen und gedemütigt!

Neben solchen Extremen ist ein als verpfuscht empfundenes Leben voller Selbstzweifel nicht selten eine Folge von übertriebenen Erwartungen an sich selbst. Die Realität und eigene Gaben verkennend, messen und vergleichen sich betroffene Menschen ständig mit anderen, die es in ihren Augen weit besser haben als sie selbst. Mangel an Selbstwert löst Zwänge aus, wie den, hinter allem und jedem – hinter Lob und Tadel – Herabsetzung zu sehen, oder das Herabsetzende zwanghaft, wider besseres Wissen und Können, zu wiederholen, um den eigenen Minderwert zu bestätigen. Ein Extrem ruft das gegenüberliegende hervor: Mit ihren Selbstzweifeln neigen sie gleichzeitig zur Selbstüberschätzung. Die unguten Gefühle verharren hartnäckig. Anstelle von Lebenslust, Freude und Erfolg füllen zunehmend Ängste, Misserfolge und das ständige Sich-mit-anderen-vergleichen-Müssen ihr Leben. Sich ausreichend wichtig und beachtenswert zu fühlen, gelingt der betreffenden Person vielleicht nur noch durch bedeutende Kontakte, besondere Krankheiten, berühmte Ärzte, dekorierte Professoren, Spezialkliniken und teure Therapien. Möglichst seltene Krankheiten, Macht und Luxus – Ersatzwerte – treten an die Stelle von verkannten Eigenwerten.

Unschwer zu erkennen ist dieses Geschehen astrologisch in den Achsen Stier – Skorpion und 2. Haus – 8. Haus: Einerseits die Ernährung, Bindung, Liebe – das »Nest«, der Wunsch geliebt zu werden (Stier, 2. Haus), andererseits das was diese Erwartungen schließlich an Eigenleistung, wie Selbstkritik (Skorpion, 8. Haus), erfordern. Die Achse der Häuser 2–8, analog Stier – Skorpion, mit der die Selbstbewertung und das eigene Vermögen/Unvermögen umschrieben ist, verlangt erfahrungsgemäß die fortwährende kritische Selbsteinschätzung und entsprechendes Bemühen um Anpassung seiner selbst. Zur Heilung einer Beeinträchtigung des Selbstwerts hilft Einsicht im Sinne des Quintils, insbesondere die Distanzierung vom Anklagen der Eltern und Suchen weiterer »Schuldiger«: »Hallo ihr, es war euer Problem! Ich muss und will mich ab jetzt mit mir und der Gestaltung meiner persönlichen Zukunft, wie ich sie mir vorstelle, beschäftigen!« Es sind solche Einsichten, welche die Selbstheilung, das Erkennen eigener Werte, in die Wege leiten. Wenn eine der Planetenkräfte Berge zu versetzen mag – dann ist es die plutonische Energie.

Sollten Eltern sich sorgfältiger auf echte Werte – auf Lebenswerte – besinnen? Besser auf die eigene und die Wertschätzung des Kindes achten? Für das Kind wiegt nichts mehr, als geliebt und damit geachtet zu werden, da Liebe durch nichts ersetzbar ist. Liebe ist und bleibt sein Maßstab in der Beurteilung eigener Werte. Das niederschmetternde Gefühl, ungeliebt zu sein und es folglich zu bleiben, zeitigt schwere Folgen wie unheilbare Krankheit, Kompensationsverhalten, Versagen in den Anforderungen des Lebens sowie Verbrechen, mit denen heimgezahlt wird, was an Liebe von Beginn an im Leben fehlte.

Ein lange und intensiv gesuchter Serienmörder beispielsweise war erpicht und stolz darauf, längere Zeit Berichte über sich und seine Gräueltaten in der Zeitung zu lesen. (Endlich eine Bestätigung, siehe da: eine Würdigung!) Um die Berichte über seine ‚erfolgreichen' Taten am Leben zu erhalten, sandte er eigene Kommentare zur Veröffentlichung an die Zeitung. Dabei faszinierte ihn, was über ihn zu lesen war. Er war stolz, die Ermittler an der Nase herumzuführen und sie als erfolglos und ihm weit unterlegen darzustellen. Als die Zeitung berichtete, dass der Name des Verbrechers nach wie vor unbekannt sei, schrieb der Mörder an die Redaktion des Blatts: »Nennen Sie mich Gott!«

Das Beispiel zeigt, wie weit Selbstwert-Ungleichgewicht gehen kann und wie entsprechend abgründig Reaktionen darauf ausfallen können. Mangel an Selbstwertempfinden zeigt Ungleichgewicht, dem einzig durch das Erkennen/Aneignen/Erbringen eigener Werte – eigener Wertschätzung – beizukommen ist. Es lohnt sich, notfalls dabei Hilfe zu holen. Andererseits kann der Mangel an Empfinden von Eigenwerten dazu führen, nach überhöhten Zielen zu streben, wodurch meist bereits ein neues Scheitern gesichert ist. Auch die übertriebene Ansammlung materieller Werte ist nur scheinbarer Ersatz für den empfundenen Bedeutungsmangel.

Zu beachten, wie ein Mensch sich selbst einschätzt und wo er sich damit positioniert, nimmt für das Verständnis seines Horoskops einen wichtigen Platz ein.

Im Gegensatz zur marsischen Muskelkraft erweist sich plutonische Wirkung als seelisch-geistig beeinflusst und ebenso beeinflussend. Überzeugungen, Meinungen, Leidenschaften (Pluto) erweisen sich in der Verbindung mit Empfindungen, Sehnsüchten (Venus) als subtilste und zuverlässigste Beeinflussung – vergleichbar mit den unfehlbaren hormonellen Einflüssen und Wirkungen auf der körperlichen Ebene.

In der Schlussfolgerung wird der plutonische Charakter quintilischer Aspekte als hauptsächlicher – als Grundcharakter – festgelegt, der Mars-Charakter zusätzlich entsprechend den beiden Herrschern von Skorpion, dem neuen und dem alten, Pluto und Mars.

Dem ist weitergehend beizufügen, dass für quintilisch/plutonisch/skorpionisch betonte Menschen der Impuls, etwas zu vollbringen, oft umso stärker ist, je unmöglicher der Erfolg erscheint. Je unwahrscheinlicher und unmöglicher, umso größer ist der Reiz, es dennoch zu erreichen! (Dabei offenbart sich die Unbedingtheit im Wesen von Pluto, der einst – von weit hergeholt – in unser Sonnensystem gezwungen wurde.) Weiter wird deutlich, dass das Selbstwertempfinden der jeweils betreffenden Person am Schalthebel ihres Handelns sitzt.

Ein Beispiel dazu: Unsere Tochter Nelia, Skorpion geboren, verhielt sich in der Primarschule ruhig beobachtend. Ihr junger Lehrer schätzte sie fälschlicherweise als uninteressiert und unintelligent ein. In einem Gespräch mit dem Lehrer bemerkte ich dessen Überforderung. Ich habe meine Kinder jedoch nie zu Schulleistung gedrängt oder zu Nachhilfeunterricht verdonnert. Ich kannte Nelias Werte. Bei uns zu Hause hatte sie für die kleinen Kinder unserer Straße einen Kindergarten organisiert, der sofort begeistert und jahrelang besucht wurde. Kurz: Als Nelia vor dem Schulabschluss stand und den Beruf der Kindergärtnerin anstrebte, erkannte sie schlagartig ihr Problem: dass nämlich ihre Schulbildung nicht ausreichte für die Aufnahme ins Kindergarten-Seminar. Das war der marsische Impuls! Worauf Nelias Skorpion-Eigenschaften in Aktion traten, und wie! Sie machte ein Zwischenjahr in der Diplom-Mittelschule, holte selbsttändig das Französisch usw. nach und bestand ein Jahr später die Aufnahmeprüfung für die Ausbildung zur Kindergärtnerin.

Die Bedeutung quintilischer Aspekte infolge ihres skorpionischen Grundcharakters

Die quintilischen Aspekte sind durch das mit Erde vermischte = fixe Wasserzeichen Skorpion repräsentiert. Schweres Wasser. Trübes Wasser, wenn es Sand und Erde aufwirbelt! In der Astrologie repräsentiert es die tief greifende Gefühlswelt im Gegensatz zu der lieblich launischen Gefühlskraft des Krebszeichens und den geistigen, den reinen, seherischen Wässern des Fischezeichens. Quintilische Aspekte weisen auf eine große Intensität des Unterbewusstseins hin, mit entsprechenden Auswirkungen. Sie können – der Skorpion-Thematik entsprechend – die höchsten Höhen und tiefsten Tiefen emotionalen und mentalen menschlichen Seins umfassen.

Angelegt in den Hormonen: Im ganzen Universum fällt alles folgerichtig zu, was auch für Horoskope gilt (»wie im Himmel, so auf Erden«). Der Mensch bringt eine Vergangenheit, eine Geschichte, und – daraus resultierend – ein Potenzial mit auf die Welt zu einem logischerweise zufallenden Zeitpunkt. Nach ihren und letztlich den Gesetzen des Universums bewegen sich die Sterne nach der Geburt unabwendbar weiter – jedoch fällt es dem Menschen zu, sich dazu zu bewegen, zu »tanzen«. Das Tanzen ist so alt wie die Menschheit selbst und Tanzen eine in allen Völkern der Erde gepflegte Kultur. Sogar Tieren ist das Tanzen vertraut; ausgefallen und teilweise überraschend kunstvoll geht es dabei zu und her, wie z. B. bei Vögeln in der Fortpflanzungszeit. Diese Zeit ist für die Tiere andererseits besonders gefährlich. Abgelenkt durch die zwingende Wirkung des Hormonschubs fallen sie nicht selten Feinden zum Opfer. Potente rivalisierende Böcke fügen sich manchmal gegenseitig böse Wunden zu und ungeschützte Jungtiere werden leicht Beute hungriger Raubtiere ... In allem ist die überstarke Naturkraft – die quintilische Hormonwirkung, der Überlebenswille – offensichtlich!

Hormone bewirken ihrem Mars-Pluto-Charakter entsprechend krasse und epochale Wirkungen und Veränderungen in Körper und Leben. An die fünf Spitzen des Pentagramms lassen sich die fünf stärksten durch Hormonwirkung ausgelösten Lebensveränderungen setzen:

1 Geburt
2 Pubertät, Menarche, Zeugungsfähigkeit
3 Hoch-Zeit, Geburten, Fruchtbarkeit allgemein, Berufung
4 Menopause, geistige Reife und entsprechende Fruchtbarkeit, soziale Interessen und Aufgaben
5 Kräfteabbau, Krankheit, Tod

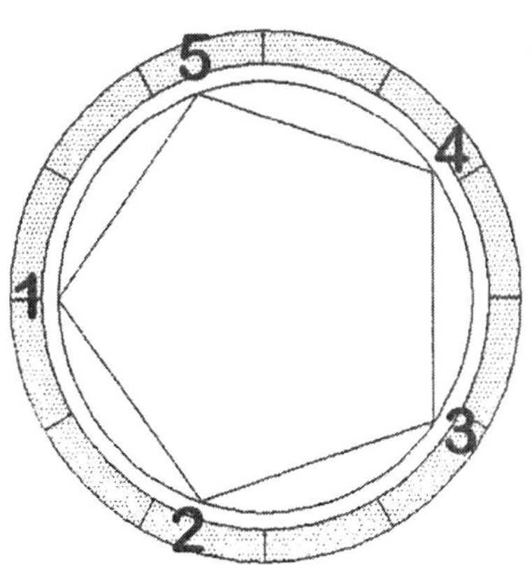

Abb. 3: Pentagramm und Lebensphasen

Hormone regulieren u. a. das gesamte Tier- und Pflanzenreich, in welchem einerseits der Stärkere sich durchsetzt und andererseits die Naturereignisse und -gewalten entscheidend sind. Neben Hungertrieb (Stier, Venus) und Beutemachen (Skorpion, Mars-Pluto) wirken Hormone besonders stark im Bereich von Fortpflanzung und Sexualität. Entsprechend sind viele grausame Verbrechen mit sexuellen Handlungen und Mord gekoppelt, umso mehr diese – wie oben aufgeführt – vom Selbstwertempfinden gesteuert sind. Dem sich seiner Stärke und Potenz bewussten Löwen geht es um seine Dominanz (Selbstwert) und um sein sexuelles Vorrecht. Die oft tödlich endenden Kämpfe zwischen potenten Rivalen im Tierreich haben allerdings keinen verbrecherischen, sondern einen evolutionären Hintergrund, nachdem allein der Stärkere seine Gene vererben soll. Der Vermessene hat sich überschätzt, während der Stärkere überzeugt: Er wird die neue Generation begründen. Daraus wird ersichtlich, wie tief und unbedingt das Selbstwert-Empfinden in der Natur greift. Nicht anders in der spezifisch menschlichen Natur. Starkes Ungleichgewicht im Empfinden von Selbstwert gehört zu den häufigsten Ursachen von Misserfolgen, seelischen und in der Folge körperlichen Krankheiten.

Demgegenüber hat sich die menschliche Sexualität verselbständigt. Jeder Einzelne muss sich selbst mit seinem Geschlechtsleben auseinandersetzen, entsprechend der Forderung des 8. Hauses nach Selbstkontrolle und den emotionalen Bedürfnissen des zweiten Hauses. Entsprechend der zentralen Bedeutung der Sexualität alles Lebendigen fällt in der Zeichnung des Fünfsterns des Agrippa von Nettesheim (siehe Seite 21) das Fadenkreuz, der Mittel- und Kreuzungspunkt im Kreis, auf das Zeugungsorgan des bewussten Mannes/Menschen. Dabei ist zu erinnern, dass mit dem plutonischen Charakter die Venuseigenheiten (Achse Skorpion/Stier) stets mitschwingen. Plutonische Manifeste sind gefühlsmäßig sensibel untermauert.

Vergleichbar mit den großen Hormonschüben Geburt, Pubertät, Liebesleben mit Zeugung und Geburt, Menopause, Alter und Tod bricht das quintilische Horoskop in einem individuell bestimmten Alter durch, was augenscheinlich und beispielhaft anhand von Sir Isaac Newtons Leben (siehe Seite 198) zu verfolgen ist. Tatsächlich führt sehr oft eine besondere Begabung zu einer entsprechenden Bestimmung, die das Leben radikal verändern kann. Verständlicherweise braucht es dafür Reifezeit.

Die Kraft der Metamorphose: Haben Sie schon erlebt und gestaunt wie sich aus einem, in Gespinsten versteckten Kokon, in vielen Zeitschritten ein Schmetterling entfaltet hat? Unglaublich, dass sich in dem harten, engen Gefängnis etwas Filigranes, wie die samtenen, feinen, raffiniert gefalteten Flügel, bildet und schließlich schadlos entfalten kann. Bei der Verwandlung einer gefräßigen dicken Raupe in einen zarten Schmetterling handelt es sich um eine klassische Umgestaltung, wie sie Pluto zugeordnet ist. Ein anschauliches Bild für Entwicklung!

Pluto, und mit diesem die quintilischen Konstellationen, sprechen für den Vorgang der Verpuppung, der inneren Umgestaltung, der Metamorphose. Das quintilische Horoskop weist – ausgehend von der marsisch-plutonischen, der erotischen Schöpferkraft – auf zusätzliche innere und äußere Wandlungs-, Umgestaltungs- und Entwicklungsmöglichkeiten des Menschen hin. Diese sind zwingend, wie das Erblühen der Jungfrau und der unaufhaltsame Alterungsprozess, jedoch – je nach Horoskop – individuell, was Inhalte, Umstände und »Erdbebenstärke« anbelangt. Durch Bewusstseinsentwicklung und entsprechende Haltung in Umbruchszeiten vermag der Mensch Einfluss auf seine Entwicklung zu gewinnen, seine Flügel schadlos zu entfalten. Im Kokon verharrend »stirbt« seine Entwicklung; er dreht in die Depression oder verliert sich in Äußerlichkeiten. Ich gehe davon aus, dass jeder Mensch in »Krisenzeiten« an bestimmten Punkten einer individuellen Entwicklung steht, die letztlich die Lebensgrenzen überschreitet, sei es über das Lebenswerk, mittels Vererbung oder sonst wie.

Die bestehende Ansicht, quintilische Aspekte wiesen auf Begabungen des Menschen, bestätigt sich insofern, als nicht selten im Lebensverlauf Begabungen durchbrechen, die zu größeren Veränderungen führen oder, umgekehrt, kritische Situationen alle Ressourcen des betreffenden Menschen mobilisieren. Zudem Inhalte, die mehrfach über den Lebensweg laufen, das Leben in Beschlag nehmen oder zu verfolgen scheinen, dessen Auswirkungen große Veränderung – Verwirklichung oder Zerstörung – zur Folge haben. Ich sah häufig, dass die quintilischen Aspekte den Menschen

Glauben und Sicherheit bezüglich besonderer eigener Fähigkeiten verliehen, deren Umsetzung im Lebenslauf früher oder später mehr oder weniger zwingend hervortrat – zwingend in dem Sinn, als diese Menschen sich dessen zunehmend bewusst und ihrer sicher geworden waren und diese Fähigkeiten umzusetzen trachteten. So sind Spitzenmanager auf einmal aus dem Rampenlicht verschwunden und auf einem Bauernhof wieder aufgetaucht, Rentnerinnen mit ihrem ganzen Geld nach Afrika verreist, um Schulen zu bauen und armen Familien zu Ziegen zu verhelfen.

Kompensation – Ergebnis früher(er) Erfahrungen: Es war immer wieder das extreme Hitler-Horoskop, das mir zu denken gab und mich weiterführte. Nachdem sein Horoskop von Astrologen oft als verwunderlich und irritierend »harmlos« und »banal« angesehen wurde, musste sein quintilisches Geburtsbild wesentlich auf sein katastrophales Schicksal hinweisen – so die Hypothese. Dieser Mann, der mehrmals in akuter Lebensgefahr »zufällig« mit dem Schrecken davonkam, wurde zum Werkzeug, zum Bewusstseinsgewinn vieler Völker. Anscheinend war er der geeignete Mann, ein solches Schicksal zu erfüllen. Ähnlich kann ein Mensch als Erneuerer aus seiner Ahnenreihe hervortreten; er kompensiert eine aus dem Ruder gelaufene oder einseitige Lebensweise der Vorfahren (zum Beispiel Gandhi).

Aus dieser Sicht drängt sich eine kompensatorische Bedeutung quintilischer Aspekte und Bilder auf. Kompensiert wird frühes Erleben, Erfahrungen in Kindheit und jungen Jahren, wie die Lebensweise der Eltern, Sippe und Umgebung, ihre Ziele und Ideale, möglicherweise erfahrene Verwöhnung, Missachtung, Vernachlässigung, (sexuelle) Übergriffe, Sucht und Gewalt. Kompensiert wird durch Fortschrittlichkeit, andere Lebensweise, neue Ideale – im negativen Fall durch Selbstüberschätzung, Krankheit, Sucht, Gewalt, Rachsucht, Mord. Krass destruktive Kompensation zeigt, dass unbewusst selbst an die negativen Selbstbilder geglaubt wird, was einer vernichtenden Selbstbewertung gleichkommt, die unbedingt und mit allen Mitteln als unzutreffend bezeugt und korrigiert werden muss. Ist sich der Mensch hingegen seines Wertes und seiner Fähigkeiten bewusst, erkennt er, wo er falsch und ungerecht beurteilt und behandelt worden war, zeigt das Bild der quintilischen Aspekte eine differenzierte Selbstbewertung und weist auf Fähigkeiten hin, auf die gebaut und die gefördert werden können.

Das quintilische Horoskop weist auf Selbstsicherheit im Hinblick auf Ressourcen und die Fähigkeit, Quellen anzuzapfen und im Leben geltend zu machen – oder aber, aufgrund von seelischen Defiziten, auf Kompensation eigener Schwäche auf unberechenbare Art und Weise. Zwingend im negativen Sinn ist die krankhafte Besessenheit, einerseits in Form von psychischer Krankheit und andererseits von Gewaltverbrechertum.

Der alles entscheidende Impuls: *Es zeigt sich, dass die beiden Herrscher des Tierkreiszeichens Skorpion, Mars (der alte) und Pluto (der neue), beide für das Verständnis quintilischer Aspekte wirksam sind! Mars wirkt in quintilischen Aspekten als Impuls, der in der Folge die plutonischen Kräfte wie mittels eines Schalters auslöst.*

Beispiel: Als Kriminalbeamte den Sexualmörder Jürgen Bartsch zu einer Tatortbesichtigung führten, begannen dessen Handschellen zu zittern, als sie an spielenden Kindern vorbeikamen. »*Ich kann nichts dagegen tun*«, sagte er zu den Beamten, »*wenn ich Jungen sehe, überfällt es mich.* [IMPULS!] *Ich würde es wieder versuchen, wenn ich frei wäre!*« Jungen zu sehen gab Bartsch den Impuls, sie für sich zu gewinnen, zu quälen und zu töten.

Der Impuls an sich ist eine neutrale Kraft, gut oder böse ist die Absicht, die damit verfolgt wird. Die Qualität des Impulses hängt mit dem Selbstwertempfinden zusammen – von unbewältigten Erfahrungen mit eigener oder fremder Bezweiflung. Mehr oder weniger bewusst, rächen sich Erwachsene teilweise mittels böser Taten an einer oder mehreren erziehenden Personen der Kindheitsfamilie, der Schule oder eines Kinderheims, die als massiv strafend, abwertend, vernichtend, parteiisch, ausbeutend oder als sadistisch empfunden wurden. Eine ähnliche Situation, ein ähnliches Empfinden kann später gefährliche Racheimpulse auslösen. Je unbewusster dem

Täter der Zusammenhang ist, desto schwerer fällt es ihm, seine Machtlosigkeit, seine Rachegefühle zu kontrollieren. Ein Unbeteiligter kann so zum Stellvertreter des ursprünglich als diskriminierend empfundenen »Täters« werden. Übersensibilisiert findet sich der mittlerweile erwachsen Gewordene immer wieder als unterschätzt und ungerecht behandelt vor und zahlt es der scheinbar verursachenden Person aus der Kindheit unbewusst direkt oder über andere Personen heim.

Dabei ist nicht zu vergessen, dass die Skorpion-Qualität als leidenschaftlich emotional charakterisiert wird und der sich als geschädigt empfindende Mensch an sich schon entsprechend stark reagiert. Damit zementiert die betreffende Person unbewusst das böse Empfinden. Erst die Auseinandersetzung mit sich selbst und dem Thema, die Loslösung von Beschuldigung und Rache, gibt den Weg zu heilender Auseinandersetzung frei, die den kritischen Impuls zu unterbrechen vermag. Wer nachtragend ist, trägt mit, schleppt Bürden und vor allem Lasten anderer oft ein Leben lang mit!

Die Häuserachse 2–8 hat im Sinne der lebensnotwendigen Verbindung innerhalb von Gegensätzlichkeit wie Eigen- und Fremdwerten mit Fortpflanzung zu tun. Was dort gesät ist, kommt zur Reife. Böses gebiert Böses – außer man ist sich selbst lieb und wertvoll genug, Unwertes dort zu belassen, wo es herkommt, sich davon zu trennen. Dann ist es »Das Böse, welches das Gute schafft«, wie es Johann Wolfgang von Goethe nannte. Das Vorbild dazu liegt, alles bestimmend, auf der Achse 2–8 (Venus und Pluto): Es weist auf die Vereinigung der Gegensätze, die durch Liebe möglich ist, aus der die Kinder geboren werden – »Kinder« im eigentlichen wie im übertragenen Sinn. Damit ist die überwältigende Energie zu verstehen, die den quintilischen Aspekten zugrunde liegt. Liebe und Hass vermögen Berge zu versetzen! Hass jedoch ist der Berg, der den Hassenden schließlich begräbt.

Einsicht in quintilisches Geschehen bieten weiter die Analogien des Stoffwechsels »Nahrung einnehmen – Nahrung ausscheiden«. Dabei ist zu bedenken, dass nur der im Moment unbrauchbare Teil ausgeschieden wird. Auch dieses Geschehen zeigt Brisanz, den

Unterschied zwischen verwertbar und unverwertbar – jedoch nicht von Wertlosigkeit. Wer nicht isst, stirbt, wer unzuträglich isst, wird krank und stirbt oft ebenfalls daran. Werte soll der Mensch allgemein auf ihre individuelle Zuträglichkeit hin überprüfen. Denn diese bestimmen wesentlich über sein Schicksal.

Der Mensch hat Geldwerte zur Lebensnotwendigkeit gemacht. Nicht jeder hat Glück damit, kann sich die notwendigen Naturwerte damit erkaufen. Krasse Unterschiede wie »schwimmen im Geld« und »zu wenig zum Leben und zu viel zum Sterben haben«, sind weltweit präsent. Selbst viel Geld kann unwirtliche Gebiete nicht immer und ohne Weiteres fruchtbar machen. Das Glänzen der Münzen täuscht: Kriminalisten nennen Geldgier als häufigste Ursache von Tötungsdelikten – dies ganz besonders unter Eheleuten.

Die aufgeführten Beispiele sollen die Art und Intensität quintilischer Aspekte erläutern. Was deren Qualität anbelangt, gilt zudem, was für astrologische Aspekte allgemein richtig ist: Alle Aspekte sind vorerst und grundsätzlich neutraler Natur, der gelebte Umgang damit bestimmt erst deren wahre Qualität. Die Nähe zur Kriminalität quintilischer Auswirkung ist relevant. Sie akzentuiert die Stärke und Brisanz quintilischer Aspekte.

Auswirkungen quintilischer Aspekte auf die Sonnenbogen-Direktion

Bekanntlich bewegen sich alle Horoskopfaktoren mit der Sonnenbogen-Geschwindigkeit von zirka 1° pro Jahr vorwärts. Daraus ergeben sich aus quintilischer Sicht die allgemein auffallenden Lebensjahre 36, 72 sowie 18, 54 und 90. Je nach Radix fallen diese Lebensjahre als Umgestaltungs- oder Krisenjahre auf, die sich jedoch – im Sinne von Einsicht und Entwicklung – durchaus positiv, als Fortschritt, auswirken können.

Außerdem ist festzustellen, dass die »Mittlebenskrise« häufig zu solchem inneren und äußeren Wandel führt. In der Zeitspanne von 36 bis 45 Jahren häufen sich die astrologischen Hinweise durch mathematische Berührungspunkte zwischen unterschiedlichen Aspektgrößen und Aspektarten in Transiten und Direktionen.

Quintilische Winkelgrößen sind verwandt mit den uranischen Aspekten. Uranus und Pluto als Herrscher von Wassermann und Skorpion deuten beide – ganz besonders zusammen – auf die großen Wandlungen in Leben und Geschehen hin.

Fünf Halbdecile (18°) entsprechen dem Quadrat: 5 x 18° = 90°. Die mathematische Verwandtschaft von Halbdecil und Quadrat verstärkt das Verständnis beider Aspektarten, insbesondere des Quadrats.

Die »Mittlebenskrise« nimmt ihren Anfang also oft bereits mit 36 Jahren (Decil 36°), gefolgt von 38-jährig (vollendeter zweiter Umlauf der Drachenachse). Etwa 21-jährig wirkt das erste Uranus-Transitquadrat, etwa 42-jährig die Opposition zu Uranus radix. Allgemein bekannt ist weiter die Midlife-Crisis mit zirka 45 Jahren, begünstigt durch Auslösungen der Halbquadrate. In diesen Lebensjahren häufen sich die markanten Konstellationen.

C. G. Jung erwähnt in seinem Gesamtwerk aus der Sicht seiner psychotherapeutischen Arbeit 36/37-Jährige als vermehrt krisenanfällig. Nach ihm beginnt in diesen – meist Krisenjahren – die Individuation, die Selbstwerdung. Obwohl in der Krise die Probleme oft in der Partnerschaft oder dem Beruf zu liegen scheinen, geht es durchgehend um anstehende Änderungen der Einstellung, Lösung von Abhängigkeiten und das Erkennen von Projektionen. Die Zeit eigener Unsicherheiten und Enttäuschungen eignet sich besonders, um Bewusstseinsänderungen und Umgestaltungen zu provozieren. Je nach Horoskop sind weitere individuell tiefer greifende Wandlungszeiten möglich.

Grundsätzliches zur Horoskop-Deutung – die differenzierte Gesamtschau

Gemeinsam und tragend im Horoskop ist dessen alles bestimmende mathematische Grundlage. Sie bildet die logische Brücke zur Unmöglichkeit, die mehrdimensionalen Verhältnisse des Sonnensystems zweidimensional darzustellen. Über die Jahrtausende der Geschichte der Sterndeutung sind Erfahrungswerte entstanden.

Eine größere Menge gleichartiger Aspekte weist auf eine vorherrschende Kräfteart und entsprechende Charakterzüge der Person hin. Zur Aspektdeutung reicht jedoch ihre Anzahl bei Weitem nicht aus. Überragend gewichtig ist die Vernetzung der einzelnen Faktoren, die das Aspektbild oder Aspektgefüge bilden.

Das Aspektbild gleicht in seiner Art den Hirnstrukturen mit Haupt- und Nebensträngen und unendlich vielen Synapsen (Kontakt- und Umschaltstellen). Der Vergleich mit dem Milliarden von Nervenverbindungen umfassenden Gehirn zeigt, dass unsere gängigen Horoskope eine Grobsicht vermitteln – dies besonders, wenn einzig die üblichen Hauptaspekte berücksichtigt werden. Feinheiten vermitteln erst die kleinen Aspekte, die Halbsummenstrukturen und weitere Differenzierungen.

In Erinnerung gerufen sei hier Folgendes: Je weiter sich ein Grundaspekt teilt, umso feiner wird seine Schwingung und aus entsprechend tieferem/feinerem Bewusstsein (Unter-/Unbewusstsein) wirkt er. Subtile = sublime Winkel (sogenannte »kleine Aspekte«) wirken allgemein stark vom Unterbewusstsein/Unbewussten ausgehend (sub limit = unterhalb des Bewusstseinslimits) und sind dem Ich-Bewusstsein an Ausdruckskraft und Wirkung weit überlegen. Allein des Menschen Bewusstseinsarbeit vermag diese Kräfte als solche zu erkennen und bewussten Zugang zu ihnen herzustellen. Entsprechend der Aspektlehre zeigt sich:

- Je kleiner bzw. geteilter der Hauptaspekt ist, desto stärker wirkt er im Bereich von Psyche, Soma und Selbst. Ein Vergleich zur Behauptung, kleine Aspekte seien tiefer unbewusst als Grundaspekte: Die Erfahrungen im Bereich medizinischer Astrologie haben gezeigt, dass der zu den »Aspekten der fortgesetzten Teilung des Kreises« gehörende 22½°-Winkel auf einer tieferen Bewusstseinsebene wirkt und seine Wirkung schwieriger zu erkennen und zu beeinflussen ist als z. B. diejenige des Halbquadrats (45°); nach Thomas Ring: »der Riss im Gefüge«.

- Herrscht eine bestimmte Aspektart in der Radix anzahlmäßig vor, betont sie entsprechend ihrer Bedeutung Charakter und Schicksal der betreffenden Person; dies besonders, wenn eine Aspektart außerordentlich stark hervortritt. In vielen Geburtsbildern halten sich unterschiedliche Aspektarten die Waage, was auf die Vielgestaltigkeit von Mensch und Geschick hindeutet. Schließlich kann eine Aspektart etwas aussagen, indem sie im Horoskop ganz fehlt.

Grob gesagt gibt es den Quadrat-Typen, den Oppositions-Typen und so weiter.

Genauigkeit – Kernhoroskop

Je genauer Aspekte sind, desto größer ist ihr Gewicht. Sehr aufschlussreich in dieser Hinsicht ist es, ein Horoskop mit 1°-Orben zu zeichnen. Ein solches entpuppt den Kern der Persönlichkeit und deutet auf das Hauptgeschehen im Leben des entsprechenden Menschen hin. Die dabei weggefallenen Aspekte im üblichen Horoskop umrahmen sozusagen seine »Kernpersönlichkeit, sein Kernschicksal«.

Figurwirkung

Gewichtend in einem derart auf den Kern reduzierten Geburtsbild sind die Aussagen der Aspektfiguren. Bleibt zur Technik zu erwähnen, dass hinter harmonischen Figuren lauter Halbsummen-Strukturen zu finden sind und umgekehrt Strukturbilder auf Horoskopfiguren hinweisen.

»Geschlossen« heißt im Hinblick auf Aspektfiguren und deren Bedeutung für Charakter und Schicksal »markant eindeutig, konsequent, gradlinig, verbindlich, stark«, während ihr Mangel auf entsprechende Abschwächungen und Mängel hinweist (ein markantes Merkmal sämtlicher untersuchter Verbrecher-Horoskope).

Auf die Bedeutung von »Symmetrie im Horoskop« wies der

Autor Meier-Parm bereits Mitte des letzten Jahrhunderts hin: »Was Figur ist wirkt, was nicht Figur ist, wirkt nicht«, beschrieb er als zu den wichtigsten Regeln der Horoskop-Deutung gehörend.

Diese Gesetzmäßigkeit gilt es ganz besonders zu beachten bei der Deutung des Geburtshoroskops und in Verbindung mit davon abgeleiteten Gestirnshoroskopen, wie hier den quintilischen. Insbesondere für das Erfassen und Auswerten verwandter Aspektfiguren und deren Verbindung zum Radixhorosp und dessen Figuren.

Beteiligung persönlicher Punkte an Konstellationen

Die Beteiligung der persönlichen Punkte Sonne, Mond, MC, AC innerhalb der 1°-Orbisgrenze ist jedenfalls aussagekräftig. Aspekte der Langsamläufer sind jeweils über eine längere Zeit in allen Horoskopen vertreten. Für die Einzelperson werden sie jedoch erst durch ihre genaue Verbindung zu persönlichen Punkten und markanten Konstellationen ihres Horoskops bedeutsam.

Die quintilischen Aspekte

Immer wieder dachte ich über die grundsätzliche Bedeutung nach, die quintilische Aspekte im Horoskop insgesamt vermitteln, so wie andererseits die roten Aspekte (Konjunktion, Opposition, Quadrat) »Herausforderung«, die blauen (Trigon, Sextil) »Talente«, die grünen (Quinkunx, Halbsextil) »Kontakt, Interesse am Ungewissen, Möglichen« signalisieren. Als bereits gesichert erachtete ich, dass Quintile und Biquintile geheimnisvollen, magischen, mystischen Charakter tragen.

Bedeutung des Quintils (72°) –
Grundaspekt quintilischer Winkel – »Zeugung«

Die Grundnatur des Quintils erweist sich als »marsisch« im Sinne eines Impulsgebers, als »plutonisch« durch ihre Intensität, Leidenschaftlichkeit und unfehlbare Umgestaltungskraft.

Der skorpionische Charakter von intensiven bis überwältigenden Gefühlen zeigt sich durch das Quintil als tief sitzende, den Körper ergreifende Überzeugungen und Leidenschaften, sowie eine daraus resultierende starke bis zwingende Kraft. Ob gut oder böse, heil- oder unheilbringend hängt von der moralischen Qualität der Überzeugung und der Angemessenheit des Kraftausdrucks des betreffenden Menschen ab.

Der Stärkegrad, die Intensität des Quintils ist mit den überwältigenden Wirkungen der Hormone auf das körperliche Geschehen des Menschen und die lebendige Natur insgesamt vergleichbar, insbesondere den Sexualhormonen. Entsprechend tritt oft der sexuelle Bezug in quintilisches Geschehen, normalerweise im Dienste der Fortpflanzung, krankhaft und verbrecherisch als Kompensation und Rache für unbewältigte Frustration wie Ablehnung, Ungerechtigkeit, Übergriff, Diskriminierung ...

Schließlich ist die Intensität des quintilischen Charakters als das leidenschaftliche Verlangen der irdischen Wesen nach Verbesserungen und neuen Möglichkeiten, als Motor der Evolution (Wassermann, Uranus) erkennbar. So war es Not und Neugier – Leidenschaft (Quintil) – von Fischen, die das Landtierreich begründete. Sie begannen ihre Schwimmflossen als Beine einzusetzen, indem sie damit an Land zu krabbeln und dieses zu ergründen begannen, wodurch im Laufe von Generationen die Flossen zu immer tauglicheren Beinen mutierten und bestimmte Fische sich zu Land-Wasser-Tieren und in der Folge zu vielen Arten von Landtieren entwickelten, mit den Primaten und schließlich den Menschen an ihrer Spitze. Bereits steht der intelligente Roboter – Supermensch – auf dem uranisch-plutonischen Programm! Und Astronomen berechnen schon, wann die Erde für den Menschen unwirtlich werden könnte und fassen ins Auge, Mars und Mensch technisch so zu bestücken, dass der Erdenmensch zum Marsmenschen werden kann. Ob Klug- oder Vermessenheit (Mars, Uranus, Pluto) des Bestrebens Hintergrund bildet, bleibt vorläufig offen. In diesem Sinne sei auf die vom Schweizer Astroforum 1996 im SAF-Lehrheft 2 dargelegte Bedeutung des Quintils hingewiesen: »Schöpfung/Kreativität«:

Charakter: Untergründigkeit, Urmaß, Geheimnis, Kreativität.

Die bis dahin beschriebenen Aspekte [Konjunktion, Quadrat, Trigon etc.] decken sich an mehreren Punkten des Messkreises, nicht so Quintil und Biquintil. Diese haben nur den Ausgangspunkt 0° mit allen anderen Aspekten gemeinsam. Quintil und Biquintil fallen außerhalb der Norm. Aber gerade diese Aspekte bergen den »Goldenen Schnitt«, das Ebenmaß, das in sich selbst ruht und durch sich selbst fortwährend gezeugt werden kann.

Psychologisch: Die geheimnisvollen schöpferischen Urkräfte der Seele treten in Momenten von Lebensumgestaltungen spontan und weise auf, ohne bewusstes Zutun des Menschen. Kreativität ist nicht machbar, geschieht nach eigenen Gesetzen und bleibt Geheimnis. Quintile und Biquintile weisen auf tiefe seelische Vergangenheit, die spontan als schöpferisches Potenzial ins jetzige Leben eingreift. (Seite 22 und 26)

Quintilische Aspekte, die über das Fünfeck (5 x 72°) hinausreichen, wie Tridecile und Biquintile, übersteigen die Bedeutung des Grundaspekts Quintil insofern, als sie sichtlich über das Quintil hinaus in den streng ästhetischen und mathematisch-ästhetischen Bereich des Fünfsterns, der den *Goldenen Schnitt* birgt, vordringen. Der Fünfstern zeichnet gleichzeitig die Ecken eines neuen, größeren Fünfecks. Zusammen weisen die beiden sich bedingenden, wachsenden und schwindenden Figuren auf die Bedeutung des Quintils an sich hin – auf das Gestalten und Umgestalten, auf das ewige Werden und Vergehen, auf das Gleichgewicht, als tragendes Element der Schöpfung insgesamt!

Wesen und Bedeutung des Biquintils (144°) – »Überzeugung«

Im Laufe der Forschungsarbeit habe ich diverse Horoskope von Astrologinnen und Astrologen untersucht. Dabei fiel mir auf, dass in allen Horoskopen das hohe quintilische Dreieck mit zwei seitlichen Biquintilen auf der Grundlinie eines Quintils prangte, wie bei Kepler, Koch, Vehlow, Brandler-Pracht, Witte, Reinhold und Baldur Ebertin, Glahn, Rudhyar, Walter, Hamaker Zondag und

Hürlimann. In einigen Horoskopen der Astrologen und Astrologinnen sind sogar mehrere der hohen quintilischen Dreiecke vertreten.

Es war jedoch erst das eindrückliche hohe quintilische Dreieck mit der Spitze im 9. Haus im Horoskop von Papst Benedikt XVI., welches mir die Bedeutung des Biquintils – zufällig und blitzartig, ohne zu suchen oder zu denken – nahelegte. Spontan fielen mir die Worte Überzeugung und Fanatismus zu den Biquintilen ein. Das »Über« der Überzeugung kann andererseits auf unbewusste Zweifel und einen daraus entstehenden Glaubenseifer hindeuten.

Überzeugung heißt, dass man einem Zeugnis bzw. Erzeugnis übergeordnete und überragende Bedeutung zumisst und an dessen Richtigkeit und Wahrheit glaubt, was den Gehalt des entsprechenden Zeugnisses/Erzeugnisses betrifft. Horoskopbeispiele mit dem Überzeugungsdreieck zeigen klar: Ein bestimmter Inhalt, ein »Zeugnis«, angedeutet durch das Quintil als Grundlinie und Basis des ausschließlich quintilischen Dreiecks, steigert sich größtmöglich zur Überzeugung – entsprechend den beidseitigen Biquintilen zur Spitze des hohen Dreiecks hin, mit der latenten Tendenz des Eigners, aus dieser Überzeugung heraus zu urteilen und zu agieren.

Die Dreiecksfigur trägt mit ihrer Mittelsenkrechten zudem den Charakter der Opposition, der Gegensätze, mit der Aufforderung zur Vermittlung, was bedeutet, dass Überzeugungen generell der Vermittlung – des abwägenden Denkens, Bedenkens – bedürfen, um nicht in Fanatismus und Gewalt auszuufern. Wie aus »Überzeugungen« umgehend grausame Verbrechen resultieren, zeigt allein schon die Religions- und Glaubensgeschichte der Menschheit. Die Geschichte zeigt unreflektierte oder vorgeschobene Überzeugungen vielfach als Hintergrund von Leid, Verbrechen und Katastrophen. Das Problem liegt im »Zuviel«, im Eifern, im Fanatismus des Betreffenden, im Mangel an Objektivität, die durch das Wesen der Opposition, des »Sowohl-als-Auch«, in der quintilischen Figur eindrücklich angedeutet und damit gefordert ist. Erkenntniswille und Verantwortungsbewusstsein müssen Überzeugungen kritisch überprüfen, um gegebenenfalls zu Einsicht und Toleranz zu führen.

Zeugnisse sprechen aus sich selbst, bedürfen keines Eiferns. Eifern ist stets verdächtig.

Weitergehend scheint mir wahrscheinlich, dass das Biquintil als gelebte Überzeugung zur Sublimation tendiert (= etwas auf eine höhere Ebene heben, ins Erhabene steigern, verfeinern, veredeln, in eine kulturelle oder künstlerische Leistung umwandeln, sich dabei höheren moralischen Anforderungen stellen). Alle drei untersuchten Päpste haben Biquintile in ihren Horoskopen, Papst Franziskus mit insgesamt vier Biquintilen am meisten. Ich schätze ihn als am stärksten zu Menschlichkeit und kulturellen Leistungen fähig und bereit, die über das bloße Glaubensbekenntnis hinaus tendieren.

Die Päpste weisen »als Überzeugte« mit der Spitze ihrer quintilischen Figuren auf den Gesellschaftsquadranten, auf das gesellschaftliche Leben, das durch das Teilen ihrer Überzeugung, den Katholizismus betreffend, geregelt werden soll. Speziell augenfällig auch in den Horoskopen von Johannes Paul II. und Franziskus, beide mit der Spitze der Figur im 8. Haus – hinweisend u. a. auf die Überzeugung das Zölibat betreffend. Das Horoskop von Mahatma Gandhi, Politiker und Unabhängigkeitskämpfer, zeigt das Überzeugungsdreieck mit der Spitze im 8. Haus ebenfalls. Er wurde von einem Hindu-Fanatiker erschossen. Eifern und Kritik im politischen Umfeld sind gefährlich.

Das Horoskop von Wernher von Braun macht mit sämtlichen vertretenen quintilischen Aspekten ebenfalls eindrücklich Figur. Mit dabei sind zwei hohe »Überzeugungsdreiecke«. Braun war bereits als Jugendlicher überzeugt, später zu den Sternen zu reisen.

Als »aus Überzeugung Handelnde«, gekennzeichnet durch Biquintile in ihren Horoskopen sind weiter Machthaber wie Josef Stalin, Saddam Hussein, Adolf Hitler, Wladimir Putin und Donald Trump. Dabei handelt es sich um Regenten, um Überzeugte, die unbedingte Übernahme ihrer Regeln und sogar Unterwerfung fordern, was ihre Meinungen und Taten anbelangt.

Donald Trump beispielsweise baut sein Überzeugungsdreieck auf dem Quintil Uranus in Zwillinge zum Aszendenten hin auf (der AC ist wohl eher noch in Löwe anzusiedeln, nach Trumps Gebaren und der betont wichtigen Zuckerwatte-Mähne zu schließen, wobei »Löwe« auch »Möchtegern-Aszendent« sein könnte). Die Spitze des quintilischen Dreiecks bildet Pholus in Steinbock im 5. Haus des Selbstbewusstseins. Trump sieht sich – entsprechend seinem stark besetzten vierten Quadranten – als Global-Player – der sich jedoch nicht an Regeln, die ihm nicht passen, halten muss.

Dieser üble Nachdruck entsteht leicht durch den Umgang mit dem Quintil an der Basis des Dreiecks, dem mars-plutonischen Grundaspekt der quintilischen Aspekte. Der hinter seinen Biquintilen und dem hohen Überzeugungsdreieck stehende Mensch bestimmt letztlich mit seiner Moral, seiner Gesamtheit ethisch-sittlicher Normen, über eine allgemeine Bedeutung hinaus über die endgültige persönliche Bedeutung der betreffenden Aspekte.

Mit Überzeugungsfiguren bestückt in ihren Horoskopen sind außerdem Denker wie Friedrich Wilhelm Nietzsche, Genies wie Sir Isaac Newton und Albert Einstein, MalerInnen, KöchInnen und schließlich jedermann mehr oder weniger. Überzeugung ist Lebenselement – heilsam und gefährlich zugleich.

Einschub: Das Quincunx (150°) – »Sehnsucht«

Das Quincunx ist kein quintilischer Winkel. Und obwohl die Winkel Biquintil und Quincunx nur um 6° ungleich groß sind, sagen die beiden sehr Unterschiedliches aus, da ihnen total differierende geometrische Figuren und unterschiedliche Zahlenverhältnisse zugrunde liegen.

Das Biquintil mit 144° (2 x 72°) stammt aus der Figur des Fünfsterns, des Pentagramms: 5 x 72° = 360°

Das Quincunx mit 150° steht in einem weniger augenscheinlichen Zahlenverhältnis zum Kreis:

150° : 5 = 30° x 12 = 360°

Im Tierkreis entspricht das Quincunx vorwärts und rückwärts dem fünften Zeichen – ist also nie mit seinem Gegenzeichen, der Ergänzung, verbunden, vermeidet sozusagen das Extrem, die Opposition, die Auseinandersetzung, welche Dinge auf den Punkt bringt. Das Quincunx liegt vor oder nach dem Höhepunkt, der Erfüllung und dem Wendepunkt.

Das Wesen des Quincunx ist nicht »Erfüllung« und »Höhepunkt« an sich, sondern deutet auf den Gewinn, der aus der Kraft des Sehnens nach Erfüllung, der Sehnsucht selbst, resultiert. Höhepunkte bilden die zahlreichen farbigen Bilder, welche die Sehnsucht um das Erwünschte herum produziert. Sie entsprechen dem kreativen Chaos des Neptun, den zahlreichen realen und virtuellen Möglichkeiten der Erfüllung. Erfüllung ist im Verständnis des Quincunx der kreative Akt, die neue Möglichkeit, der uranische Wendepunkt, der im Sehnen liegt. Echte Sehnsucht stoppt eigenes Machen-Wollen, lässt Möglichkeiten, die im Selbst, im Unbewussten des Menschen bereit sind, offen. Echtes Sehnen schafft Lebensausdruck. Ob der Aspekt als positiv oder negativ zu bewerten ist, hängt vom Lebenswert des Erwünschten ab. Heißt es doch im negativen Fall: »Gott straft den Menschen, indem er ihm gibt, was er sich wünscht.«

Wesen und Bedeutung des Decils (36°) – »aktives Chaos – Katastrophe – Schöpfung«

Im Decil zu 36° halbiert sich das Quintil, Grundaspekt von 72°, und es verdreifacht sich im Tridecil zu 108°.

Halbierung heißt Entzweiung, Trennung, Teilung, Zerstückelung, Verkleinerung und einhergehender Bedeutungswandel. Wandlungsfähigkeit bedeutet Chance: die Trennung vom Alten, Vergangenen, hin zu neuen Möglichkeiten. Dr. H-J. Walter gibt dem Decil die Bedeutung »aktives Chaos – Katastrophe – Schöpfung«. Das »aktive Chaos« ist vergleichbar mit einem innerlich wachen Vulkan, die »Katastrophe« beginnt mit dem Ausbruch des Magmas (in Feuer geschmolzenen Steinen aus dem Erdinneren), »Schöpfung« entspricht der gesteigerten Fruchtbarkeit des Bodens, die das ausgetretene Magma längerfristig bewirkt. Die Hypothese von Walter erweist sich in der Praxis als vortrefflich, wobei zu betonen ist, dass »Schöpfung« eigenes moralisches Zutun erfordert.

»Schöpfung« kann auch »Rache« bedeuten, wie der folgende Fall zeigt.

Der Vergleich mit dem Vulkanausbruch zeigt sich als erschreckend anschaulich und passend im Horoskop von Charles Whitman, der aus innerem Druck (auf den er seinen Psychiater sogar selber aufmerksam gemacht hatte) seine Frau, seine Mutter und 14 Passanten erschoss. Der rückläufige Merkur bildet, zusammen mit dem IC, die Spitze eines winzigen quintilischen Dreiecks mit Decil als Grundlinie und beidseitigen Halbdecilen (mit Mond an der einen, Chiron, Pluto und Transpluto an der anderen Spitze). Die Winzigkeit der Figur bestätigt die Annahme, dass kleine Aspekte sich körperlich insbesondere über das Nervensystem auswirken und daher zur »Zeitbombe« werden können – und die Autopsie ergab tatsächlich einen Hirntumor!!

Donald Trump beispielsweise spannt drei Decile – insgesamt ein Tridecil – vom zweiten Haus bis über den gesamten vierten Quadranten seiner Radix. Seinem Gebaren zufolge scheint der Präsident von Amerika die decilische Katastrophe nicht zu scheuen, wobei diese – laut viertem Quadranten – der ganzen Welt gefährlich werden könnte.

Werner Heisenberg gehörte durch seine grundlegenden Erkenntnisse in der Kernphysik zu den bedeutendsten Physikern seiner Zeit. In seinem Horoskop stehen sich zwei Decile – beidseitig durch Biquintile verbunden – von Haus 6 zu Haus 12 genau gegenüber. Ein drittes Decil bildet ein kleines Dreieck mit beidseitigen Halbdecilen. Mit diesen rein quintilischen Figuren war er der richtige Mann an der Wiege der Kernenergie-Projekte, welche später das »aktive Chaos«, die Atombombe, zur Folge hatten.

Wesen und Bedeutung des Tridecils (108°) – »Gesetzmäßigkeit in Maß und Proportion«

Beim Tridecil handelt es sich zwar um ein kaum beachtetes Winkelmaß, es gehört jedoch in der Reihe der Quintilischen zu den Hauptaspekten. Das Tridecil, 108° umfassend, beinhaltet entsprechend seinem Namen, drei Decile (3 x 36° = 108°). Es potenziert (eine Zahl wird mit sich selbst multipliziert), steigert, vervielfacht die Eigenschaften des Decils.

Ausgehend vom Decil, welches H.-J. Walter als »aktives Chaos, Katastrophe, Schöpfung« beschreibt und bedeutungsmäßig Pluto zuordnet, hat sich vorab der zusätzliche Neptun-Einfluss bewährt, weiter die Schöpfungskraft, wie auch die weiteren Begriffe der Deutungstabelle im Anhang. Im Horoskop von Ayrton Senna, Auto-Rennfahrer, dreifacher Weltmeister, befinden sich drei Tridecile (Orbis 1°) in zwei geschlossenen quintilischen Figuren! Daneben ist Senna überragend uranisch betont. Es brauchte den oben postulierten zusätzlichen Neptun-Einfluss des Tridecils unbedingt, um die maßiv übersetzten Geschwindigkeiten, die er fuhr, in Schach zu halten. Damit bestätigt sich der explizit neptunische Einfluss innerhalb des Tridecils, gefährlich wurde Senna jedoch die uranische Betonung.

Aus zwei wird ein Drittes – das Kind!

Die Eins ist Potenz, Ausgangspunkt, eine geistige – göttliche – Größe ohne Länge und Breite, ohne Leib, alles und nichts enthaltend. Die Zwei bewegt sich in die Länge und Breite, ist Feld, zu befruchtender Boden. In der Drei vereinigen sich die Eins und die Zwei und werden im Dritten zum Geschöpf.

Mit diesem Bild soll deutlich werden, dass verwandte astrologische Aspekte ihren Charakter und ihre Bedeutung nicht allein durch die Addition ihrer Grundwerte erhalten. Tridecile und Decile sind – was ihre Aussage betrifft – zwar verwandt, aber bedeutungsmäßig ist das Tridecil mehr als die bloße Verdreifachung des Decils. Im Tridecil schwingt mit 108° das ästhetische Moment mit. Das Kind ist mehr als nur ein Teil der Familie. Über seine familiäre Bedeutung hinaus setzt es, als Teil der Menschheit, Leben, Kultur und Natur – an sich – fort. Dieses Gesetz gilt für alle Aspektreihen der Astrologie. Zwei aneinandergereihte – sich querlegende – Quadrate im Horoskop werden zur Opposition, zur Möglichkeit der Vermittlung usw.

In der Baukunst verbinden sich Phantasie und Verwirklichungskraft – die Planung des Architekten mit den Berechnungen des

Ingenieurs – zum fertigen Bauwerk. Ein »Bild« dazu: Zwei einzeln aufgestellte Bausteine fallen leicht um, ein darüber gelegter dritter vermag sie fürs Erste zu sichern, zusammen- und aufrechtzuhalten. Die Verbindung von Zweien erfordert ein sicherndes Drittes, das »Kind« das nicht allein den Bestand, nicht bloß die Eins und die Zwei sichert, sondern das Fortbestehen garantiert.

Dabei wird das Wesen des Tridecils deutlich: Einesteils verdreifacht sich im Tridecil das Grundmaß Decil, jedoch addiert sich nicht dessen Bedeutung und Charakter. (Das Resultat ist mehr als die Summe seiner Teile!) An sich bezieht sich das Tridecil auf etwas Überragendes, Großes – letztlich auf das schöpferische Element des Seins – im Speziellen auf Gesetzmäßigkeit in Maß und Proportion.

Kunstschaffende, Architekten, Designer, Modeschöpfer, Komponisten, Köche usw. bewegen sich im Feld der Proportionen, des Ebenmaßes. Ingenieure sichern Bauten aller Arten durch ihre Berechnungen, Ohren erfassen Gesetzmäßigkeit der Tonalität, hinter wohlschmeckendem Essen stehen kreative Köche und Köchinnen mit Flair und Sinn für ausgewogene Kulinarik ... Tridecile sprechen demzufolge sowohl für angeborenes Augenmaß im Hinblick auf Kunst, Baukunst, Maß und Proportionen, wie auch für die Fähigkeit von Ingenieuren, Gesetzmäßigkeiten von Werken aller Art rechnerisch zu überprüfen. Bildenden Künstlern scheinen Augenmaß und dessen zahlenmäßige Gesetzmäßigkeit angeboren zu sein. Entsprechend wirken Kunstschaffende, mit seltenen Ausnahmen, ohne Rechenformeln.

Die Durchsicht von Horoskopen zeigte Tridecile gehäuft bei Menschen, die Gesetzmäßigkeiten erkannt, erforscht, erfolgreich angewandt und nutzbar gemacht haben: geniale Denker, Künstler, Maler, Komponisten, Wissenschaftler, Erfinder, Ingenieure, Architekten, Maschinen- und Gerätebauer – alles tüchtige Berufsleute, deren Erkenntnisse und Erfindungen die Menschheit vorangebracht haben.

Ein schier unerreichtes Horoskop zum Thema Decil/Tridecil ist jenes von Sir Isaac Newton. Er gehörte zu den Universalgenies des Abendlandes, erbrachte unter 30-jährig spektakuläre Leistungen.

Sein vorurteilfreies, unabhängiges Denken ermöglichte ihm Entdeckungen, speziell in den Bereichen Mathematik und Physik, die das moderne Weltbild begründeten. Mit sechs(!) Tridecilen, mehreren Decilen und Halbdecilen, d.h. mit fast ausschließlich decilischen Aspektgrößen, alle in geschlossenen Figuren befindlich, weist das Horoskop von Sir Isaac Newton – gemessen an seinem genialen Lebenswerk – auf die Fähigkeit hin, komplexes Geschehen als solches zu erkennen, dessen Gesetzmäßigkeit zu erfassen, zu interpretieren, mathematisch zu entschlüsseln, mehrdimensional und kreativ zu denken, wissenschaftlich weiterführende Folgerungen daraus zu ziehen und damit bestehende Rätsel und die Phänomene der Wissenschaft zu erschließen. Die Wucht seiner quintilischen Aspekte macht möglicherweise verständlich, weshalb Isaac als Kind durchgehend kränklich war, schwach und uninteressiert erschien und auch in der Schule eher als unbegabt angesehen wurde, sofern er sie überhaupt besuchen konnte.

Albert Einstein, Wissen schaffender – um bei Genies zu bleiben – weist in seinem Horoskop eine starke quintilische Figur mit zwei Tridecilen in der Taghälfte des Horoskops auf, quintilisch (144°) verbunden mit dem Mond, sechsfach verbunden mit Uranus, beide in der Nachthälfte des Horoskops.

Berühmte Maler und Bildhauer – Frauen wie Männer – zeigen durch gehäuft vorhandene Tridecile Augenmaß, das Gesetzmäßigkeit standhält. In ihren Horoskopen sind die 108°-Winkel durchweg stark vertreten. Käthe Kollwitz zeigt fünf Tridecile in ihrem Horoskop. Mit 16 Jahren lernte sie bei einem Kupferstecher, bekam daneben Zeichen- und Malunterricht, modellierte und erlernte über die Jahre viele weitere Techniken. Niki de Saint-Phalle glänzt mit vier Tridecilen, Sophie Taeuber-Arp sogar mit sechs, Marc Chagall und Pablo Picasso mit je drei, Salvador Dalì mit vier.

Was sagen die Horoskope von genialen Komponisten aus in der Hinsicht auf Decile und Tridecile? Inwieweit sind sie »Ingenieure bzw. Rechenkünstler« ihres Fachs? Wolfgang Amadeus Mozart weist in seiner Radix drei Tridecile in geschlossenen symmetrischen Figuren auf, eng verbunden mit einer weiteren quintilischen Figur

(Orbis 1°). Im Horoskop von Karlheinz Stockhausen liegen fünf Tridecile übereinander. Die beiden Musiker erweisen sich als Ingenieure der Komposition. Mozart war als Genie vergleichbar mit Newton. Er schrieb mit 8 Jahren bereits seine ersten Symphonien. Das quintilische Horoskop von George Gershwin zeigt mit insgesamt sieben Tridecilen (6 davon liegen, vom 2. zum 10. Haus reichend, übereinander) den Ingenieur moderner Musik, welcher sich jedoch von den vielen zeitgenössischen misstönenden Werken anderer Komponisten fundamental unterscheidet – entsprechend u. a. dem Tridecil Mond-Transpluto: zwar eindringlich gefühlsintensiv, jedoch einen lieblichen, harmonisch fließenden Charakter stets bewahrend. Er ist Experimental-Komponist, dringt mit Klang und Musik in mystische Dimensionen vor.

Außerordentlich viele Tridecile zeigen außerdem die Horoskope von Machthabern wie Adolf Hitler, Josef Stalin und Wladimir Putin. Quintilische Aspekte allgemein in Horoskopen von Machthabern weisen auf ihr enormes Gewaltpotenzial. Dafür scheint besonders das Tridecil von 108° zu sprechen. Despoten erfassen schnell, wie Menschen und Völker zu manipulieren und untertan zu machen sind, während geniale Menschen mit denselben Aspekten in ihren Horoskopen den Gang der Welt beobachten, Gesetzmäßigkeiten erfassen und sie der Menschheit nützlich machen.

Das Horoskop von Mahatma Gandhi zeigt neben einem Überzeugungsdreieck und vielen weiteren geschlossenen Figuren drei 108°-Winkel. Gandhi setzte sich ab 1914 mit hartnäckigem Widerstand für die bürgerlichen Rechte der Inder in Südafrika, später in Indien ein, was schließlich zu Gewalt von Gegnern führte, durch die Gandhi 1948 erschossen wurde. Nelson Mandela, der sich dem gewaltlosen Widerstand gegen die Diskriminierung der Schwarzen verschrieben hatte, saß 27 Jahre im Gefängnis. Sein Horoskop zeigt in einem betont quintilischen Horoskop drei Tridecile in geschlossenen Figuren.

Vielen untersuchten Persönlichkeiten ist im Hinblick auf ihre Tridecile gemeinsam, dass sie durch ihre besonderen Fähigkeiten die Zeiten überdauernde Berühmtheit erlangten; es handelt sich hier um Genies ihres Fachs. Der Vollständigkeit halber und gerechterweise ist der Deutung des Tridecils anzufügen, dass – nicht anders als bei allen anderen Aspektarten – das Ungute ebenfalls der Dreierformel folgt. Konsequenterweise summiert sich in gleicher Manier auch das Böse. In der Menschheitsgeschichte ist effektives strategisches Vorgehen ebenso bezeichnend für Verbrecher, Despoten, Tyrannen, Schreckensherrscher und deren mörderische Kriege, menschenverachtende Gesellschaftsentwürfe und systematische Unterdrückung von Andersdenkenden. Aus schlechten Grundlagen kann schwerlich Gutes entstehen – außer es wird aus ihnen gelernt. Die Chance heißt hier »Erkennen und Lernen«. Menschen, die sich aus eigenen Kräften aus dem »Sumpf« ziehen konnten, vermochten es durch Erkennen und Lernen – nicht zuletzt mittels ihrer decilischen Aspekte.

Wesen und Bedeutung des Halbdecils (18°)

Das Halbdecil von 18° macht Aussagen über die körperliche Beschaffenheit.

Die durch fortgesetzte Teilung starke Verkleinerung von Winkelmaßen manifestiert sich erfahrungsgemäß vermehrt auf der nervlichen Ebene des Körpers, wo Nerven – den Bäumen gleich – ein umfassendes, immer feiner werdendes Netzwerk bilden. Nach vorsichtiger Schätzung von Anatomen würden die Nerven eines Menschen aneinandergereiht die Erde zweieinhalbmal umspannen. Entsprechend scheint es, man befinde sich mit kleinen Winkelmaßen des Horoskops im Räderwerk des Körpers. Feinnervigkeit kann ebenso hohe Begabung bewirken als in Extremen auch krank machen.

Deutung von quintilischen Aspektfiguren

Gleichschenklige = symmetrische Dreiecke

- Überzeugungsdreieck – Glaubensdreieck – Seherdreieck (Quintil als Basis, beidseitig Biquintile)

- Strategiedreieck – Widerstandsdreieck – Widerstandsstrategie (Biquintil als Basis, beidseitig Tridecile (3x36° = 108°)
  Strategien werden meist aufgrund von Widerständen entwickelt, jedoch immer im Hinblick auf ein Ziel.
- »Spezialitäten-Dreieck«
  (zwei Halbdecile, die ein Decil überlagern)
  Dies gibt betont Auskunft über Eigenheiten des betreffenden Menschen, die ihren Ursprung in körperlichen Strukturen haben.

Geschlossene, zum Teil symmetrische Figuren:

Gebildet aus quintilischen oder vorwiegend quintilischen Aspekten. Deutbar durch die astrologischen Faktoren, insbesondere die beteiligten Aspektarten.

- Becher – Gefäß
  Analogien: Inhalt, Gaben, Begabung, Reichtum, Ansprüche, Unersättlichkeit
- Zehneck
  gebildet aus zwei um 36° verschobenen Fünfecken, selten vollständig, meist tendenziell
  Hauptanalogie: Auseinandersetzung mit Gleichgewichtsthemen, Verhältnismäßigkeit, Ganzheitlichkeit
  Weitere Analogien: Harmonie, Gleichklang, inneres und äußeres Schauen, Vollendung, Gesamtausdruck, Einsichtigkeit, Projektion, Schönfärberei, Wechselhaftigkeit, Haltlosigkeit

Analyse der Literatur zu quintilischen Aspekten

Johannes Kepler – Wegbereiter der modernen Astrologie

Johannes Kepler (1571–1630)

Kepler war ein deutscher evangelischer Theologe, Mathematiker (Logarithmenrechnung, Planetentafeln), Astronom (Keplersche Gesetze, Ellipsenbahnen der Planeten), Astrologe, Mystiker (MYSTERIUM COSMOGRAPHICUM. Das Weltgeheimnis, 1596), Physiker (Optik, Mechanik), Vertreter des heliozentrischen Weltbildes, Hofastrologe im Dienst von A. von Wallenstein, Utopist (ÜBER DAS LEBEN DER MONDBEWOHNER, 1634).

Johannes Kepler sah im Kosmos ein wohlgeordnetes, von einem geistigen Prinzip geschaffenes und gelenktes Ganzes, in dem alles nach harmonisch-geometrisch darstellbaren Verhältnissen geordnet ist. Keplers Zeitgenossen verkannten dessen Bestreben, Astrologie vom alten Weltbild mit dem lieb gewordenen Gehäuse, dem aristotelisch-ptolemäischen Fundament, abzulösen, was der Astrologie meines Erachtens nachhaltig geschadet hat, indem sie nunmehr losgelöst von ihren wissenschaftlichen Ursprüngen betrachtet wurde.

Kepler verwendete anstelle des Begriffs »Aspekte« den Ausdruck »Konfiguration«. Damit deutete er an, dass in Aspekten stehende Planeten eine geometrische Figur bilden. Dies führte zur Entdeckung seiner drei grundlegenden Planetengesetze, welche er innerhalb der musikalischen Intervalle wie Terz, Quart, Quint usw. wiederfand. Seine Entdeckungen, dargelegt in HARMONICES MUNDI (1619, mehrere Bände, in griechisch-lateinischer Sprache), gehören bis heute zu den Grundlagen der wissenschaftlichen Astrologie. Der Astrologe Dr. Walter A. Koch schreibt unter dem Titel ASPEKTLEHRE NACH JOHANNES KEPLER:

> Zumeist ist Keplers Redeweise nüchtern und sachlich. Nur aus dem Hintergrund spürt man die Wärme, das Erfülltsein, die Erhebung und die Beglückung, den Schleier von dem göttlichen Schöpfungsplan wegziehen zu dürfen. Um Zahlen geht es in allen Teilen des Werkes. Denn in der Natur ist alles nach Maß und Zahlen geordnet. Kepler blieb nicht bei allgemeinen Betrachtungen stehen; er machte Ernst mit der vollen Durchführung des Prinzips der Harmonik und bewies seine Gültigkeit und objektive Verwirklichung in allen Einzelheiten [...]
>
> Der Aspekt im Sinne Keplers ist eine Funktion von Zahl und Form. Seine Form ist die Gestalt von Punkt, Linie, Dreieck oder Vieleck, woraus der Aspekt entsteht, seine Zahl deren Konstruktionsgrundlage. So entsteht das Trigon als 1/3 des Kreises aus der Zahl 3 und dem Dreieck. Jeder Aspekt hat, unabhängig von den Eigenschaften der beteiligten Gestirne, die ihn bilden, sein Eigenleben und seine eigene Würde. Die bisherige Astrologie kümmerte sich um die Bedeutung der zwei aspektbildenden Planeten sowie um die Analyse und Synthese ihrer Kombination. Die Aufgabe der hier vorgelegten Studie ist es nicht, einen einzelnen Aspekt aus 2 Gestirnen und ihren Qualitäten zu erklären. Vielmehr handelt es sich hier um die Aspekte an sich, ihren Gestaltwert, ihre Idee. Dieses eigengesetzliche Wesen der Aspekte soll ohne Berücksichtigung aspektbildender Planeten aus der geometrischen Form der Aspekte, deren weltbildender Zahl und den Eigenschaften des planetarischen Herren dieser Zahl abgeleitet werden.
>
> Es ist endlich notwendig, dass die Zahlen wieder als Eigenwerte von philosophischer Würde betrachtet werden. Wer Astrologie betreiben will, muss wissen, dass die weltbauenden Zahlen ein bedeutsames inneres Leben haben, während die oberflächlichen technisierten Zeitgenossen sie als bloße Ziffern zum Abzählen von Pfund und Dollar ansehen [...] Kepler legt in der Folge seine Auffassung von der pythagoreischen Zahlentheorie und die für die Aspektlehre wichtigen Eigenschaften der Zahlen 1 bis 5 dar. Seine Spekulationen sind noch heute grundlegend.

Kepler sprach von Harmonien und Proportionen als Urbildern der menschlichen Seele. Er bedauerte, dass die »Quintil-Aspekte« und die Beachtung des »Goldenen Schnitts« außer Gebrauch gekommen waren, obwohl sie sorgfältige Berücksichtigung verdienten.

Kepler unterschied »rechte« und »linke« Aspekte. Ausgehend von der Konjunktion galten sämtliche Aspektarten bis zur Opposition als rechte, die danach als linke Aspekte. In Verbindung mit Tonintervallen ordnete Kepler die quintilischen Aspekte folgendermaßen zu:

Ton	Verhältnis	Relative Schwingungszahl	Kreisgrad	Aspekt
es	kleine Terz	6/5	72°	rechtes Quintil
ges	Goldener Schnitt	7/5	144°	rechtes Biquintil
as	kleine Sext	8/5	219°	linkes Biquintil
b	kleine Septime	9/5	288°	linkes Quintil

Aufgrund der Moll-Tonart (lateinisch mollis = weich) bezeichnete Kepler den Charakter der quintilischen Aspekte als »weiblich, passiv, schmeichelnd, zart, lind, mild, sanft, gemäßigt, ergeben, weich, schwach, leidend, tragisch«.

Die Wirkung der Quintil-Aspekte tritt nicht hart in Erscheinung und werde daher kaum erkannt und wenig beachtet. Ihre Bedeutung sei die der Ausgleichung und Harmonie. Sie seien schöpferisch und befähigten zum Aufbau. Diese These sieht er bestätigt in den beiden Streckenlängen des »Goldenen Schnitts«. In diesem schönen Verhältnis sieht er die Idee der Zeugung verborgen. Denn wie der Vater den Sohn erzeuge, der Sohn einen andern, so werde bei jeder Teilung die Proportion fortgesetzt, wenn man die längere Strecke zum Ganzen hinzufügt. Kepler nennt folgende Stichwörter:

- Decil, Tridecil (36°/108°) Zusammenhang, Vermittlung, Chance
- Quintil (72°) Ausgleich, gutes Zusammenspiel, Rührigkeit
- Biquintil (144°) Anschluss, Schlüssel, Gewinn

Heute werden die quintilischen Aspekte allgemein Pluto zugeordnet. Zu Keplers Zeit im 16./17. Jahrhundert war Pluto noch nicht entdeckt.

Ich bin einverstanden mit Keplers Vorschlägen zur allgemeinen Aspektdeutung, in denen »Harmonien und Proportionen als Urbilder der menschlichen Seele« zu verstehen sind. Musik – um durch sie auf Johannes Kepler zurückzukommen – vermag die ganze menschenmögliche Gefühlsspanne auszulösen und auszudrücken bis hin zur Ekstase. Das entspricht Pluto. Im Gegensatz zu Kepler vertrete ich die Meinung, Quintil-Aspekte träten durch ihren emotionalen Ursprung auch hart (bis infernal) in Erscheinung, hart im Sinne von »an einem Ziel eisern festhalten, auch wenn es, nach gesundem Menschenverstand, eigentlich unmöglich oder gar höchst verwerflich ist, dieses zu erreichen«. Der Psychologe, Emil Cué, prägte den Satz: *»Jede Vorstellung hat die Tendenz, sich zu verwirklichen.«* Das trifft im Guten wie im Bösen absolut (plutonisch) ins Schwarze.

Untersuchungen quintilischer Aspekte in Horoskopen verschiedenster Menschenschicksale haben plutonische Emotionalität jeglicher Härtegrade im Guten bis zum abseitig Bösen gezeigt. Deutlich auffallend in Lebensläufen von psychisch Leidenden bis hin zu Gewaltverbrechern ist die häufig lieblose, unbeseelte Kindheit, in der dem Kind jeglicher Selbstwert verloren ging und ihm einzig das niedrige Verhalten der Eltern als Vorbild gereichte, eigene »Werte«, wie z. B. Rachevorstellungen, aufzubauen. Wie die Analyse von solchen Schicksalen zeigt, ist der Mangel an Eigenwertempfinden eine gefährliche Sache, da er die Entwicklung begünstigt, sich unkritisch allem zu öffnen, was Aufwertung und »positive« Sinneseindrücke verspricht, sowohl für den Einzelnen wie ebenso für ganze Völker, wenn es dem Staatschef an Selbstwert mangelt und er auf Ersatzwerte angewiesen ist.

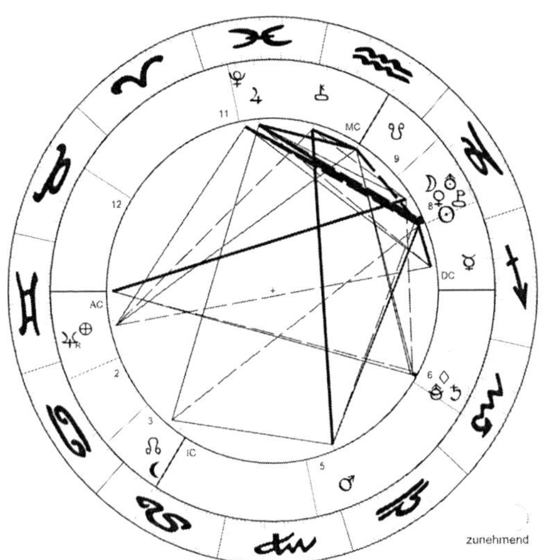

Abbildung 4: Johannes Kepler, 27.12.1571, 14h30 LMT, Weil der Stadt/D

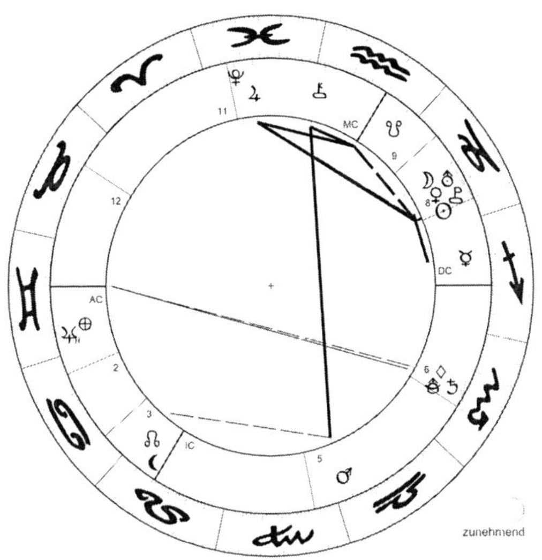

Abbildung 5: Johannes Kepler, 27.12.1571, 14h30, Weil der Stadt/ D (Kernhoroskop quintilisch, Orbis 1°)

Dem letzten Vorschlag Keplers – »tragisch« – schließe ich mich mit eigenen Argumenten und Folgerungen an:

»Tragisch« bedeutet letztlich »tragend«, »von tragender Bedeutung« – z. B. das Leben tragend, als zentralstes emotionales Anliegen der Natur. Um sich selbst zu tragen hat die Natur unendlich viele und unglaublich raffinierte Mittel (siehe die Erforschung des Nanobereichs etc.) aus sich selbst heraus – in unersättlich fließender Emotionalität – erschaffen. Um ein wenig davon zu verstehen, kann der Mensch mitfühlen und mitlieben. Liebe erzeugt Leben im eigentlichen und im übertragenen Sinn.

Plutonische Kraft hat ferner mit der Eigenliebe, dem Umgang mit sich selbst, der Selbstbewertung – eine der fragilsten tragenden Seelenkräfte des Menschen – zu tun. In diesem Bereich können sich Gefühle nach beiden Seiten bis ins Unermessliche steigern.

Dazu kommt ein weiteres, rein sachliches, astrologisches Argument. Pluto reiht sich als hauptsignifikant für quintilische Aspekte nahtlos ein in die Gesamtheit regelmäßiger geometrischer Figuren, die den Planeten ab Jupiter zugeordnet sind (siehe Seite 19).

Mit der starken Steinbockbesetzung ist der Mathematiker und Physiker deutlich abgebildet. Seine philosophische, geistliche, okkulte und mystische Veranlagung ist mit Neptun im 1. Haus repräsentiert. Sonne und Venus bilden zu Jupiter ein genaues Quintil mit Biquintilen zum Schwarzen Mond und Drachenkopf in Löwe im 3. Haus. Die Himmelsmitte MC teilt diese Strecke ganz genau in zwei Decile (36°). Johannes Kepler wurde also mit der Geburtshalbsumme MC = Sonne, Venus/Jupiter ins Leben gesandt, welche Erfolg und Ruhm versprach – dies nicht zuletzt in einer umstrittenen Wissenschaft. Was für eine Figur! In seinem Schaffen ist die dunkle Göttin, eine urtümliche, instinktsichere und eigenwillige weibliche Seite seines Wesens, spürbar. Das konnte kein eindimensionaler, trockener Mathematiker gewesen sein!

MC Wassermann mit Chiron in Wassermann und Haus 10 weisen auf den Wissenschaftler, Forscher, Neuerer, Astronom und Astrologen, Aszendent und Neptun in Zwillinge sowie die Neumond-Konstellation auf den Seher und Utopisten hin. Dass er ein

T-Quadrat mit Merkur, Neptun und am Zielpunkt Pluto hatte, wusste er nicht, denn Letzterer war noch unentdeckt. Die Wirkung dieser Figur ist jedoch markant spürbar im maßgebenden, bis heute gültigen, Einfluss Keplers auf die wissenschaftliche Astrologie. Er starb 59-jährig, am 15.11.1630 in Regensburg/D.

Das quintilische Horoskop, Orbis 1°, aktiviert, ja »emotionalisiert«, mit dem Dreieck aus Quintil und beidseitigen Decilen (Halbquintilen), was das MC gleichzeitig als Halbsumme sowie als das starke Dreieck Jupiter-Sonne, Pholus, Venus und Uranus zeigt. Wissenschaftliches Interesse (Wassermann) ist wie ein Weltraumteleskop in den gestirnten Himmel gerichtet.

Astrologen und Astrologinnen verschiedener Schulen

Dr. Walter A. Koch (1895–1970)

Deutscher Altphilologe, Historiker, Lehrer, Astrologe, Farbpsychologe (PSYCHOLOGISCHE FARBENLEHRE, 1931; SEELE DER EDELSTEINE, 1934), Esoteriker, Beinwunden durch den 1. Weltkrieg, ab 1924 astrologische Studien, 1941–1945 Konzentrationslager Dachau, entwickelte Anfang der 1960er-Jahre das ortsbezogene Häusersystem (GOH/Koch-Häuser, GOH HÄUSERTAFELN 1965).

Walter Koch weist bereits im Buch ASPEKTLEHRE NACH JOHANNES KEPLER auf die Ungenauigkeit hin, welche zwischen dem Quintil und dem *Goldenen Schnitt* besteht. 72° zeichnen das Verhältnis 8.0213 : 12.9787 im Verhältnis zu 360° nicht genau ab, was für die mathematischen Astrologen ein Problem darstellte.

Koch nimmt in seinem Buch GESAMMELTE AUFSÄTZE – GESTALTHOROSKOPIE, (Seite 100) Stellung dazu. Er vergleicht dieses Problem mit dem Verhältnis, welches zwischen Maschinenarbeit und Handarbeit besteht: Der Mensch bevorzugt die Spannung, welche die kleinen Ungenauigkeiten handgefertigter Stücke in ihm bewirken, gegenüber absoluter, starrer Genauigkeit. Er weist ferner

Abbildung 7: Dr. Walter A. Koch, 18.9.1895, 6h25, Esslingen/D. Er starb 75-jährig am 25.2.1970, 15h20, in Göppingen/D.

auf das angenehme Wechselspiel in der Musik hin, in welchem die Spannung disharmonischer Intervalle durch harmonische Klänge entspannt wird. Harmonie allein wirke langweilig.

Daselbst findet sich der interessante Hinweis, dass drei Faktoren des Horoskops im Verhältnis des »Goldenen Schnitts« zueinander stehen können. Da eine solche Konstellation zu finden aufwendige Rechenarbeit voraussetzt, hat Koch eine zweiseitige Tabelle mit den Verhältniszahlen verfasst und im Buch abgedruckt mit der jeweiligen Gesamtstrecke und den beiden Verhältniszahlen in Graden (GESTALTHOROSKOPIE, Seite 106 und Seite 107).

Koch zählt 36°, 72°, 108°, und 144° zu den hauptsächlichen quintilischen Aspekten, zu den quintilischen Nebenaspekten 18°, 24°, und 54°. Er schreibt:

> Leider ist die Liebe zur Fünfteilung des Kreises heute gering, obwohl der

menschliche Körper nach dem »Goldenen Schnitt« gebaut ist und im Körperbau die 5 wichtiger ist als die 4.

Einige zeitgenössische Astrologen vertraten die Meinung, die Quintil-Aspekte seien merkurischer Natur. Weder Kepler noch Koch unterstützten diese These.

Mit Sonne, Mond, Aszendent, Venus und dem Drachenschwanz in Jungfrau ist ein systematisch ordnender, praktischer und fleißiger Mensch zu erkennen. Doch das Zeichen Waage schließt an das erste Haus an, besetzt mit Mars, Chiron und Merkur: Zum Systematiker und extrem eigenständigen Menschen (stark betonte Ich-Seite) tritt ein harmonisierender, ästhetischer und verbindlicher Aspekt, der durch den dominanten Transpluto in Krebs im 10. Haus bestätigt und bekräftigt wird.

Das quintilische Dreieck mit Jupiter einerseits, Merkur und Chiron andererseits an der Basis verbindet die Ich- und Du-Seite nicht wirklich: Der Schwarze Mond im T-Quadrat zu Pluto, Neptun und Mond deutet auf mögliche Böswilligkeit seitens des Du, erfahren in 4 Jahren Konzentrationslager. Die partielle Sonnenfinsternis im 12. Haus, Mars und Chiron im 1. Haus weisen ebenso auf die Möglichkeit von Verletzungen, Schädigung und Eingesperrt-Sein hin. Die quintilische Figur mit Jupiter in Löwe im 11. Haus im Quintil zu Chiron und Merkur in Waage und dem Zielpunkt Schwarzer Mond mag andererseits den inneren Widerstand andeuten, den Koch der Widerwärtigkeit entgegenzusetzen vermochte.

Johannes Vehlow (1890–1958)

Deutscher Astrologe, Anhänger einer wissenschaftlich orientierten Astrologie, Gründer einer Astrologieschule, Herausgeber eines astrologischen Kalenders, Vertreter der äqualen Häuser und Herausgeber eines 7-teiligen Kursus der WISSENSCHAFTLICHEN GEBURTSASTROLOGIE.

Johannes Vehlow setzte sich grundlegend mit dem Thema Aspekte auseinander und schrieb seine Erkenntnisse im Buch DIE

Konstellationslehre nieder. Er geht von den Darlegungen Johannes Keplers aus.

> Das Prinzip der Ableitbarkeit der Aspekte von geometrischen Gesetzen ist von Kepler richtig erkannt, doch kommen, wie wir sehen werden, noch andere Faktoren hinzu, nämlich der Begriff der »Mundan-Aspekte« als Kraftfelder (Band 8, S. 151 ff.).

Vehlow verbindet in der Folge die Spektralfarben mit den astrologischen Aspekten:

> Sendet man den weißen Strahl des Sonnenlichts durch ein Glasprisma, so zerlegt es den Strahl in die bekannten sieben Grundfarben Rot, Orange, Gelb, Grün, Blau, Indigo und Violett. Außer diesen sieben Grundfarben kennt die Wissenschaft auch noch das »Infra-Rot« und das »Ultra-Violett". Diese beiden Farben entziehen sich aber unserem Sehvermögen, ihre Schwingungen sind so subtiler Art, dass sie nur mit »astralen« Sinnen wahrgenommen werden können.

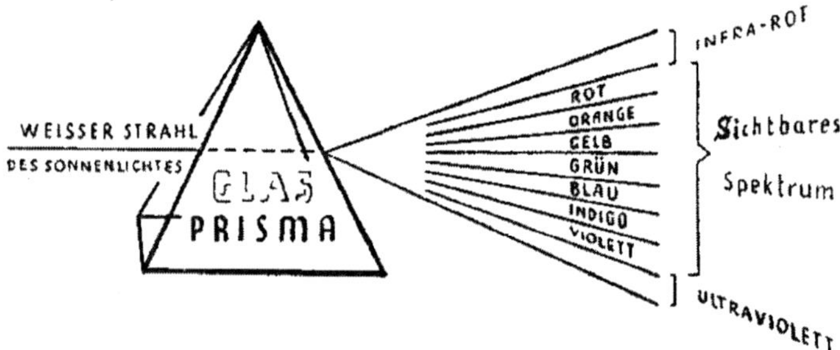

Abbildung 8: Johannes Vehlow, Spektralfarben des Sonnenlichts aus: Die Konstellationslehre, Band 8, Seite 152

Vehlow sieht darin die Dominanz der Hauptaspekte bestätigt und ebenso die Reihenfolge ihrer Stärke. Gleichermaßen gesichert befindet er diese in der Strahlenbrechung:

Reihenfolge	Bezeichnung	Symbol	Distanz	Brechung
1	Konjunktion	☌	0°	–
2	Opposition	☍	180°	1 x
3	Trigon	△	120°	2 x
4	Quadrat	□	90°	3 x
5	Quintil, Biquintil	Q bQ	72°, 144°	4 x
6	Sextil	✱	60°	5 x
7	Septil, Biseptil, Triseptil	S	51°, 103°, 154°	6 x
8	Halb-/Anderthalbquadrat	∠ ⚼	45°, 135°	7 x
9	Nonagon	N	40°	8 x
10	Decil, Tridecil	D TD	36°, 108°	9 x
11			33°	10 x
12	Halbsextil, Quincunx	⚺ ⚻	30°, 150°	11 x

Abb. 9: Tafel der Aspekt-Einstufung nach dem Verhältnis der Strahlbrechung

Je häufiger der Strahl eines Winkels gebrochen wird, desto schwächer der Aspekt: Der ausgesandte Strahl eines Planeten bleibt bei der Konjunktion ungebrochen, bei der Opposition 1x gebrochen, usw. beim Quintil und Biquintil 4x, Sextil 6x. Mehr Brechunen und damit schwächere Wirkung haben die kleinen Aspekte. Bei Halbquadrat und Quincunx bricht der Strahl ganze 11x. Vehlow, nach der Aufzählung der üblichen Hauptaspekte:

> Stellt man bei allen anderen bekannten Winkeln ebenfalls die Anzahl ihrer Strahlbrechung fest, so fällt auf, dass das Quintil (72° Abstand) und das Biquintil (144° Abstand), die gemeinsam eine geometrische Figur bilden, welche uns als Pentagramm oder Drudenfuß bekannt ist, mit einer viermaligen Strahlbrechung noch mit in die Gruppe der Hauptaspekte fallen und hiernach sogar stärker sein müssten als das Sextil.

Später erwähnt Vehlow noch, als Einzelaspekte im Horoskop seien Quintil und Biquintil bedeutungslos.

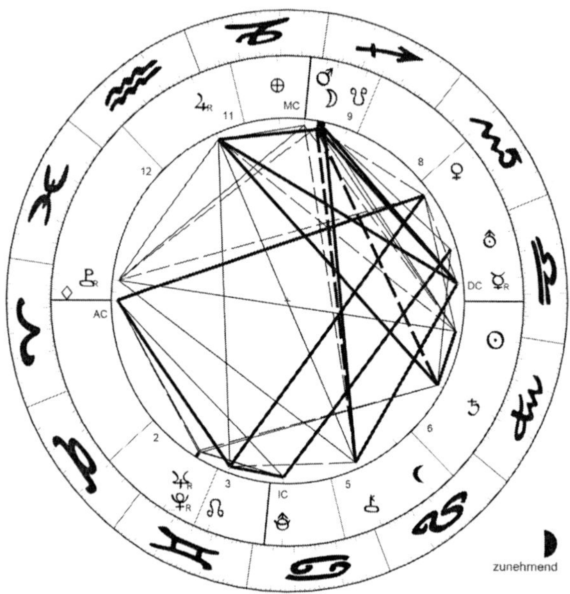

Abbildung 10: Johannes Vehlow, 21.9.1890, 18h12, Rügenwalde/D

Das wissenschaftliche Bestreben von Vehlow ist durch Sonne und Saturn, eingeschlossen in Jungfrau und Haus 6, sowie MC Steinbock angedeutet, seine Liebe zum Schreiben und Unterrichten ist abgebildet in seiner starken Du-Bezogenheit, Haus 7 in Waage, besetzt mit Merkur und Uranus, und in Skorpion schließlich die Venus. Der kontaktfreundliche Merkur ist Zielpunkt eines kleinen quintilen Dreiecks und entsprechend in den Halbsummen Chiron/Mond, Mars: Er unterrichtete mit Begeisterung und Emotionalität, hielt sich aber dabei streng an die astrologischen Fakten. Mit Mond und Mars in Schütze im 9. Haus sind seine philosophischen Neigungen offensichtlich. Insgesamt zeigt die quintilische Figur schöpferische Fähigkeiten, die in sein Denken, Schreiben und Unterrichten einflossen. Merkur rückläufig weist auf die antike Wissenschaft, die Vehlow studierte und vermittelte.

Die andere schwarze Figur, ein hohes Dreieck mit Aszendent Widder und dem Drachenkopf in Zwillinge und Haus 3 als Basis sowie Venus am Zielpunkt in Skorpion und Haus 7 zeigt die Tiefen, aus denen er interessiert und eifrig schöpfte, die Leidenschaft, mit der er nach geistigen Erkenntnissen strebte. Er starb 68-jährig am 6.3.1958 in Berlin.

Thomas Ring (1892–1983)

Deutsch-österreichischer Maler, Grafiker, Gelegenheitsarbeiter, Mitarbeiter der deutschen Philosophin und Frauenrechtlerin Hedwig Bender, Schriftsteller, Astrologe, Philosoph, Pionier einer modernen, humanistischen und ganzheitlichen Astrologie (DAS SONNENSYSTEM ALS ORGANISMUS, 1939), Kosmologe, Zyklenforscher (DAS LEBEWESEN IM RHYTHMUS DES WELTRAUMS, 1939), sieht Astrologie als Symbolsprache und Deutungskunst (ASTROLOGISCHE MENSCHENKUNDE, 4 Bände 1956).

Thomas Ring übernimmt im Wesentlichen die Thesen Johannes Keplers, was die grundsätzliche Bedeutung der Aspekte betrifft. Anstelle von Keplers okkultem und mystischem Verständnis von Zahlen und geometrischen Figuren betont Ring jedoch den psychologischen Hintergrund seines dynamischen Aspektkreises.

Die quintilischen Aspekte insbesondere bewertet Ring als schwach wirkend. Er bezeichnet sie sogar als Nebenaspekte. Aus ASTROLOGISCHE MENSCHENKUNDE:

> Die Zahl 5 ist bekanntermaßen von hoher Bedeutung in der organischen Natur. Das Fünfeck enthält vor allem die Proportion des »Goldenen Schnitts« (der stetigen Teilung, wonach sich eine kleinere zu einer größeren Strecke verhält wie die größere zum Ganzen), mit dessen Hilfe es konstruiert wird. Der Winkel von 72° fällt jedoch aus der zwölfstufigen Ordnung heraus, ist im Aufbau der Ausdrucks- und Interessensphäre nicht unterzubringen. Erfahrungsgemäß können nur feiner organisierte Menschen die harmonische Eigenart dieses Aspekts auswerten. (Band I, Seite 251 und ab Seite 269).

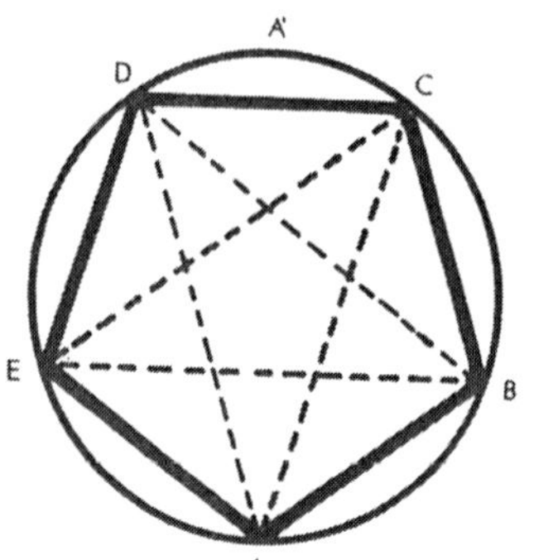

Abbildung 11: Pentagon und Pentagramm aus: Thomas Ring, Astrologische Menschenkunde

Erläuterungen zur Zeichnung

Beim Quintil steht B von A um einen Kreisfünftel ab, sodass mit Hinzufügung dreier Ergänzungspunkte im gleichen Abstand eine regelmäßige Figur entsteht. Die Aspektschritte kehren zu A zurück, ohne A' zu berühren. Wie beim Trigon fehlt also die punktuelle Gegensatzspannung, wohl aber ist die Gegenspannung von Punkt zu Linie vorhanden; wie dort können wir das Verhältnis Impulsion-Repulsion kennzeichnen als Anruf und Antwort in einer harmonisch durchgeführten Ganzheitsbeziehung, nur fällt der Einklang mit der zwölfstufigen Ordnung fort, dies Verhältnis ist außernormaler Art.

Ebenso ist C bis D, wenn betont, gegenüber einer von A ausgehenden Tendenz als Schwebe- bzw. Ruhezustand aufzufassen und kennzeichnet Breitenentfaltung des Punkts wie vorbereitetes Echo aus dem Ganzen. Die direkten Beziehungen A bis C und D bis A gelten nun gleichfalls als quintilischer Aspekt und zwar als Biquintil. Dieses Biquintil stellt mehr als nur die Verdoppelung des einfachen Quintils dar. Zur Eigentümlichkeit des Fünfecks gehört, dass mit fortlaufender Überspringung eines seiner Eckpunkte das Pentagramm, der Fünfstern, gebildet wird; die Seite eines solchen ist die Basis eines Dreiecks mit dem Zentriwinkel Biquintil. Wir haben demnach eine Doppelfigur und in ihr 2 Arten der Aspektschritte vereinigt, die Folge A-B-C-D-A und die Folge A-C-E-B-D-A, einen Doppeltakt analog dem schon im Ineinander von Fünfeck und Fünfstern angedeuteten Doppelsinn; mit der Beziehung E-B im Letzteren finden wir auch die Gegenspannung von Punkt zu Linie zweifach vorhanden, A also sozusagen einem Doppelecho aus dem Ganzen gegenüber. Hieraus folgert als Unterschied zur ruhigen, großen, eindeutigen Entfaltung beim Trigon im Quintil und Biquintil eine unruhigere, differenziertere und doppelwertige Entfaltung von Tendenzen.

Betreffen die in dieser Doppelfigur enthaltenen Aspekte äußerlich gesehen nur das kürzere Ausschreiten von Quintil, das weitere von Biquintil, so stellen sie innerlich gesehen 2 qualitativ verschiedene Beziehungen dar, was das Verhältnis Impulsion : Repulsion anbelangt. Dies Verhältnis von »Anruf und Antwort« bezieht sich beim Quintil auf einen Widerhall vor der Sperrlinie des Quadrats, während es beim Biquintil nach dieser auch das Trigon überschreitet und sich der Kulmination A' nähert.

Demnach enthält die Synthese des Quintils mehr ein ideales Anklingen dessen, was im Biquintil mehr auf reale Erprobungen angelegt ist. Je nach Lage eines in Betracht gezogenen Punktes zu A ergeben sich jedenfalls verschiedene Bewertungen. Dies sind die hauptsächlichsten Momente zur Beurteilung dieser Doppelfigur, ein hoher Mannigfaltigkeitsgrad gehört zum Wesen ihrer Aspekte. Das Auftreten ihrer Ordnungsziffer erlaubt erstmalig die Bildung eines Vielecks und eines Sterns; allerdings sind Fünfecke nicht flächenfüllend aneinander legbar wie die bisherigen Figuren und das nachfolgende Sechseck, doch gehen wir in den dreidimensionalen Raum über, so schließen sich 12 Fünfecke zur Begrenzung eines der schönsten regelmäßigen Körper, des Dodekaeders, zusammen, wodurch die Beziehung zur Zwölfordnung in einer höheren Dimension hergestellt ist. Darin spiegelt sich der erfahrungsmäßige Bezug zu schöpferischen Vorgängen außerhalb normaler Ordnungen, sofern, wie gesagt, die menschlichen Voraussetzungen zur »andersdimensionalen« Auswertung der Feinstruktur vorliegen. Selten ist das vollständig mit Planeten besetzte Fünfeck anzutreffen, doch können auch hier andere ausgezeichnete Punkte zur Ergänzung herangeholt werden (ab Seite 270).

Das Wasserelement überwiegt bei Weitem im Horoskop von Thomas Ring. Seine enorme Einfühlungskraft (16 von 27 Punkten im Wasserelement) ist in all seinem Wirken zu spüren. Selbst das schwarze hohe Dreieck fußt fast ganz im Wasser: visionär der Mond in Fische im Quintil zu Neptun und Pluto in Haus 12, als Symbolsprache vermittelbar durch Zwillinge. Venus bildet den in Skorpion-Wasser stehenden Zielpunkt der Quintilfigur, Uranus und Drachenschwanz mit etwas Abstand müssen mitgerechnet werden: Maler, Philosoph und Humanist sind darin leicht zu sehen.

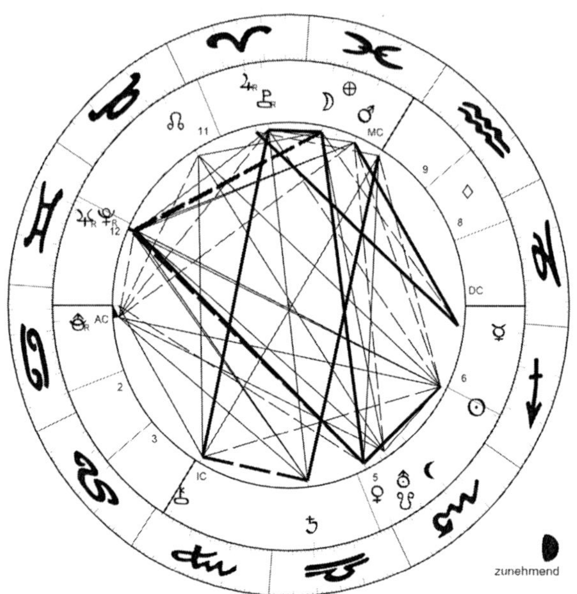

Abbildung 12: Thomas Ring, 28.11.1892, 18h00, Nürnberg/D

Er brachte die eigene Weltsicht in seine Bücher: Uranus bildet die Halbsumme von Schwarzem Mond und Venus. Sonne in Schütze liegt ganz im Trend dieses Universalgenies. Er starb 91-jährig am 24.8.1983.

Karl Brandler-Pracht (1864–1939)

Österreichischer Schauspieler, Astrologe, Autor einer großen Anzahl astrologischer Lehrbücher, Herausgeber mehrerer astrologischer Zeitschriften, hielt Vorträge und Seminare in Deutschland, Österreich und der Schweiz. Gründer zahlreicher Studienkreise. Er war kein Forscher und Wissenschaftler; sein Verdienst ist die Verbreitung einer allerdings unkritischen Astrologie, was dieser nicht nur zu ihrem Nutzen gereichte.

Karl Brandler-Pracht gab fast allen bekannten Astrologen nach ihm den ersten Astrologieunterricht – so dem Verleger Hermann

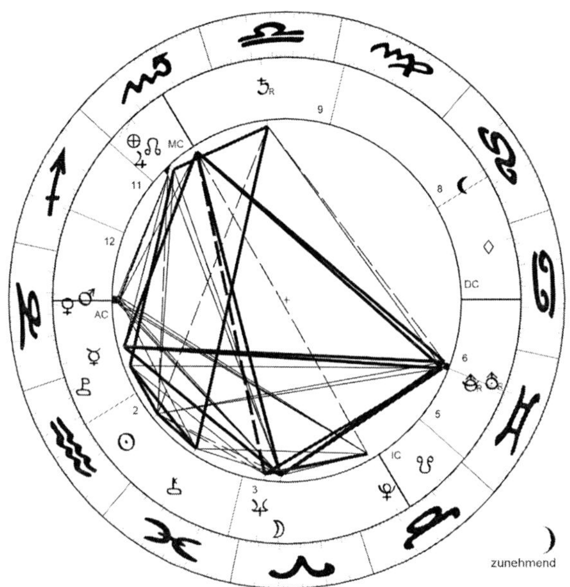

Abbildung 13: Karl Brandler-Pracht 11.2.1864, 5h22 Wien/A

Bauer, Wilhelm Knappich, Alfred Witte, Elsbeth Ebertin und einer langen Reihe namhafter Berufsastrologen, wohl auch SchweizerInnen. In seinem Buch DIE ASTROLOGISCHE TECHNIK, Band 1, sind viel Rechnerei, astronomische Erläuterungen, das Erstellen und Deuten des Geburtshoroskopes sowie die Deutung der Transite festgehalten. Im Kapitel »Die Aspekte« schreibt Brandler-Pracht:

> Es gibt noch einige Aspekte, die von den Engländern gebraucht werden, bei den deutschen Astrologen aber wenig Anklang gefunden haben, besonders, da sie den klassischen Astrologen unbekannt sind. Dazu gehören das Quintil mit 72° Abstand und das Biquintil mit 144° Abstand. Da derlei Aspekte ziemlich unwichtig sind, gelangen sie in diesem Lehrbuch auch nicht zur Anwendung (Seite 117).

Aufgrund von Brandlers fleißiger Lehrtätigkeit ist es nicht verwunderlich, dass eine ganze Reihe – teilweise namhafter – Astrologen die quintilischen Aspekte in der Folge beiseiteließen.

Brandler-Pracht hat drei hohe schwarze Dreiecke in der Radix und zum Pentagon fehlt ihm nur eine Ecke, die im Laufe der Zeit durch Transite und Direktionen gebildet wurde. Eines der Dreiecke mündet im MC Skorpion, gespeist von dem Basisquintil Uranus, Transpluto in Zwillinge und Mond, Neptun in Widder: lesen, schreiben, reisen, vermitteln einer grenzüberschreitenden Wissenschaft. Umgekehrt bilden Uranus und Transpluto in einem weiteren quintilischen Dreieck den Zielpunkt, während Merkur in Steinbock im 1. Haus und MC Skorpion die Kraft spendende Basis bilden. Das dritte Dreieck hat den Geburtsherrscher Saturn als Zielpunkt – erhöht in Waage, eingeschlossen und rückläufig im Haus der Lebensphilosophie: die langsame Reifung durch das Studium und Lehren alten Wissens. Der Schub kommt vom Basisquintil Chiron in Fische und Drachenschwanz in Stier in den Häusern 2 und 4: Brandler-Pracht brachte Werte aus der Vergangenheit mit in sein Dasein, durch deren Vermittlung er sein Überleben sicherte. Er starb 75-jährig am 10.9.1939 am späteren Nachmittag in Berlin an den Folgen eines Unfalls.

Alfred Witte (1878–1941)

Deutscher Vermessungstechniker, Astrologe, Okkultist, Autor, Mitarbeiter der ASTROLOGISCHEN RUNDSCHAU (1919–23).

Alfred Witte, Begründer der »Hamburger Schule«, versuchte die Astrologie umzugestalten. Er rückte der Radix mit der Rechenscheibe zu Leibe, zerlegte sie in vier Teilhoroskope und ersetzte die Aspekte(!) durch Halbdistanzpunkte und Planetenbilder sowie eine Reihe hypothetischer »Himmelskörper« wie Cupido, Hades, Zeus, Kronos, Apollon, Admetos, Vulcanus und Poseidon, welche er zusammen mit seinem Freund, Friedrich Sieggrün, auf sensitive Art erspürt hatte. In seinem REGELWERK FÜR PLANETENBILDER war folglich nichts über quintilische Aspekte zu finden.

Das spielerische 5. Haus fällt durch seine markante Besetzung auf: Merkur, Venus, Mond in Wassermann deuten auf Wittes revolutionäre und technische Interessen, ebenso wie Uranus auf Spitze

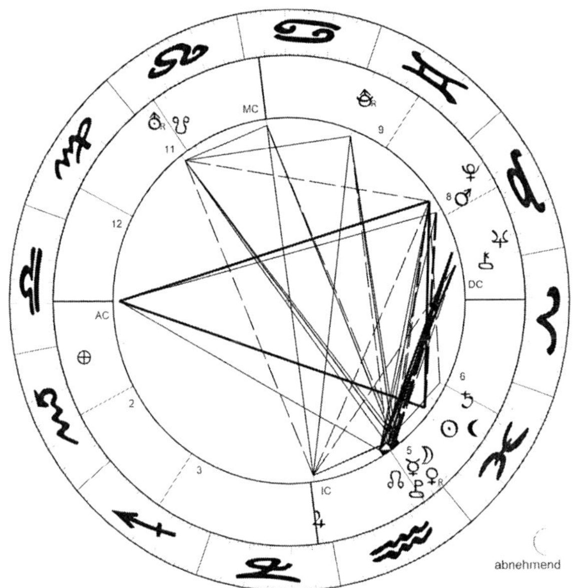

Abbildung 14: Alfred Witte, 2.3.1878, 21h12, Hamburg/D

11. Sonne und Schwarzer Mond in Fische offenbaren die Sensitivität des Vermessungstechnikers. Die Reihe hoher schwarzer Dreiecke in allen bisher abgebildeten Astrologen-Horoskopen setzt sich in Wittes Radix fort. Wie bei Johannes Kepler bildet der Aszendent dessen Spitze, jedoch hier in Waage, passend zu den vielen Helfern, die Witte um sich scharte. Die Basis der Figur bilden Sonne und Schwarzer Mond einerseits, Pluto mit Mars-Zulauf in Stier und 8. Haus (Hinweis auf die Möglichkeit eines gewaltsamen Todes) andererseits: Was für eine Schubkraft aus der Du-Seite des Horoskops! Immerhin besteht die *Hamburger Schule* bis heute, war und blieb allerdings umstritten.

Freitod am 4.8.1941 4h01 in Hamburg. Selbst im Todeshoroskop ist das hohe schwarze Dreieck vertreten. Der Zielpunkt Mond auf Spitze 6 deutet auf eine psychische Krankheit hin. Vielleicht war der Selbstmord die psychische »Rettung« aus schweren gesundheitlichen Problemen.

Frank A. Glahn (1865–1941)

Deutscher Astrologe, gilt als Reformer der Astrologie jener Zeit und zudem als Okkultist. Herausgeber von DAS DEUTSCHE TAROTBUCH und der Zeitschrift ASTRALE WARTE.

Frank A. Glahn war ein Schüler Alfred Wittes. Doch er blieb nicht bei der *Hamburger Schule.* Seine Astrologie mutierte zur »Methode Glahn«. Daneben finden sich bei ihm interessante Themen, wie dasjenige über das Erdhoroskop, welches er von der *Hamburger Schule* übernommen hat, über die Dekanate der Tierkreiszeichen und Häuser, die Bedeutung der einzelnen Grade des Zodiaks, wie sie im Mittelalter beschrieben wurden, über die Berufe und die Zuordnungen der Tierkreiszeichen zu Städten und Ländern.

In seinem Buch ERKLÄRUNG UND SYSTEMATISCHE DEUTUNG DES GEBURTSHOROSKOPES schrieb er über Aspekte:

> Die Bestrahlung der Planeten unter sich und deren Entfernungen von den Ecken und Winkeln des Horoskopes geben dem Horoskope die letzte individuelle Note. Die übliche Einteilung in gute und böse Aspekte ist begründet, sie bedarf aber des Verständnisses.
>
> Als schlechte Aspekte ohne Einschränkung gelten Quadrat, Halbquadrat und Anderthalbquadrat. Das ist der Abstand 90°, 45° und 135°.
>
> Als gute Aspekte ohne Einschränkung gelten Trigon, Sextil, das ist der Abstand von 120° und 60°. Von fraglicher Wirkung ist der Zusammenschein und die Opposition. Die Konjunktion ist immer gut zwischen Wohltätern unter sich und wesensverwandten Planeten mit der Sonne, sie ist schlecht zwischen Übeltätern unter sich, vorwiegend schlecht zwischen Übeltätern und Wohltätern. Die Opposition ist fraglicher Natur und bedarf einer eingehenden Prüfung; handelt es sich aber um Opposition der Übeltäter unter sich oder mit der Sonne, so kommt nur die schlechte Wirkung heraus. [...]
>
> Die noch kleineren Aspekte beachte ich nur insofern, als sie einen Rückschluss auf die Bestrahlung an sich gestatten. Für die Prognose sind sie unbeachtlich.

Der Begriff *Quintil* kommt in dem 300-seitigen Buch nicht vor.

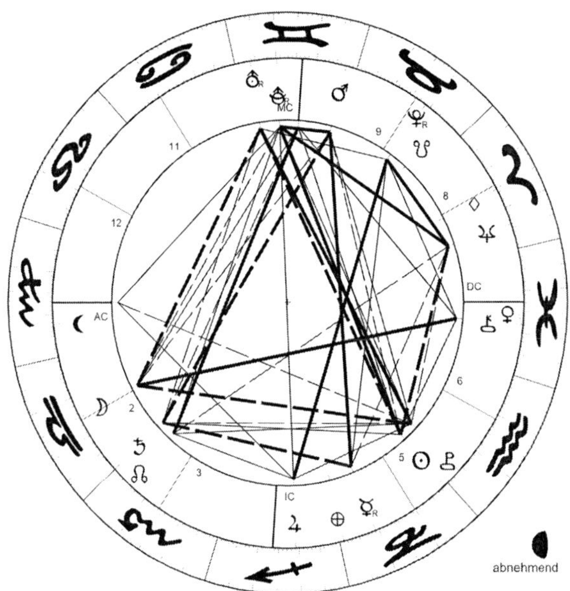

Abbildung 15: Frank A. Glahn, 18.1.1865, 20h56, Linden/Hannover

Die Erdzeichen Steinbock und Jungfrau sind bereits in mehreren Horoskopen von Astrologen vorgekommen. Wer die »königliche Kunst«[1] betreibt, weiß, wie zeitintensiv astrologische Arbeit ist. Zu Glahns Zeiten, ohne Computer, mit wenigen Tabellen und Nachschlagewerken, musste man fleißig sein als Forscher und Autor. Glahn schließt sich mit Sonne Steinbock und Aszendent Jungfrau der Reihe an.

Was sich um sein Medium Coeli schart, zwei Luftplaneten und Mars – alles in Zwillinge – zeigt seine flinke, interessierte, findige und vermittelnde Seite. Das MC ist zudem direkt in der raschen Halbsumme Mars/Uranus. Zwillinge entsprechend suchte und fand Glahn Methoden (z.B. Tierkreiszeichen- und Häuserdekanate), um

[1] Der Ausdruck »königliche Kunst« war ursprünglich die Kunst (das Können) Astrologie, welche der König in Anspruch nahm. Erst als diese Epoche endete, wurde »königlich« auf die Astrologie selbst bezogen.

das Horoskop durch eine größere Auswahl an Deutungselementen eingehender zu deuten. Das in AstrologInnen-Horoskopen nun schon obligate hohe schwarze Dreieck hat Mars als Zielpunkt, Saturn und den rückläufigen Merkur als Schubkraft. Auch damit ist angedeutet, dass Studieren und Schreiben Einsatz und eine gewisse Reife erforderten.

Elsbeth Ebertin (1880–1944)

Deutsche Astrologin, Grafologin, Autorin, Mutter von Reinhold Ebertin, Großmutter von Baldur Ebertin, eine der wenigen Frauen in der männlichen Astrologenszene.

Elsbeth Ebertin vertrat eine psychologische wie auch eine mundanorientierte Astrologie. Sie gab die Zeitschrift *Blick in die Zukunft* (1917–1938) heraus und schrieb die Bücher: DIE BEDEUTUNG DER FIXSTERNE, ROYAL NATIVITIES, ASTROLOGIE UND LIEBESLEBEN und DER EINFLUSS DES MONDES.

Ob Elsbeth Ebertin je etwas über quintilische Aspekte geschrieben hat, ist nicht bekannt, da bei ihrem Tod durch einen Bombenangriff im Zweiten Weltkrieg alle Manuskripte ihres reichen Schaffens verbrannten. Möglicherweise schon, da sie bereits recht früh eine psychologische Astrologie vertrat.

Mit Aszendent Skorpion, der Sonne-Pluto-Konjunktion, Mond in Krebs (wie Enkel Baldur) und dem Schwarzen Mond, quintilisch mit AC und MC verbunden, hatte Elsbeth Ebertin sicher ein natürliches psychologisches Feeling. Ihr hohes schwarzes Dreieck zielt mit Jupiter ins 5. Haus in Widder: Selbstbewusstsein, Leben aktiv entfalten, erfolgreich spielen, viel riskieren, fördern der Nachkommen. Die Basis des Dreiecks mit Aszendent Skorpion und MC Löwe sowie Uranus eleviert in Jungfrau deuten auf passioniertes Streben nach Fortschritt und außergewöhnlicher Wissenschaft. Das zweite quintilische Dreieck, mit dem Aszendenten als Spitze, scheitert am übergroßen Orbis des Basis-Quintils Jupiter/Schwarzer Mond. Im Strukturbild erscheint die Dreierverbindung jedoch als

Abbildung 16: Elsbeth Ebertin, 14.5.1880, 18h30, Görlitz/D

direkte Halbsumme Aszendent = Jupiter/Schwarzer Mond (Letzterer im 8. Haus) mit nur 3 Bogenminuten Orbis. Damit sind ihre glückliche Hand und ihr eigener Weg mit Geisteswissenschaften (möglicherweise auch der böse Tod) angedeutet.

Elsbeth Ebertin erstickte und verbrannte bei einem Bombenangriff. In dieser Nacht transitierten Aszendent und MC über das dominante Quadrat Uranus/Pluto radix. Das könnte der Zeitpunkt des furchtbaren Infernos gewesen sein. Der postulierte plutonische Charakter quintilischer Aspekte spricht für die enorme schädigende Gewalt, welche die Frau umgab (ihr ganzes Haus fiel in Schutt und Asche). Sonne radix stand in den direkten Halbsummen Pluto/Schwarzer Mond und in der klassischen Todeshalbsumme Mars/Saturn. Sie starb bei einem Bombenangriff am 28.11.1944, 23h37, Freiburg im Breisgau.

Reinhold Ebertin (1901–1988)

Deutscher Astrologe, Kosmobiologe, Mundanastrologe, Herausgeber, Verleger, Autor, Pionier einer wissenschaftlichen Experimentalastrologie (Ebertinschule), u.a. Halbsummenforschung, 90°-Kreis, Heliozentrik, Deklinations-Parallelen.

Ebertin nannte seine Astrologie »Kosmobiologie« und legte sie in vielen gut verständlichen Büchern dar. Zwei Beispiele unter vielen: Die »Bibel« der Kosmobiologen KOMBINATION DER GESTIRNEINFLÜSSE (KDG) (Erstausgabe 1934); DAS KONTAKT-KOSMOGRAMM (1973).

Reinhold Ebertin – mit der Astrologie seiner Mutter, Elsbeth Ebertin, aufgewachsen – »schnupperte« in jungen Jahren bei der *Hamburger-Schule*. Für ihn war aber dort auf die Länge kein Platz; er sah sich nicht mit allem einverstanden. Beeinflusst zwar, aber eigenständig, suchte er nach handlicheren und dennoch wissenschaftlich genauen Methoden. An die Stelle der Planetenbilder traten *90°-Kreis* und *Strukturbild* als »kosmischer Faktor«. Der 90°-Kreis macht sämtliche roten (= Spannungs-)Aspekte leicht erkennbar als sog. Komplexe. Das Strukturbild erfasst direkt und indirekt alle Aspektarten und Aspektfiguren. Die einzelnen Halbsummen-Strukturen zeigen dabei den »kosmischen Zustand« eines jeden Gestirns, wodurch Grundstrukturen der Persönlichkeit sichtbar werden.

1949 fand unter Ebertins Leitung die erste *Arbeitstagung für kosmobiologische Forschung* statt. Ebertins Ziel war es, eine Brücke zur offiziellen Wissenschaft zu schlagen und neben Fachleuten des eigenen Wissensgebietes zahlreiche Akademiker, auch Universitätsprofessoren als Redner zu gewinnen. Die oben erwähnten Astrologen Karl Brandler-Pracht, Alfred Witte und Frank A. Glahn waren bezeichnenderweise auf den Referenten-Listen nicht zu finden. 1956 gründete Ebertin in Verbindung mit Dr. med. Reich, Professor Dr. Urban von der Universität Innsbruck und Dr. Dr. Walter Gollner (Psychologisches Institut Stuttgart) die *Kosmobiologische Akademie Aalen e.V.* 1970 gelang ihm zusammen mit seinem Sohn, Dr. Baldur R. Ebertin, der Schritt nach Amerika, wo sich die Kosmobiologie rasch verbreitete. Bereits 1972 konnte Ebertin in Aalen einen *Weltkongress für Astrologie und Kosmobiologie* durchführen.

Es gab Referenten, die an den »Arbeitstagungen für kosmobiologische Forschung« über quintilische Aspekte referierten. In Ebertins Büchern habe ich jedoch nichts zum Thema Quintile gefunden. Trotzdem bin ich im Zuge meiner Recherchen auf etwas Relevantes gestoßen. Im 45. KOSMOBIOLOGISCHEN JAHRBUCH (1974) ist sein Vortrag *Die Lehre von den Aspekten* abgedruckt.:

> Zu den grundlegenden Aspekten sind im Mittelalter und in der Neuzeit weitere hinzugekommen. Das gilt zunächst für den Fünfstern, aus dem das Quintil, der Winkel von 72° entnommen ist. [...] Denn wir kennen 5 Vokale, 5 Sinne, 5 Rassen, 5 Planeten, und der vollkommene Mensch ist dem Goldenen Schnitt nachgebildet, der sich im Fünfstern wiederfindet. Über die Bedeutung des Quintils (72°) oder auch des Biquintils (144°) findet man selten etwas in den Lehrbüchern. Es handelt sich hier also mehr um einen weltanschaulichen Gesichtspunkt, der zur Verwendung dieses Winkels führt.
>
> In letzter Zeit sind hierzu noch der 15°-Winkel gekommen, den seinerzeit Esch erwähnt hat. Max Sigrist entwickelte eine neue Aspekttheorie, die auf der fortlaufenden Teilung des Kreises beruht und über Aspekte von 22°30', 11°15', 5°37,5', 2°49' bis 1°25' führt. Schließlich entdeckte Landscheidt als Uraspekt den Winkel von 7°30' und behauptet, dass alle brauchbaren Winkel ein Mehrfaches von 7,5° ergeben müssen. Von den bisher genannten Winkeln scheiden in diesem Falle die 72°- und 144°-Winkel aus, weil sie nicht durch den Urwinkel von 7,5° teilbar sind (Seite 73f.)

Das Zitat deutet unterschwellig auf den damaligen Meinungsstreit hin, was die Verwendbarkeit verschiedener Aspekte und Arbeitsmethoden betrifft. Den Anhängern des 30°- und 90°-Kreises kamen die unbequemen 72°- und 144°-Winkel sachbedingt in die Quere, da sie – im Gegensatz zu denjenigen der fortgesetzten Teilung des Kreises – im 30°- und 90°-Kreis nicht ablesbar und zudem schwerlich brauchbar sind für die Arbeit mit Halbsummen. Die Fortsetzung des Vortrags zeigt die damalige Unduldsamkeit Ebertins und anderer gegenüber neuen und abweichenden Arbeitsweisen.

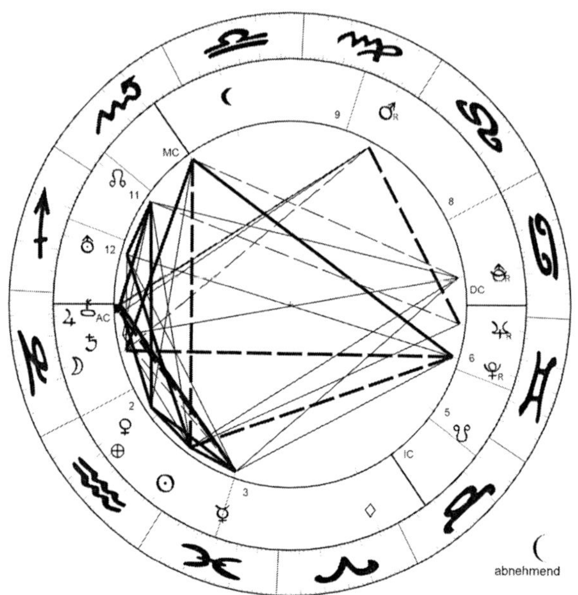

Abbildung 17: Reinhold Ebertin, 16.2.1901, 4h40, Görlitz/D

Mit Chiron genau auf dem Steinbockaszendenten, Jupiter dicht daneben, Saturn im eigenen Zeichen und auch im 1. Haus sowie Sonne in Wassermann ist der rührige Wissenschaftler bestens repräsentiert. Mars in Jungfrau wirft ein Trigon auf Aszendent, Chiron und Jupiter: große Schaffenskraft, Systematik, Fleiß, Ideale. Quintilische Aspekte gibt es in seiner Radix zuhauf. Zum Pentagramm fehlt bloß eine Ecke. Es gibt drei hohe schwarze Dreiecke mit den seitlichen Biquintilen. Dasjenige mit der markanten Aszendenten-Besetzung und dem Schwarzen Mond an der Basis hat den Zielpunkt Drachenschwanz in Stier im 5. Haus: schöpferisches Potenzial verwerten, praktisch umsetzen. Ein zweites quintilisches Dreieck mit Pluto in Zwillinge am Zielpunkt steht auf der Basis Mond Quintil MC: Popularität, seelische Spannungen in der Öffentlichkeit. Bleibt jenes mit dem Zielpunkt Schwarzer Mond an der Spitze im 9. Haus. Merkur und Drachenschwanz bilden die Basis: Eine eigenwillige Lebensphilosophie ist genährt von mitgebrachtem

Wissen und Können, das Ebertin in seiner Schule und in Büchern verbreitete. Er starb 87-jährig am 14.3.1988 früh am Morgen in Hirschlanden.

In Strukturbildern sind symmetrische Aspektfiguren – wie es dieses hohe quintilische Dreieck ist – als direkte Halbsummen dokumentiert. Damit sind die Faktoren der quintilischen Figur präzise abgebildet. Ungenaue Figuren fallen durch den kleinen Orbis (1°) von Halbsummen weg. Die Struktur Mondknoten Konjunktion Uranus/MC ist als Aspekt im 360°-Horoskop nicht sichtbar, jedoch als solche sehr aufschlussreich. In der KDG steht dazu:

»*Sich gegen andere durchsetzen wollen, die Konkurrenz aus dem Felde schlagen, Spannungen innerhalb einer Gemeinschaft, unruhiges Familienleben, Aufregung und Streit.*«

In Alfred Wittes REGELWERK FÜR PLANETENBILDER lesen wir: »*Verbindungen, die seelisch in Spannung halten*«. Damit wird ersichtlich, wie subtil Halbsummen den Menschen erfassen. Die quintilische Figur mit Pluto am Zielpunkt und direkt in der Halbsumme Mond/MC ist mit über 2° Orbis aus dem Strukturbild herausgefallen. Sie wurde erst eine Viertelstunde nach der Geburt exakt und insofern für die psychologische Deutung aufschlussreich. KDG: »*Sich seelisch stark bedrückt fühlen, Hemmungen in der seelischen Entfaltung durch Mutter oder Gattin, seelische Erschütterungen.*« REGELWERK DER HAMBURGER SCHULE: Mond/MC: »*Der seelische Einfluss von Frauen, das eigene Gemüt*« mit der Verbindung zu Pluto: »*das Gemüt beeindruckende Wandlungen in der Öffentlichkeit, Veränderungen im persönlichen Verhältnis zur Öffentlichkeit, flatterhaft oder unstet sein.*«

Dr. Baldur R. Ebertin (1933–2020)

Deutscher Psychologe, Kosmobiologe, Esoteriker, Heilpraktiker, Reinkarnationstherapeut, Autor. Promovierte 1961 zum Thema »Gehirn und Seele«, Vertreter der kosmobiologischen Astrologie, Leiter einer astrologischen Ausbildungsstätte und Mitherausgeber der KOSMOBIOLOGISCHEN JAHRBÜCHER (1969–78), KOSMOBIOLOGISCHE DIAGNOSTIK 1984, REINKARNATION UND NEUES

BEWUSSTSEIN 1987. Anders als sein Vater Reinhold befasste sich Baldur Ebertin eingehend mit den einzelnen Aspekten und Aspektstrukturen im 360°-Kreis. In seinem Lehrwerk KOSMOBIOLOGISCHE DIAGNOSTIK schreibt er in Ordner 2 unter E: »*Quintil und Biquintil: In Richtung auf Philosophie, Idealismus, Religion wirkende Kräfte*«. In seinem Buch DAS ABC DER KOSMOBIOLOGIE schreibt er:

> Als Qualität für den Quintil-Aspekt, der der Fünfteilung des Tierkreises entspricht, habe ich immer wieder gesehen, dass man ihn als den ‚Kampf für eine gute Sache, für eine Idee' verstehen kann, wobei die gute Sache, die Idee, subjektiv zu sehen ist, also objektiv betrachtet nicht unbedingt gut sein muss (Seite 123).

Baldur Ebertin deutet im selben Buch Quintile wie auch die Hauptaspekte und die »kleinen Aspekte« in Beispielen von 360°-Kreis-Horoskopen. Zu deren Übersicht hat er ein Formular entwickelt, welches die Aspektstruktur eines Horoskopes verdeutlicht. Dem Buch ist eine Aspektscheibe beigelegt.

Auffallend in seinem Horoskop ist der stark besetzte dritte Quadrant, passend zum psychologischen und therapeutischen Beruf wie zu seinen sozialen und philosophischen Interessen. Aus mehreren quintilischen Aspekten stechen die beiden hohen Dreiecke hervor, die in Astrologenhoroskopen häufig vorkommen. Mit Jupiter im 8. Haus an der Spitze, Saturn in Wassermann und Uranus in Widder an der Basis ist eine Rakete gezündet in Richtung geheimes Wissen, Philosophie und Reinkarnationstherapie.

Baldur Ebertin selbst beschreibt die Dreierstruktur Jupiter/Saturn/Uranus in KOSMOBIOLOGISCHE DIAGNOSTIK wie folgt:

> Wille und Leistung: In seine Ideen Ordnung bringen wollen, die »alten Zöpfe abschneiden« wollen, ruhelose Erfolgssuche
>
> Interessen und Beruf: Erkenntnissammlung, Dokumentation, Reformbestrebungen

Die andere Spitze betrifft den Drachenkopf, der das gesamte Fischezeichen im materiellen 1. Quadranten vorgeburtlich und vor

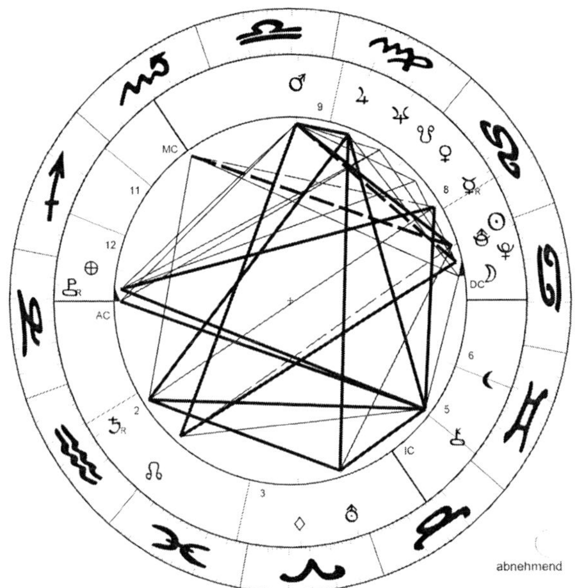

Abbildung 18: Dr. Baldur R. Ebertin, 21.7.1933, 19h12, Erfurt/D

der Inkarnation durchlaufen hat und eben daran ist, in Wassermann einzutreten: aus einem Traum aufgerüttelt werden, geistige Schätze mitbringen sowie die schwierige Aufgabe, diese in rationale Bereiche einfließen zu lassen. An der Basis der Figur sind einerseits Mars, andererseits Sonne, Transpluto und Pluto. Damit gilt es, sich gegen Einflüsse zu wehren, welche diese Entwicklung stören. Die beiden Figuren zeigen, wie sich ein konkreter stofflicher Konflikt (Spitze Drachenkopf im 1. Quadranten) im geistigen Bereich auszuwirken vermag (Spitze Jupiter im 3. Quadranten).

A. Schmitt (Lebensdaten und Biografie unbekannt)

Wie bisher gezeigt, wurden die Aspekte im Allgemeinen sehr oberflächlich behandelt, in gute und schlechte unterteilt und »kleine Aspekte« als so schwach bezeichnet, dass man sie am besten weglasse. Eine Ausnahme bildete das schmale Büchlein DEUTUNG DER

KLEINEN ASPEKTE von A. Schmitt, er schreibt darin 1956 als Schlusswort:

> Ich darf hoffen, Ihnen durch diese Arbeit dargelegt zu haben, bis zu welchem Grad die kleinen Aspekte Ihrer Praxis mit Gewinn eingegliedert werden sollten und darf von Quintil und Biquintil ehrlich sagen, dass ihre Berücksichtigung für die Vollständigkeit der Prognose unerlässlich ist.

Schmitt beschreibt den »Fünfstern« im Kreis »*als bekanntlich merkurisch, als etwas farblos, leidenschaftslos, jedoch vermittelnd, praktisch und vor allem intellektuell*«. Dies gelte für Quintil wie Biquintil, welche besonders Beruf und Umgang kennzeichneten. Die quintilische Verbindung von

- Merkur und Jupiter findet sich in Horoskopen von Schriftstellern (Steiner, Goethe, Shakespeare, Hugo, Heine, Doyle, Scholz, Hutten, Keller ...)
- Merkur und Neptun in Horoskopen von Komponisten (Haydn, Wagner, Chopin, Brahms ...)
- Uranus verbunden mit Aszendent, MC, Sonne oder Mond in Horoskopen von Astrologen (Nostradamus, Morin, Charubel, Glahn, Parm, Kühr ...)
- Neptun mit Aszendent, MC, Sonne und Mond in Horskopen von Schauspielern (Bergmann, Duse, Garbo, Dietrich, Valentino, Gable, Baker ...)

Verbindungen im Quintil beschreibt er wie folgt:

- Was quintilische Verbindung zu Jupiter habe, erlange Bedeutung, werde frei von Außenwirkung,
- Saturn-Verbindung unterliege der Einschränkung, Festigung,
- Sonne-Verbindung stärke,
- Mond-Verbindung zeige Interesse und Wünsche,
- Mars-Verbindung zeige, wie und was man tut,
- Venus-Verbindung beeinflusse Umgangsformen und Lebensfreude,
- Merkur-Verbindung werde »verlebendigt« (Schriftbild),
- Aszendenten-Verbindung zeige, wie man ist (Ego),

- Aspekt zu MC, was man tun wolle (Ziel),
- Aspekt zum Deszendent, wie man zur Umwelt stehe, womit man rechnen müsse, was die Umwelt von uns zu erwarten habe,
- Aspekt zu IC, Erbanlage, was man in Ehren halte.

Planeten untereinander, in quintilischen Aspekten, seien Guthaben, seien etwas, das man nutzen könne, zeigen, wem man unterliege. Weiter ist zu lesen, die quintilischen Aspekte seien an sich neutral (Merkur). Es komme bei der Deutung sehr auf die Gesamttendenz des Horoskopes an.

Trotz überholten Ansichten über die Aspektdeutung ist die kleine Schrift insofern nützlich, als sie eine *Quintil-Deutungs-Tabelle* enthält und Schmitt die Horoskope von etwa 200 bekannten Persönlichkeiten im Hinblick auf quintilische Aspekte untersucht hat. Er hielt zutreffend fest,

> dass diese Aspekte sich immer irgendwie merklich in den Vordergrund stellen, somit zu den starken, wichtigen Aspekten gehören. [...] Wir haben viele ‚Kreisteile' [verschiedene Aspekte] geprüft, die Quintile und Biquintile aber (nach den starken Aspekten Konjunktion, Opposition, Trigon, Quadrat, Sextil) als am kräftigsten gefunden.

Über den Charakter der quintilischen Aspekte an sich (ohne Berücksichtigung von astrologischen Faktoren wie Gestirne, Tierkreiszeichen und Häuser) ist in dieser Schrift kaum Verwertbares zu finden. Die beteiligten Faktoren ergäben den Charakter der Aspekte – was bereits Kepler zu Recht verwarf.

Die These der »merkurischen Wirkung« wird von forschenden Astrologen, wie Kepler, Koch und Walter nicht unterstützt. Ich kann diese Meinung ebenfalls nicht vertreten, jedoch gilt, dass Merkur durch Aspekt mit Pluto in seiner Wirkung besonders verstärkt wird.

Dane Rudhyar (1895–1985)

Als Daniel Chennevière in Paris geboren, lebte Dane Rudhyar seit seinem 21. Lebensjahr in den USA als Okkultist, Philosoph,

Psychologe, Maler, Klavier- und Orchesterkomponist und Astrologe. Teilweise zusammen mit seiner vierten Frau Leyla Rael Rudhyar schrieb er über 25 astrologische Bücher, in welchen er eine humanistische Astrologie vertrat: ASTROLOGIE DER PERSÖNLICHKEIT 1936, ESOTERISCHE ASTROLOGIE 1978, ASTROLOGIE UND PSYCHE 1976, ASTROLOGISCHE ASPEKTE 1980, PERSONENZENTRIERTE ASTROLOGIE 1980.

In ihrem Buch ASTROLOGISCHE ASPEKTE vertreten die Autoren Dane und Leyla Rudhyar die prozesshafte Astrologie, in welcher sie die Hauptaspekte – entsprechend der zunehmenden Mondphase (Saat- und Wachstumszeit) – als involutionären Zyklus (Wachstum durch spontane Aktivität) und entsprechend der abnehmenden Mondphase (Ernte- und bewusstseinsbildende Zeit) als devolutionären Zyklus (Wachstum durch Loslassen) beschreiben. Quintile werden nicht als Hauptaspekte gesehen, da sie nicht ins Zwölfer-System passen.

Im zweiten Teil des Buches berichten sie über den evolutionären Charakter der Aspekte in der Reihenfolge der Zahlen 1 für die Konjunktion, 2 für Opposition und Quincunx (das Quincunx bezeichnen die Autoren als die Opposition, die um 30° zurückgefallen ist), 3 für das Trigon, 4 für das Quadrat, 5 für das Quintil usw. Ein Beispiel dieser evolutionären Art, zu deuten: Das Quadrat kommt im Kreis vor dem Trigon: Wer die Herausforderung des Quadrats nicht angenommen hat, verpasst im Trigon die aufbauende Verwirklichung ersteren Potenzials.

Dieses Buch der kreativen Geister Leyla und Dane Rudhyar bietet viele Denkanstöße. Sie widmen dem Quintil acht (!) interessante Seiten:

> Das Quintil ist der erste Aspekt der evolutionären Reihe, der nicht auch in der involutionären oder devolutionären Folge zu finden ist. Er entsteht, indem man den Kreis in fünf Segmente teilt – was ein Pentagramm, Pentagon oder einen Fünfstern zur Folge hat. Diese bedeuten das Symbol für den kreativen (oder ‚fünfgliedrigen') Menschen. Der fünfeckige Stern ist ein Ausdruck für das ‚sternenhafte' (die wörtliche Übersetzung für astral) Wesen

> des Menschen. Die überlieferte Deutung betrachtet den Stern einmal als aufwärts gerichtet und einmal nach unten weisend. Das ‚fünfte Glied' wird bezüglich des abwärts weisenden Sterns mit dem Sexualorgan in Verbindung gebracht, welches die Kraft zur biologischen Fortpflanzung zum Ausdruck bringt; bezüglich des aufwärts weisenden Sterns bezieht es sich auf die spirituelle Kraft des kreativen Geistes mit seinem Zentrum im Kopf – in gewissem Sinne also auf die Kraft des Ausdrucks, die Macht des Wortes. (Seite 144).

Mit der »Macht des Wortes« ist der Bezug hergestellt zu Astrologen, welche dem Quintil »intellektuellen, merkurischen Charakter und mögliche »Hinweise auf die Berufswahl« zuordnen. Diese Ansicht greift letztlich dort zu kurz, wo es sich bei dem Quintil um Geisteskraft handelt. Allerdings verstärkt Pluto in Aspekten zu Merkur diesen sehr in die merkurische Richtung. Die beiden zeigen gegenseitige Sympathie und Gewichtung.

Im Pentagramm gibt es keine Opposition; oder anders gesagt: Jede Ecke des Quintils ist in Opposition zu einer ganzen Seite des Fünfecks. Wobei mit der halben Seitenlänge das Zehneck, Decil (= 36°), ins Spiel kommt mit entsprechenden Folgen für die Deutung.

Weil im Fünfeck nach Rudhyar keine Opposition (= kein »Vollmond«) stattfindet, gibt es weder die involutionäre noch die devolutionäre Folge und damit auch keinen evolutionären Prozess. Dazu Rudhyar:

> Wenn die Ebene des Quintils erreicht ist, ist nicht mehr die »geistlose« Weitergabe von Lebensformen wichtig, sondern das Ausschöpfen des wahrhaft menschlichen Potenzials, welches den bewussten mentalen Schöpfungen innewohnt. [...] Geist auf der Ebene des Quintils oder des fünften Strahls ist nicht mit dem Gedächtnis oder dem einfachen (oder auch komplizierten) Einreihen von Sinneswahrnehmungen in intellektuelle Muster gleichzusetzen, wenn diese Tätigkeiten auch oberflächlich befriedigend oder anregend sein mögen. In vollkommener Entwicklung führt der Geist zu einer wahrhaft kreativen (und nicht nur produktiven) Aktivität, die durchscheinen lässt, welchen Zweck das Individuum zu erfüllen hat.

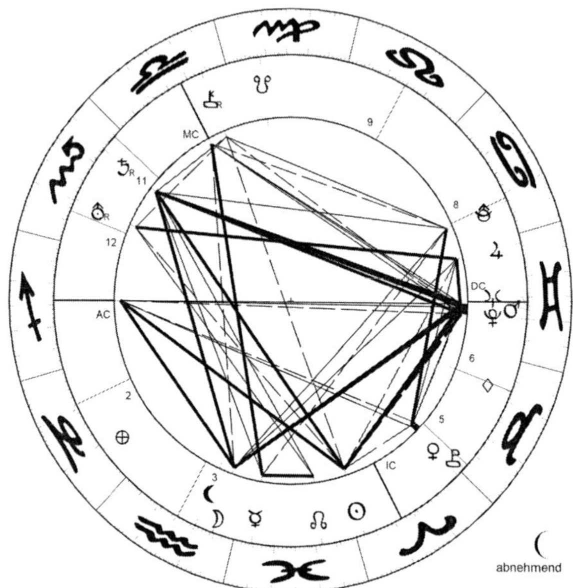

Abbildung 20: Dane Rudhyar, 23.3.1895, 0h42, Paris/F

Passend zum Philosophen ist der Schütze-Aszendent, zum tiefgründigen Denker Saturn in Skorpion im 11. Haus und zum Okkultisten das Stellium am Deszendenten mit Neptun, Mars und Pluto in Zwillinge – alles auf der Ich-Du-Achse. Durch seine Bücher lehrt Rudhyar eine prozessorientierte, ganzheitliche Astrologie, die ihr Entwicklungspotenzial auszuschöpfen geeignet ist. Neben der starken Zwillinge-Besetzung ist, analog dazu das 3. Haus auffällig und wiederum einerseits mit rationalen, andererseits okkulten Faktoren gefüllt: Sonne in Widder, Mond mit dem Schwarzen Mond in Wassermann, Merkur und Drachenkopf in Fische eingeschlossen.

Wie sämtliche anderen Astrologen, deren Horoskope abgedruckt und kommentiert werden, hat auch Rudhyar ein hohes schwarzes Dreieck in seiner Radix. Der Zielpunkt – Saturn in Skorpion und im 11. Haus – zeigt, wofür er sich verantwortlich fühlte und worum er sich bemühte: Es sind die Human- und Geisteswissenschaften mit dem Ziel der Bewusstseinsentwicklung. Die Basis der Figur bilden Sonne und das Stellium am Deszendenten: Unermüdlich lehrend setzte er mit kräftigem Bezug zum Leben seine Verbindung zur geistigen Welt dafür ein. Er starb 90-jährig am 13.9.1985 in San Francisco. Das Horoskop seiner Frau Leyla ist nicht bekannt.

Heinrich Christian Meier, Pseudonym Meier-Parm (1905–1987)

Deutscher Schriftsteller, Künstler und Astrologe. 1931 wurde Parms GANZHEITSSCHAU IM HOROSKOP – DIE LEHRE VOM SPANNUNGSHERRSCHER auf dem Astrologenkongress in Wiesbaden der Öffentlichkeit präsentiert. Einzelne Astrologen erkannten das Besondere an dessen Methoden sofort. Bereits ab 1932 konnte Parm in den Zeitschriften *Astrale Welt* und *Mensch im All* sowie *Sterne und Mensch* publizieren. Anschließend gründeten Interessierte die *Arbeitsgemeinschaft der Methode Parm.* Historische Bedeutung erwirkte diese mit den Themen »Die Sonderstellung der Sonne im Horoskop« und »Die statistischen Resultate der Spannungsbemessung«.

Parms Methode schaltet die »Ganzheitsschau« vor die übliche Deutung unverbundener Einzelheiten und deutet die Einzelheiten gemäß der erschauten Ganzheit. Dabei entspricht nicht der Tierkreis der Lebensganzheit des Menschen, sondern das Bild der Planetenfigur. Der Kreis der Astrologen war begeistert von Parms Lehre.

In der Zeit zwischen 1934 bis 1946 wurde Parm als politischer Gegner Hitlers ins Gefängnis gesteckt und anschließend ins Konzentrationslager verbracht. Danach kam er in russische Kriegsgefangenschaft. Nach seiner Entlassung konnte er nur noch geringe Zeit für die Astrologie einsetzen.

Doch Parms astrologische Thesen und Methoden der Horoskopdeutung überlebten. Gründe dafür waren: Die Methode Parm propagierte keine neue Weltanschauung, war nicht Feind anderer Methoden und Techniken, sondern zeigte einen Weg zu tieferem Verständnis des Horoskops, in der die bloße Aneinanderreihung

Abbildung 21: Heinrich Christian Meier-Parm, 5.4.1905, 15h08, Hamburg/D

von Deutungen astrologischer Faktoren nicht genügte. Er untersuchte die Spannungsverhältnisse im Horoskop, ortete den Spannungsherrscher und den Druckträger.

Parms GANZHEITSSCHAU IM HOROSKOP (1954), die sich wesentlich in der Beachtung geometrischer Verhältnisse und Figuren ausdrückt, knüpft in vielerlei Hinsicht an Kepler an. So ist für mich lebendige Figur und Ausdruck geworden, was im Horoskop Figur zeigt. Es sind dies die Faktoren, die im Horoskop Maß und Niveau andeuten. Parms Erkenntnisse beeinflussten nicht nur die Arbeitsweise mancher Astrologen, sondern insbesondere auch meine Erforschung der langen Reihe quintilischer Horoskope.

In seinem Buch DIE GANZHEITSSCHAU IM HOROSKOP schreibt Meier-Parm: »*Je weiter Planeten in einer Aspekt-Beziehung auseinanderliegen, umso größer ist ihre Spanne, die gegenseitige Gespanntheit, und umso angespannter und eindrücklicher – gut oder bös – ist ihre Wirkung.*«

In seinem Horoskop ist Mars am IC Spannungsherrscher, Uranus Mitspannungsherrscher. Damit hat Meier-Parm Krieg und viel Gewalt erlebt. Den Gegensatz zum Spannungsherrscher bildet der Druckträger (hier Merkur/Jupiter): »*Je näher sich Gestirne in Aspekt-Beziehung sind, desto mehr geraten sie unter gegenseitigen Druck.*« Je nachdem kann der Druck positiv oder negativ empfunden werden, wie allgemein in menschlichen Beziehungen.

Mars, Uranus, Chiron, Saturn holten sich in Direktionen ein: Mars den Uranus, Uranus den Chiron, Chiron den Saturn mit den Oppositionen zu Pluto, Neptun und Transpluto! Damit wurde meist auch Saturn tangiert.

Zeitgenössische Astrologen und Astrologinnen

*Dr. Hans-Jörg Walter (*1925)*

Promovierter Schweizer Chemiker und Astrologe, Kosmobiologe, Datensammler, Autor von ENTSCHLÜSSELTE ASPEKTFIGUREN, 1981; DER PLANET CHIRON, 1986; KOSMOBIOLOGISCHE ASPEKTE UND PERSPEKTIVEN, 1989; DIVINA COMMEDIA ASTROLOGICA,1993) Vertreter einer wissenschaftlich orientierten Astrologie, jahrelang Referent der Kosmobiologie-Tagungen.

Dr. Hans-Jörg Walter ist Forscher und verfasst innovative, wissenschaftlich fundierte Bücher zur Horoskopdeutung. Er belegt seine Thesen und untermauert sie ausgiebig und detailliert anhand von Beispielhoroskopen. Mit seinen Deutungen hält er sich streng an die astrologischen Fakten, zeichnet differenzierte Bilder der betreffenden Menschen und schreibt anschaulich und gut verständlich.

In seinem Buch ENTSCHLÜSSELTE ASPEKTFIGUREN stellt Walter bereits in der Einleitung die von Max Planck und Albert Einstein begründete Quantentheorie als Quelle vor, die ihm neue Erkenntnisse im Bereich der Horoskopdeutung vermittelt hat:

Das Licht soll somit nach der Quantentheorie zwei einander völlig entgegengesetzte Eigenschaften miteinander vereinen: die Natur eines sich stetig ausbreitenden Wellenfeldes mit dem Wesen einer Teilchenstrahlung. Das Licht soll Welle und Korpuskel (Teilchen) zugleich sein. Tatsächlich benimmt sich das Licht unter bestimmten experimentellen Bedingungen wie ein harmonisches, über den ganzen Raum verteiltes Wellenfeld, und wieder unter anderen Bedingungen wie die Bleikörner einer Schrotladung.

In Anlehnung an die Quantentheorie bezeichnete Walter Aspektfiguren und -bilder derselben Aspektart als Wellenfeld, während er die Gesamtdeutung des Horoskops (kosmischer Zustand, Tierkreiszeichen, Häuser, Aspekte, Halbsummen) als Körpermodell bezeichnete.

Wellenfeld: Die großen Proportionen im Horoskop, welche durch markante dominierende Aspektfiguren gleichen Charakters augenscheinlich werden, und die herausragende Lebensausrichtung zum Vorschein bringen. Nicht einzelne Aspekte, sondern große Figuren zeichnen das Leben.

Körpermodell: Differenzierte Darstellung der vielen Einzelaspekte des Menschenlebens durch Gestirnscharakteren, Zeichenqualitäten, Aspektverbindungen, Strukturbilder, Situation etc.

Er beschreibt die Auswirkungen dieser Thesen auf die astrologische Deutungspraxis wie folgt:

Bisher wurden sowohl von der klassischen Astrologie als auch von der wissenschaftlichen Astrologie allein die korpuskulären Gestirne Sonne, Mond, Merkur, Venus, Mars, Jupiter, Saturn, Uranus, Neptun und Pluto als Träger und Vermittler der fundamentalen astrologischen Prinzipien oder Grundkräfte betrachtet. Der als Aspekt bezeichnete Winkelabstand zwischen zwei Gestirnen oder andern Deutungsfaktoren, wie Mondknoten, Aszendent oder Medium Coeli wurde nur als Beziehungs- und Verbindungselement zwischen den Deutungsfaktoren bewertet.

Unsere empirisch durchgeführten Untersuchungen brachten nun das überraschende Ergebnis, dass nicht allein die Gestirne, sondern auch harmonische Aspektfiguren, die aus gleichartigen Aspekten aufgebaut sind, als Träger und Vermittler der fundamentalen astrologischen Prinzipien oder

Grundkräfte im Geburtsbild auftreten. Es handelt sich bei diesem neu entdeckten Phänomen um eine Analogie zu den Materiewellen in der Quantenphysik:

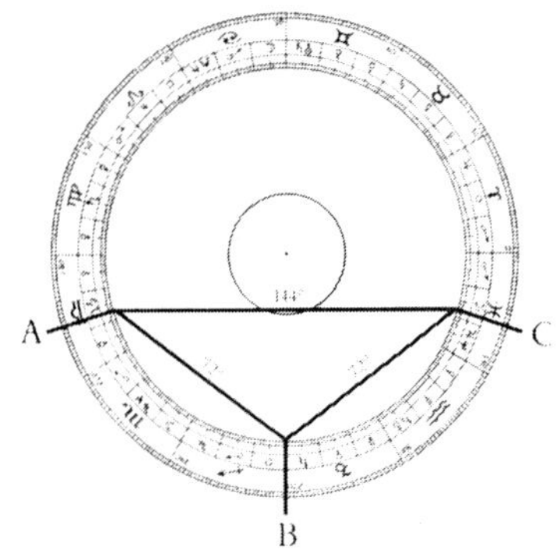

Abbildung 22: Harmonische Aspektfigur »Dreiecktypus«

Eine aus Quintilen aufgebaute harmonische Aspektfigur kann sich in einem Geburtsbild so verhalten wie das Gestirn Mars, weil das Quintil gewissermaßen die dem Mars zugeordnete Materiewellenlänge ist.

Dabei braucht das Gestirn Mars gar keine Beziehung zu dieser harmonischen Aspektfigur zu haben, sondern die Eckpunkte der Figur können durch andere Deutungselemente besetzt sein.

Das folgende Zitat bringt die Untersuchungsergebnisse auf den Punkt:

Aufgrund unserer eigenen experimentellen Befunde vertreten wir hier die Meinung, dass auch die Aspekte der Quintil- und Decilreihe, also das Quintil (72°), das Biquintil (144°), und das Tridecil (108° = 72+36) zu den Hauptaspekten gezählt werden sollten (Seite 20).

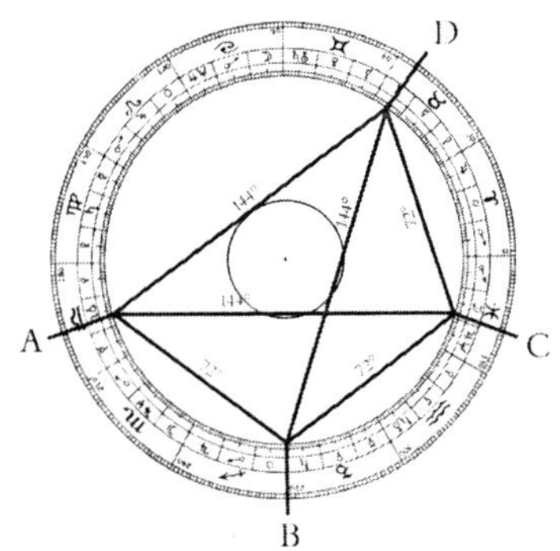

Abbildung 23: Harmonische Aspektfigur mit vier Deutungsfaktoren

Diese Meinung wird bestätigt durch die Tatsache, dass die gewichtigsten Aspekte durch die ganzzahligen Divisoren 1 = Konjunktion, 2 = Opposition, 3 = Trigon, 4 = Quadrat, 5 = Quintil, 6 = Sextil entstehen. Sie gelten als

Hauptaspekte. Die Teilung 360:5, das Quintil, gehört somit ganz klar dazu. Walter erwähnt anschließend, dass harmonische (= symmetrische) Aspektfiguren direkten Halbsummen entsprechen.

Setzen wir Körper- und Wellenmodell (Gestirnscharakter und Charakter der Grundaspekte) nebeneinander, ergibt sich nach Dr. Walter folgende Tabelle:

Zahl	**Körpermodell (Gestirn)**	**Wellenmodell (Grundaspekt)**	
1	Sonne	0°	Konjunktion
2	Merkur	180°	Opposition
3	Venus	120°	Trigon
4	Mond	90°	Quadrat
5	Mars	72°	Quintil
6	Jupiter	60°	Sextil
7	Saturn	51°26'	Septil
8	Uranus	45°	Halbquadrat
9	Neptun	40°	Nonil
10	Pluto	36°	Decil

Die Zuteilung der Konjunktion zur Sonne die Materienwellenlänge betreffend zitiert Walter aus dem Buch von Dr. Walter Koch ASPEKTLEHRE NACH JOHANNES KEPLER:

> Die ungerade Zahl Eins, die die Konjunktion begründet, ist die Einheit, auf der alles ruht. Sie untersteht der Sonne und bedeutet Gestaltung, Licht und Leben. Verbinden sich in der Konjunktion zwei Planeten miteinander, so bildet sich eine Einheit, ein geschlossenes Ganzes.

Übrigens erweitert Walter in seinem Buch DIVINA COMMEDIA ASTROLOGICA die Reihe der Ordnungszahlen bis zur 12 und den entsprechenden Aspekten Undecil sowie Halbsextil und Quincunx.

Dr. Hans-Jörg Walter vertritt, was den Charakter quintilischer Aspekte betrifft, folgende These:

> Das Quintil (72°) ist marsischer, das Decil (36°) sowie die Aspekte der Decilreihe (108°, 144°) plutonischer Natur.

Erstmals in der entsprechenden Literatur werden somit für unterschiedliche Quintilaspekte unterschiedliche Bedeutungen postuliert. Dabei handelt es sich mit Mars und Pluto um den alten und den neuen Herrscher des Tierkreiszeichens Skorpion. Da die früheren Astrologen keine Kenntnis von Pluto hatten, musste Mars genügen, wenigstens gewisse Gesichtspunkte dieses Tierkreiszeichens zu erläutern. Dessen Natur – Tiefe, Macht und Sprengkraft – konnte anhand von Beobachtungen und Erfahrungen nur erahnt werden.

Walter begründet sämtliche Zuordnungen von Gestirn zu Aspekt. Der einzelne Aspektcharakter ergibt sich durch das der Ordnungszahl entsprechende Gestirn und ist vorerst unabhängig vom Charakter der beteiligten Gestirne, denen jedoch modifizierende und das Gewicht verändernde Bedeutung zukommen kann. Ein Quintil ist somit immer marsisch – auch bei Venus Quintil Jupiter.

In seiner Forschungsarbeit präzisiert Walter weiter: Besonderes Gewicht erhalten Aspekte vor allem durch die Häufigkeit, mit welcher eine Aspektart harmonische Figuren bildet. Als »harmonisch« bezeichnet er die Figur, welche von einem Gestirn ausgehend nach beiden Seiten einen gleichen Aspekt bildet, wie zum Beispiel je ein Quintil. So entsteht aus zwei Quintilen und einem Biquintil ein gleichschenkliges Dreieck. Durch ein weiteres Quintil entsteht eine Trapezfigur mit drei Quintilen und drei Biquintilen

Aus den symmetrischen Figuren ist gleichzeitig ersichtlich, dass es sich dabei um eine Menge Halbsummen handelt. Dieser Figur mögen weitere Aspekte der Quintilreihe – 36°-Winkel (72 : 2), 108°-Winkel (72 + 36) – angefügt sein. Sie behält dadurch ihren spezifischen (hier Quintil-)Charakter unabhängig von den an der Figur beteiligten Faktoren. Eine allfällige Beteiligung von Mars und Pluto verstärkt jedoch den entsprechenden Charakter der Figur.

Wie viel deutet allein schon auf den passionierten Forscher: MC Steinbock, Herrscher Saturn rückläufig in Skorpion, 7. Haus. Walter kommuniziert seine Errungenschaften, trifft sich oft mit Kollegen in Fachkreisen. Doch sein Arbeitsort ist zu Hause: Mars, Pluto

Abbildung 24: Dr. Hans-Jörg Walter, 2.6.1925, 2h06, Zürich, CH

und Schwarzer Mond sowie Transpluto im 4. Haus. Mars ist Geburtsherrscher, zeigt den geborenen, instinktbegabten, nimmermüden Kämpfer für seine Sache: die Forschung, Pluto. Der Schwarze Mond deutet zudem auf viel Zivilcourage im Kampf um eigene Ideen. Der ästhetisch gefärbte Mond in Waage, in großem Trigon und im 6. Haus, präzisiert: Walter braucht Harmonie und Gesellschaft in seinem Heim, widmete ENTSCHLÜSSELTE ASPEKTFIGUREN seiner »treuen Lebensgefährtin« und schreibt in DIVINA COMMEDIA ASTROLOGICA eingangs: »Ich danke meiner Frau für die liebevolle Fürsorge, ohne die das Buch nicht entstanden wäre.«

Der Blick auf den Aszendenten ist nicht minder aufschlussreich: Er besetzt die Halbsumme Chiron/Uranus – Chiron im 1. Haus, Widder, Uranus im 12. Haus Fische. Unglaublich anschaulich ist seine Beschäftigung mit Astrologie als tägliches Umfeld gezeichnet.

Doch neben dem eisernen Forscher ist in Walters Geburtsbild ebenso deutlich der Autor abgebildet: Merkur und Venus sind in

Rezeption in Stier und Zwillinge in den Häusern 2 und 3. Er schreibt gerne und gepflegt. Die Zwillingssonne steht in zwei quintilischen harmonischen Dreiecken: Sonne Quintil Uranus, Quintil Neptun – das kleine Dreieck; Sonne Biquintil Jupiter im 10. Haus, Biquintil Saturn im 7. Haus – das große Dreieck!

Gertrud I. Hürlimann (1924–2011)

Schweizer Astrologin, kaufmännisch ausgebildet, lebte von 1963 bis 1966 in Deutschland, wo sie hauptsächlich auf den Gebieten Chirologie und Astrologie tätig war. 1968 schloss sie auf dem zweiten Bildungsweg mit Psychologie, 1972 mit Grafologie, 1975 mit einer Heilpraktikerausbildung ab. In ihrer psychologischen Praxis arbeitete sie mit astrologischen, psychologischen, chirologischen, und physiognomischen Erkenntnissen.

Das Buch ASTROLOGIE – EIN METHODISCH AUFGEBAUTES LEHRBUCH von Gertrud I. Hürlimann gilt nach wie vor als umfassendste Sammlung astrologischer Grundlagen und als Basis für Studierende der Astrologie. Selbst für gestandene Astrologinnen und Astrologen ist es eine Fundgrube nüchtern sachlicher Informationen, Grundlage jeder astrologischen Schule und Richtung.

Unter dem Titel »Die Sekundär- oder Nebenaspekte« schreibt Hürlimann:

> Die Nebenaspekte des Geburtsbildes sind vergleichbar den Sekundär- oder Nebenlinien im Handbild. Sie sind gar nicht so nebensächlich, wie sie in der Astrologie oft dargestellt werden, sondern unterstreichen das Individuelle im Menschen und stellen, genau wie im Handbild, Schwierigkeiten, Sonderleistungen oder Sonderbegabungen dar. [...] Der Interessierte möge sich mit der Wangemann-Schule oder dem Wellenmodell im Werk »Entschlüsselte Aspektfiguren« von H. J. Walter auseinandersetzen (Seite 65).

Die quintilischen Aspekte sind also »gar nicht so nebensächlich«, wie sie »oft« dargestellt werden. Als höchst interessant empfinde ich zudem deren fächerübergreifenden Vergleich Hürlimanns mit den »Nebenlinien« in der Hand.

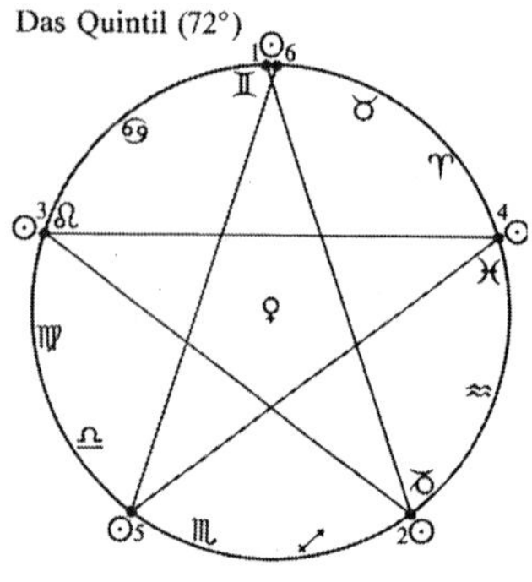

Abbildung 25: Quintil

Zum Quintil (72°) schreibt Hürlimann:

In Unkenntnis dessen, was ein 72er-Winkel auszusagen vermag, wird er leider selten benutzt. Das Quintil entsteht durch Fünfteilung des Kreises und entspricht dem Pentagramm, dem Drudenfuß oder dem Weg der Venus durch den Tierkreis, wo sie im 72er Rhythmus rückläufig wird. Da der Venus gleichzeitig der 36er Rhythmus innewohnt, indem sie je 36 Tage nach der oberen und unteren Konjunktion mit der Sonne ihren größten Glanz entfaltet, hat sie etwas Lutziid-Luziferisches[2] (Pluto = 36°).

Wenn das Quintil nach Parm als auch aufgrund der Forschungen von H. J. Walter marsischen Charakter trägt und gleichzeitig venusische Elemente aufweist, entspricht der 72°-Winkel einer libidinösen Spannung im Sinne ±, je nachdem, welche Gestirne sich im Winkel treffen, und deren Eingliederung ins Gesamtaspektgefüge. 72er Winkel sind wie folgt verwendbar: als Körperleistungen (Sportler) und Mutproben; als Körperreize (Marilyn Monroe); für künstlerische Gestaltungen im Sinne der Transformation/Sublimation. 72er-Winkel sind aber auch bei Mongoloiden zu finden als Zuviel an Gemütskräften und Chromosomen und mangelnde Körperkräfte/Durchsetzungsfähigkeit (mangelnde Sexualdrüsenfunktion der Mongoloiden) (Seite 66)

Was für eine Bereicherung und Bestätigung meiner Grundannahmen zur Deutung der quintilischen Aspekte. Analogien zum plutonischen Charakter zeichnen immer stärker. Zum marsischen Einfluss reiht sich die Kraft der Venus. Damit sind wir bei Pluto

[2] Luzifer: Lichtbringer/Satan, in der römischen Mythologie: Morgenstern; luzid: klar, einleuchtend

pur, den Urkräften der Natur, der Sexualität und deren Transformationen.

Zum Biquintil schreibt Hürlimann:

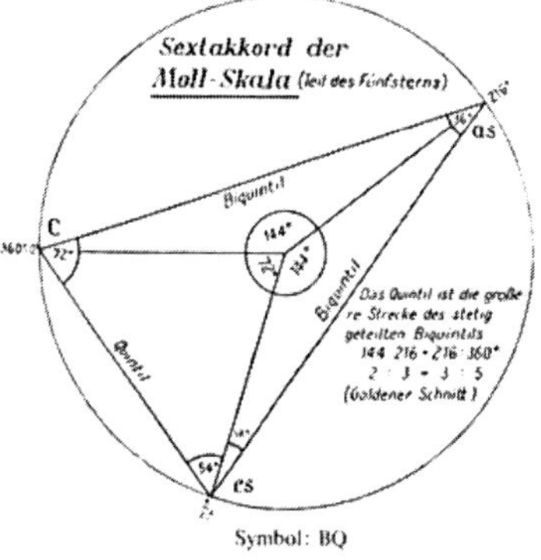

Abbildung 26: Biquintil

> Es sind vor allem die quintilischen Winkel, die dem Goldenen Schnitt entsprechen. Kepler hat dem 72er Winkel größte Beachtung geschenkt. Johannes Vehlow führte den Goldenen Schnitt als Mittel der Charakter- und Schicksalsdeutung in die Kosmobiologie ein. Das Quintil (72°) bildet eine Seite des Fünfecks, das Biquintil (144°) eine Seite des Fünfsterns, des Pentagramms. Das Pentagramm oder der Drudenfuß ist das heilige Zeichen des keltischen Gottesdienstes der Druiden.
>
> Da die quintilischen Winkel die Quintessenz einer Sache symbolisieren, ist der 144er-Winkel oft die Schlüsselfigur zur verborgenen Wesensstruktur des Horoskopträgers und zu Energiequellen, die durch die sogenannten Hauptaspekte nicht erfassbar sind. (Seite 67)

Hürlimann fügt auf den Seiten 68 und 69 Aspekttabellen verschiedener Astrologen an. Diesen entnommen sind nachfolgende Deutungen von Quintil und Biquintil.

> Nach **Marc Jones** (pythagoräische Astrologie): Quintil Q 72° *Kunstsinn, künstlerisches Können*

Die beiden Begriffe entsprechen dem schöpferischen Prinzip Venus/Mars: »künstlerische Gestaltung im Sinne der Transformation/Sublimation der Sexualität« auf der Ebene des Körpers, den (Sexual-)Hormonen. Menschen mit quintilischen Horoskopen weisen auf dem Gebiet ihrer speziellen Begabung oft größte

Gestaltungskraft (Explosion) aus. Hormonell bedingte Krankheiten: Die Körperkräfte (physische, psychische, mentale) vermögen dem Überdruck der Hormone nicht standzuhalten (Implosion), oder umgekehrt: mit körperlicher Schwäche geht eine mangelnde Hormonleistung einher. Die Negativbegriffe »Gewalt, (Sex-)Besessenheit und Abnormität« fehlen bei M. Jones.

Marc Edmund Jones Decil D 36° und Biquintil BQ 144° *Einheit, Verbindung, Harmonie*

Ich stelle fest: 36° + 144° = 180°, was der Opposition entspricht, wozu *Einheit, Verbindung, Harmonie* passen, sofern eine Auseinandersetzung für beide Seiten positiv ausgeht. Andernfalls »Uneinheit, gestörte Verbindung, Anpassung, Schein«. Die Negativbegriffe fehlen auch hier.

36° ist Einheit des 10-Ecks, welches in Künstlerhoroskopen besonders vertreten ist.

4 x 36° = 144°: Dass Decil und Biquintil gleich zu deuten sind, bezweifle ich. Ich gehe jedoch davon aus, dass sie verwandt sind.

Nach **Johannes Kepler**: Quintil Q 72° Ausgleich, gutes Zusammenspiel, Rührigkeit

»*Gutes Zusammenspiel*« trägt deutliche Analogien zu den Proportionen des Goldenen Schnitts, während die »Rührigkeit« eher marsischem und nicht plutonischem Charakter entspricht.

Johannes Kepler: Decil D 36° und Tridecil TD 108° *Zusammenhang, Vermittlung, Chance*

Zu »Chance«: Meine Erfahrungen zeigen, dass Menschen mit betont decilischen Horoskopen strategisch begabt und fähig sind, ihre Chancen instinktsicher wahrzunehmen.

Nach Dr. Hans-Jörg Walter: Decil D 36° *plutonischer Charakter,* Quintil Q 72° *marsischer Charakter*

Die Zuordnung der beiden Aspekte zu den Planetenqualitäten Mars und Pluto kam aufgrund empirischer Untersuchungen von Walter

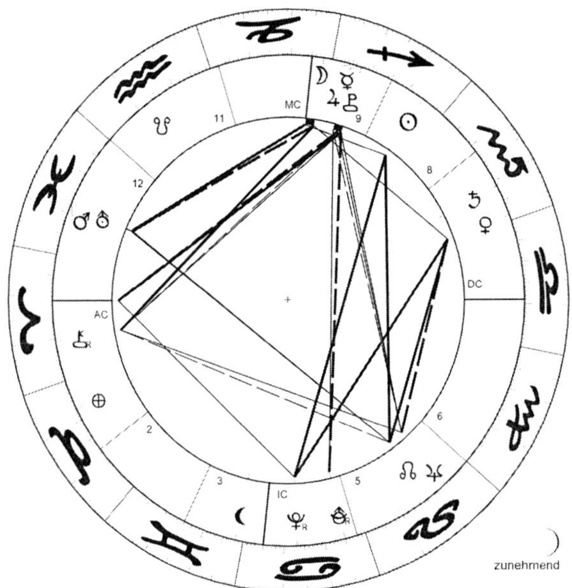

Abbildung 27: Gertrud I. Hürlimann, 28.11.1924, 14h19, Zug/CH

zustande und wurde eingehend dokumentiert. Es sind jene Qualitäten, welche den marsischen und plutonischen Charaktereigenschaften und Schicksalen deutlich entsprechen. Gleichwohl bestehen zwischen Decil, Quintil, Tridecil und Biquintil Unterschiede in der Feindeutung.

Das »okkulte, esoterische« quintilische Dreieck ziert auch dieses Astrologinnen-Horoskop. Die Spitze zeigt nach unten, zu Pluto im 4. Haus, wo für sie Schätze zu heben waren, uralte vergrabene Reichtümer, mit welchen sie sich emotional verbunden fühlte und die sie in ihren Büchern ausführlich und sachgetreu dokumentierte. Die beiden Biquintile führen zur Schütze-Sonne im 8. Haus, dominiert von Pluto (Forschung, Beratung/Hilfe in Problemfällen) und zum Drachenschwanz im 11. Haus in Wassermann, dominiert von Saturn (Schwerarbeit, »Besessensein«).

Der Forschertrieb war ihr in die Wiege gelegt. Das 9. Haus und die Schütze-Besetzung sind Schwerpunkt dieses Geburtsbildes:

geistiges Erbe sozialen und ethischen Inhalts, idealistisches Streben. Doch blieb es nicht beim Schwärmen: MC in Steinbock, beherrscht von Saturn in Skorpion, mit Quintil zu Mars und Uranus im 12. Haus in Fische, Chiron im 1. Haus in Widder, im Trigon zur engen Konjunktion Merkur, Jupiter und Pholus: Sie war nicht nur ungeheuer interessiert, feinfühlig und inspiriert, sondern auch unternehmerisch eifrig und sehr fleißig.

*Dr. Geoffrey A. Dean (*1935)*

Britisch-australischer Wissenschaftler, Astrologe und Autor. In seinem Buch RECENT ADVANCES IN NATAL ASTROLOGY hat er – assistiert vom englischen Astrologen Arthur Mather – Fortschritte in der Astrologie zwischen 1900 und 1976 kritisch begutachtet. Mitwirkende waren u. a. die Astrologen John Addey (England); Baldur Ebertin (Deutschland); Charles Harvey (England); Frank Hyde, Astronom und Astrologe (London), Chester Kemp (London); Nona Press (New York); James Williamsen (USA).

Über die Quintile steht Folgendes geschrieben (deutsche Übersetzung):

> Das Quintil wird generell ignoriert, erlebt aber zurzeit eine Renaissance. So findet Addey, es sei Ausdruck von Zielstrebigkeit (Orbis etwa 2 Grad und bevorzugt weniger als 1 Grad), es könne so stark wirken wie eine Konjunktion und komme häufig in Horoskopen von Menschen vor, welche Macht geniessen, nach ihr streben, sie ausüben oder nach ihr gelüsten. Erickson findet, es deute auf Inspirationskraft hin (Orbis 1–1 ½ Grad). Anhand der Durchsicht von 600 Horoskopen findet Gillman, das Quintil sei wichtig, weise aber nicht in jedem Fall auf ein spezifisches Talent hin, wie in der Vergangenheit nahegelegt worden sei. Beide, Hickey sowie Sakoian und Acker, geben an, dass das Quintil auf spezielle Talente hindeute. Morinus kritisierte 1657 das Quintil und sagte, ‚Keplers Erfindung sei Unsinn'. Walter findet, es deute auf Macht hin; so habe Hitlers Horoskop nur wenige traditionelle Aspekte, aber viele Quintile (Seite 300).

Mir scheint, das Netz der quintilischen Aspekte deute (meist in jungen Jahren) untergründig auf besondere Interessen, Fähigkeiten hin, nicht auf Talente im Sinne der üblichen Aspekte, eher auf solche, die mit Besonderheiten des Schicksals zusammenhängen, die sich zunehmend und oft über den persönlichen Rahmen hinaus, zum Faszinosum, zum gefühlten bis drängenden Lebensauftrag, je nachdem zur Besessenheit entwickeln – wozu es mehr oder weniger das ganze Horoskop, insbesondere die Fähigkeiten, Eigenheiten und Talente, einspannt. Die Frage nach gut oder böse hängt dabei von der Stärke des moralischen Bewusstseins ab. Schlimm kann es werden, wenn unbewusst ein geschädigtes Selbstwertempfinden kompensiert werden soll. Dass die quintilischen Aspekte über den persönlichen Rahmen hinaus drängen, bestärkt mich in der Annahme, deren Grundnatur sei plutonischer Art.

*Jean Claude Weiss (*1941)*

Schweizer Astrologe und Autor, Gründer und Inhaber von Astrodata, Dozent an der SFER (Schule für Erwachsene), Herausgeber der Zeitschrift ASTROLOGIE HEUTE, von 1988–2019 Präsident des Schweizer Astrologenbundes SAB.

Als Agraringenieur nach Studium in Zürich interessierte er sich früh für Esoterik, Philosophie und Psychologie. Ende der 1960er-Jahre zwei Jahre Aufenthalt in Indien, wo er sich in hinduistische und buddhistische Philosophie vertiefte und mit der Astrologie in Berührung kam. Bis 1977 arbeitete er in Führungspositionen der Industrie. Weiss vertritt eine psychologisch-esoterische Astrologie. Weiterer Schwerpunkt seiner astrologischen Tätigkeit sind mundane, wirtschaftliche und politische Themen sowie Prognosen.

Jean Claude Weiss schreibt in seinem Buch HOROSKOPANALYSE zum Thema Teilung des Kreises durch ganze Zahlen:

> Diese Betrachtungsweise geht auf Pythagoras zurück und wurde später durch Johannes Kepler weiterentwickelt. In neuster Zeit ist es John Addey aus Großbritannien gelungen, aufgrund von statistischen Untersuchungen

> an Tausenden von Horoskopen nachzuweisen, dass die Bedeutung der Aspekte tatsächlich einen Zusammenhang hat mit der aus der Esoterik bekannten Zahlensymbolik. Er konnte in seinem Buch HARMONICS IN ASTROLOGY nachweisen, dass die Astrologie tatsächlich auf der Numerologie beruht.
>
> Entsprechend bedeutet die Teilung durch 1 die ungeteilte Ganzheit, die noch keine Unterscheidung kennt, die Teilung durch 2 das Aufkommen von Dualität und die Scheidung zwischen Subjekt und Objekt. Die Teilung durch 3 entspricht der nach dieser Spaltung in Subjekt und Objekt notwendigen Synthese zu einem Dritten, wie sie in der Dialektik dargestellt wird. Die Zahl 4, welche einer Verdoppelung der 2 entspricht, hat dann mit der Thematik der Materie und des Kreuzes zu tun. Unser Verhaftetsein in der materiellen Welt und die Möglichkeit, aus unserer Bedingtheit herauszuwachsen, sind damit angesprochen. Die Zahl 5 hat hingegen zu tun mit der Kreativität, mit dem Entwurf einer schöpferischen Leistung, die jedoch ohne entsprechende Arbeit noch keine konkrete Form annehmen kann. Die Zahl 6 beinhaltet als Weiteres eine Verbindung zwischen der 2 und der 3 (2 mal 3) und hat somit zu tun mit der geistigen Verarbeitung (3) der erkannten Gegensätze (2) ... (Seite 12)

Und weiter:

> Das Quintil, das mit der Zahl 5 zusammenhängt, hat mit Kreativität zu tun, und zwar mit der schöpferischen Idee, dem Entwurf. (Mit der Ausgestaltung dieser Idee hat die 5 allerdings nichts zu tun.) Die 5 entspricht dem Künstler, dem Menschen mit seinen 5 Extremitäten und Sinnen, angelegt als Plan, um aus seinem Leben ein Kunstwerk zu machen. Ob er den vorhandenen Plan zur Ausreifung bringt, – darüber entscheidet nicht der Aspekt, sondern der Mensch. Es handelt sich um die Kraft des Schöpferischen, die geweckt werden muss. Ein Quintil verkörpert also Möglichkeiten, die allerdings selten wirklich genutzt werden (Seite 15).

Die vielen auf 1° genauen decilischen Aspekte im Fall der sechs untersuchten bildenden KünstlerInnen scheinen Weiss' Aussage, Quintile seien zwar schöpferisch, was aber selten ausgenutzt und produktiv umgesetzt werde, zu widersprechen. Möglicherweise

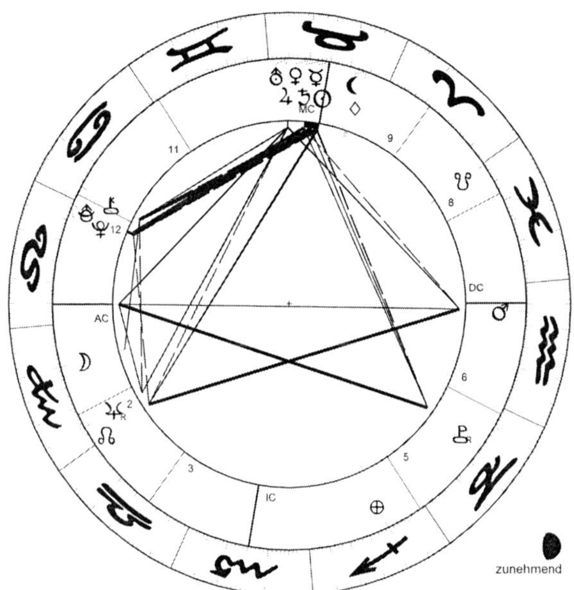

Abbildung 28: Jean Claude Weiss, 6.05.1941 13h25, Basel/CH

spielt hier die bereits erwähnte Verwandtschaft von decilischen Aspekten mit jenen, die von der fortgesetzten Teilung des Kreises ausgehen (5 x 18° = 90° = Quadrat-Aspekt) eine wichtige Rolle, indem sie diese Fähigkeiten aktivieren. Die untersuchten sechs Künstler-Horoskope zeigten mehrere Aspektfiguren mit quintilischen Aspekten in Kombination mit roten (aktivierenden) Aspekten.

Das Horoskop von Claude Weiss ist dominiert von einem einzigartigen, an die MC-Achse gebundenen Erd-Stellium mit Sonne, Saturn, Venus, Jupiter und Uranus im 10. Haus über nur 10 Grad Stier hinweg. Zudem von quintilischen = plutonischen Aspekten sowie von Erdtrigonen. So viel Kulmination verbindet mit der Öffentlichkeit – stiergemäß in substanzieller, verständlicher, zahlbarer und am MC in wegweisender bildender Form. Viel Sicherheit und Verlass ist gegeben. Davon zeugen geschlossene verlässliche Figuren und über sich selbst hinausweisende Zielsetzungen, reichlich, konkret und großzügig dargebracht, schelmisch gesichert in der quintilischen Überzeugungsfigur AC/Pholus – absteigender Mondknoten/AC. Was er löwemäßig an geistiger Kraft darzubringen fähig und bereit ist sowie stiergemäß inhaltlich garantiert, zeigt Wirkung, die anhält und sich anlässlich der vielen quintilischen kreativen Botschaften in seinem Geburtsbild sogar vermehren lässt. Das geistige 12. Haus ist direkt und mehrfach durch Pluto, Transpluto und Chiron in Krebs quintilisch mit dem MC und dessen Stellium verbunden. Dort sind Motivation und Zielsetzungen von Claude Weiss angelegt. In seiner Stierbesetzung sieht er die Notwendigkeit und das Bedürfnis, eigene Substanz durch Weitergeben zu sichern. Dafür eignen sich das Wasserelement und aktiv die vielen quintilischen kreativen Aspekte. Das Mondwasser im ersten Haus wird durch das Erdelement Jungfrau überwacht. Zwischen den elevierten, leicht zündenden Feuer-Luft Verbindungen Sonne/Merkur und Jupiter/Uranus überwachen Stierruhe und die Erdverbindung Venus/Saturn allfällig angefachtes Feuer.

*Karen M. Hamaker-Zondag (*1952)*

Karen M. Hamaker-Zondag, 1952 in Schiedam/Niederlande geboren, hat während ihres Geografiestudiums die Astrologie entdeckt. Sie ist heute eine weltweit bekannte und gefragte Astrologin. Ihre Bandbreite umfasst die Individualastrologie, die sie mit der Jung'schen Therapie verbindet, ebenso wie die Mundan- und Wirtschaftsastrologie. Sie ist auch eine engagierte Lehrerin und führt die Astrologieschule Achernar und die Akademie für Angewandte Astrologie in der Nähe von Amsterdam. Zudem hat sie über 35 Bücher veröffentlicht, von denen viele auch auf Deutsch erschienen sind.

In ihrem Buch DEUTUNG VON ASPEKTEN UND ASPEKTFIGUREN schreibt sie zum Thema Quintil:

> Das Quintil bezeichnet eine Fähigkeit, die von Natur aus weit entwickelt ist und nur noch an die Oberfläche zu kommen braucht. Manchen Astrologen zufolge kann das Quintil daher Hinweise für die Berufswahl geben. Es gilt stets als ein intellektueller Aspekt, da ihm eine merkurische Wirkung

zugeschrieben wird. Quintil und Biquintil gelten als harmonisch. Das Biquintil hat dieselbe Wirkung wie das Quintil, dazu aber auch etwas sehr Kreatives und oft auch Okkultes.

Allerdings sind sich hier die Astrologen nicht einig. John Addey weist dem Biquintil die Bedeutung der Zielbewusstheit zu und betont, dass man diesen Aspekt oft bei Menschen in einer Machtposition oder bei Menschen findet, die eine solche Position anstreben.

Beide Aspekte gehören zu den Nebenaspekten und werden daher wenig beachtet (Seite 20).

Im Buch von Hamaker-Zondag sind im Weiteren vorwiegend Deutungstexte zu Aspekten und Aspektfiguren aufgeführt, allerdings fehlen solche zu quintilischen Aspekten gänzlich – passend zu ihrer Feststellung und dem »Tenor« vieler Astrologen, Quintil und Biquintil seien Nebenaspekte, die kaum beachtet werden.

Aus obigem Zitat geht hervor, was der englische Astrologe John Addey (1920–1982) dem unterschätzten Aspekt zuwies. Er verband das Quintil mit dem Thema Macht, wobei damit der plutonische Charakter deutlich angesprochen und auch der Begriff »Zielbewusstheit« einzuordnen ist.

Unterschätzt zu werden gilt für die quintilischen Aspekte an sich: Ihrer sublimen und geheimnisvollen Natur entsprechend vermögen sie sich hinter der Bezeichnung »Nebenaspekte« zu verstecken und werden aus den Horoskopen verbannt.

Auffallend in Hamaker-Zondags Horoskop ist einmal mehr das quintilische Dreieck (Aszendent Fische – Biquintil Saturn, Neptun – Quintil Transpluto – BQ Aszendent). Diese quintilische Figur ist fast ausnahmslos in den Horoskopen von Astrologen Astrologinnen vorhanden, was tatsächlich für die Analogien »okkult« und »esoterisch« der Biquintile spricht. Entsprechend beschäftigen sich AstrologInnen mit Urwissen.

Die Schützesonne im 9. Haus zeigt Hamaker-Zondags weltanschauliche Interessen, der rückläufige Merkur, dass sie interessiert ist an früher in diesem Bereich Gesagtem und Geschriebenem. Die

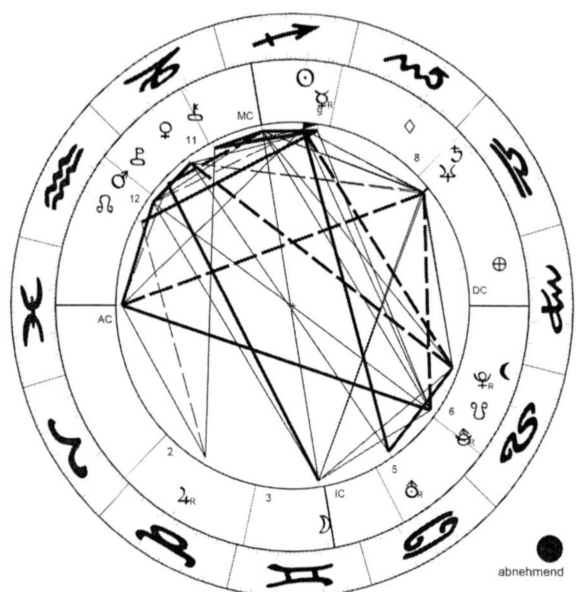

Abbildung 29: Karen M. Hamaker-Zondag, 2.12.1952, 13h30 Schiedam (Zuid-Holland)/NL

seltene Konjunktion Saturn-Neptun ist Ecke zweier Figuren, einmal der erwähnten quintilischen Figur, sodann Ecke der sextilischen Wiegenfigur Saturn, Neptun zu Pluto zu Mond, Opposition MC und mit Sextil zurück zur Konjunktion Saturn und Neptun, was uns die astrologisch/psychologisch tätige Frau plastisch vor unser inneres Auge treten lässt.

*Jeff Green (*1946)*

US-Amerikanischer Astrologe und Autor, der über verschlungene Pfade zur Astrologie kam. Schwierige Kindheit, Militärdienst in Vietnam, wo er starke psychische Schäden erlitt. Kam mit dem Buddhismus in Kontakt und wurde durch die Ausbildung bei einem Schamanen auf den inneren Pfad geführt. Fand zur Astrologie, die er zuerst ablehnte. Seit den 1980er-Jahren unterrichtet er

Astrologie. Heute ist Jeff Green zusammen mit seiner Frau Martina - ebenfalls Astrologin - Vater von vier Kindern. Green lebt in Boulder (Colorado). Sein bekanntestes Werk behandelt Pluto, weitere seiner Bücher Neptun und die Mondknoten.

In seinem äußerst lesenswerten Buch: PLUTO – DIE EVOLUTIONÄRE REISE DER SEELE schreibt Jeff Green über »Pluto in Häusern und Tierkreiszeichen und im Aspekt zu anderen Planeten«. Er teilt die Aspekte in harmonische (Semisextil (30°), Septil (51°26'), Quintil und Trigon) und in disharmonische Winkelgrößen (Konjunktion, Quadratur, Sesquiquadrat (135°), Quincunx, Semiquadrat (45°) und Opposition) auf.

Für die Quintil-Forschung bedeutsam ist seine Zuteilung des Quintils zu den harmonischen Aspekten. Dabei setzt er »harmonisch« und »disharmonisch« nicht mit »gut« und »schlecht« gleich sondern, je nachdem, ob die Herausforderung angenommen wird oder nicht, in Bewusstsein entwickelnd oder Entwicklung hemmend. Pluto im Aspekt zu anderen Planeten:

> Bei der Betrachtung der Pluto-Aspekte zu anderen Planeten, wie auch die Manifestation Plutos in den Häusern und Zeichen, muss man berücksichtigen, dass wir es hier im Wesentlichen mit einem unterbewussten Prozess zu tun haben. Die Verlangen, Beweggründe, Absichten und Bedürfnisse, die in der Seele (Pluto) ihren Ursprung haben, diktieren unsere bewussten Gedanken, Emotionen, Stimmungen, Gefühle, Reaktionen, Einstellungen und Ansätze im Leben (S. 320).

Dieser These zufolge ist anzunehmen, dass quintilische Aspekte generell unterbewusste Prozesse beschreiben.

Green unterscheidet bei allen Aspektarten zwischen der Bedeutung zunehmender und abnehmender Aspekte – zu- und abnehmend im Sinne der Mondphasen (nicht zu verwechseln mit »applikativ, zulaufend« = vor dem genauen Aspekt und »separativ, weglaufend/überschritten« = nach dem genauen Aspekt).

Begriffe zur Bedeutung quintilischer Aspekte in Verbindung mit Pluto in evolutionären Prozessen nach Jeff Green:

Zunehmendes Quintil:
Umgestaltung zum Kreativen, Individuellen und Spezifischen
Zunehmendes Biquintil:
Umgestaltung zum Sozialen, Umweltgerechten und Humanen

72° Quintil zunehmend:
Individualisierende und spezifizierende schöpferische Transformation, Sog der Vergangenheit (Willkür, vergangene Umstände, alte Muster/Ordnungen) verhindert eine nach außen gerichtete Aktion
144° Biquintil zunehmend
Notfalls in frühere Bewusstseinszustände zurückführend, um verpasste Bewusstseinsschritte nachzuholen, Verbindung mit Bedürfnissen anderer und der Umwelt aufnehmen, Dienst am Ganzen durch Sozialisierung und Humanisierung
216° Biquintil abnehmend
Weitere Verfeinerung der sozialisierten und humanisierten Zustände durch Bewusstwerden eigener Möglichkeiten, Fähigkeiten und Fertigkeiten, im Gegensatz zu oder im Vergleich mit andern
288° Quintil abnehmend:
Bewusstseinswandel: sich und seine Aufgaben in größeren Zusammenhängen sehen und in solche stellen, Wissen und Erkenntnis sammeln in Hinsicht auf eine übergeordnete Rolle und Aufgabe

Jeff Green beschreibt und deutet Quintil und Biquintil sehr eingehend unterschiedlich und prozessual. Zwar beschreibt er die beiden Aspekte als in jeweiliger Verbindung zu Pluto stehend. Die Deutungen lassen sich aber, mit der nötigen Rücksicht auf den speziellen Fall, auf alle Gestirne anwenden, da – wie Walter durch Studien belegte – die quintilischen Aspekte an sich marsisch-plutonischer Natur sind. Mir selbst kamen sie schon früh durch reine Beobachtung der betreffenden Menschen und ihrer Eigenarten und Schicksale als plutonisch vor.

In Greens Horoskop steht Pluto eleviert im 9. Haus in Löwe. Green: »*Individuen mit Pluto im 9. Haus oder in Schütze hatten das Verlangen oder evolutionäre Bedürfnis, das Leben und sich in einem kosmologischen, metaphysischen, philosophischen oder religiösen Kontext zu verstehen.*«

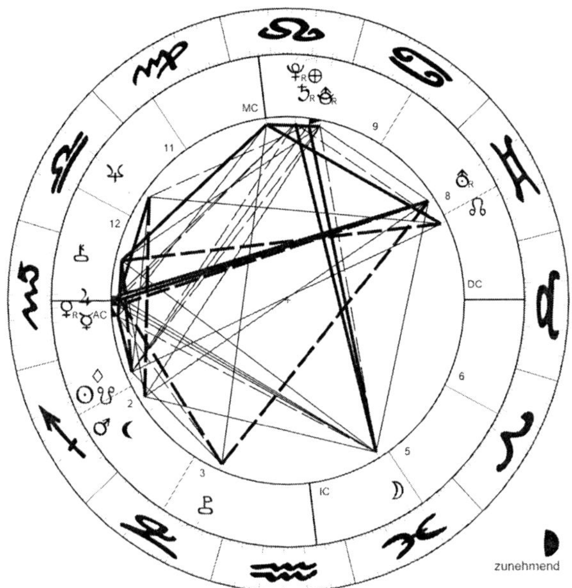

Abbildung 30: Jeff Green, 2.12.1946, 4h52, Hollywood/CA/USA

Löwe: »*Deshalb haben diese Menschen das Gefühl, sie müssten ein besonderes Schicksal erfüllen.*« Saturn steht abnehmend vor der Konjunktion mit Pluto. Green: »*Dieser Aspekt bewirkt tief gehende Selbstbesinnung oder Nachdenken, das zum Bewusstsein oder zum Wissen der dem Individuum inhärenten Fähigkeiten führt.*« Diese sind hier (Saturn Herr 3. Haus) kommunizieren, schreiben, lehren.

Pluto und Saturn sind durch ein abnehmendes Biquintil mit dem Mond in Fische im 4. Haus verbunden. Green weiß dazu, »*dass diese Aspekte häufig emotionell schwierige Erfahrungen mit Frauen-/Mutterfiguren bringen und beabsichtigen, das Individuum nach innen zu kehren, um die notwendige evolutionäre Lektion voranzutreiben*«. Jupiter, dicht am Aszendenten Skorpion und zusammen mit Venus und Merkur, bildet ein zunehmendes Quadrat zu Pluto. Die »Hemmung« besteht darin, dass eine neue Form oder Art, diese Verbindungen zu leben, gefunden werden muss, bevor Bewusstseinsentwicklung weiter voranschreiten kann; wobei Partnerschaften geeignet sind, im Hinblick auf eine schwierige Mutterbeziehung in der Kindheit neue Muster zu bilden.

Pluto ist durch blaue Aspekte mit der Mondknotenachse verbunden: mit Trigon zum Drachenschwanz und Sextil zum Drachenkopf. Green: »*Befindet sich Pluto in direktem Aspekt zur Mondknotenachse des Geburtshoroskops, sind spezifische und einzigartige evolutionäre und karmische Faktoren vorhanden.*« Plutos Bedeutung im 9. Haus bestätigend und passend zu Leben und Werk des genialen Astrologen, liegt der Drachenschwanz zusammen mit der Sonne in Schütze, der Drachenkopf in Zwillinge in der Nähe der Uranus-Mars-Opposition.

Beispielhoroskope

Machthaber

Hypothese: Sollten quintilische Aspekte generell plutonischen Charakters sein, müssten sie in den Horoskopen gewaltsamer Herrscher übermäßig vertreten sein.

Adolf Hitler

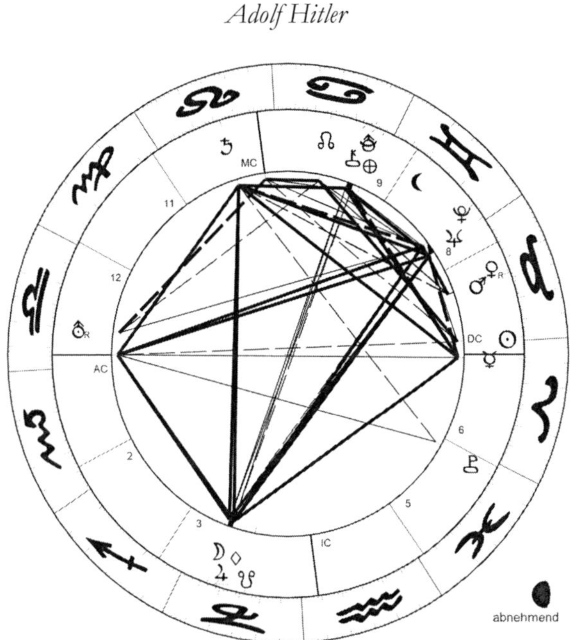

Abbildung 31: Adolf Hitler, 20.4.1889, 18h30, Braunau am Inn/A

Adolf Hitler wurde als Knabe von seinem Vater brutal geschlagen und gedemütigt, während ihn seine Mutter übertrieben verwöhnte. Einem zerstörten, kranken Selbstwertempfinden stand die maßlose

Selbstüberschätzung gegenüber: Pluto als Hausherr 2 steht zusammen mit Neptun im 8. Haus der Selbst-Hinterfragung, die offensichtlich in Hitlers Leben nicht stattgefunden hat und folglich in die bekannte Katastrophe führte. Neptun lief progressiv lebenslänglich auf Pluto zu. Zur Zeit von Hitlers Selbstmord stand Pluto radix in Halbsumme und Konjunktion von Neptun/Pluto progressiv. Sein Leben war die unbewusste Machtdemonstration, die seinem Vater und jenen, die seine Fähigkeiten unterschätzten, zeigen sollte, wozu er – was Macht und Erfolg betrifft – fähig war. Rachsucht kann in einem derartigen Fall absoluter Unbewusstheit so gewaltig sein, dass jegliche reale Sicht auf die Lebensumstände – wie Millionen von Ermordeten und Gefallenen – ausgeblendet bleibt. Durch die Konjunktion Mond/Jupiter symbolisiert, nahm seine Hybris im Sinne eines krankhaften Sendungsbewusstseins – entsprechend seiner Verwöhnung durch die Mutter – dermaßen zu, dass es die schändlichen Taten Hitlers sogar rechtfertigte.

Die fünfte Ecke des Pentagramms: Bekanntlich vervollständigen Transite und Direktionen unvollständige Figuren während einer bestimmten Lebenszeit. Im Fall Hitler liegt die fehlende fünfte Ecke des Pentagramms auf etwa 20° Fische. Direktionen haben keine große Chance, diese Position zu erreichen, da der 2. Quadrant leer ist; der Sonnenbogen fällt somit weg. Einzig der progressive Mond erreichte 1921 die 20° Fische: Hitler nahm damals, 32-jährig, den Vorsitz der Nationalsozialistischen Arbeiterpartei ein, in die er zwei Jahre zuvor eingetreten war und wo er sein Talent als Redner und Volksverhetzer entdeckt hatte. 1933 wurde Hitler zum Reichskanzler ernannt. Als solcher schaffte er die Demokratie ab, begründete seine uneingeschränkte Diktatur und ließ sich 1934 zum Führer des deutschen Volkes auf Lebzeit legitimieren:

Das IC progressiv war 1934 auf den fünften Punkt (20° Fische) des Pentagramms vorgerückt. Somit stand das progressive MC ebenfalls in den Halbsummen der Quintilfigur radix und lautete: MC/ICpr = ♄/ACr und ☽♃/♆♇r.

Jupiter transitierte 1903 in 20° Fische: Tod von Hitlers Vater.

1914 war Chiron so weit: Hitler, 25-jährig, war vom Kriegsausbruch begeistert und meldete sich als Freiwilliger an die Front. Nach einer Kampfgasvergiftung erblindete er vorübergehend und wurde zweimal mit dem Eisernen Kreuz ausgezeichnet (⚷tr = ♄/ACr und ☽♃/♆♇r)

Markant zeichnet erwartungsgemäß Uranus auf dem Fische-Punkt von 20°: Hitler baute ab 1924 die NSDAP (National-Sozialistische Deutsche Arbeiter-Partei) auf, die innerhalb der folgenden 8 Jahre auf über 1 Million Mitglieder anwuchs (⛢tr = ♄/ACr und ☽♃/♆♇r).

Zum Todeszeitpunkt Hitlers, am 30. 4. 1945 um 10h30, stand der DC auf 20° Fische. Der Aszendent gegenüber war somit in dieselben Halbsummen vorgerückt wie das MC progressib 1934, zur Zeit Hitlers größten Triumphs: AC/DCtr Tod = ♄/ACr und ☽♃/♆♇r.

Zu Hitler passend schreibt Jeff Green in PLUTO – DIE EVOLUTIONÄRE REISE DER SEELE:

> 72° – Quintil: Der Prozess kreativer Transformation durch die Individualisierung des neuen evolutionären Zwecks. Die Bedeutung wird äußerst individualistisch und spezifisch. Der neue individualisierte Zweck ist fast für eine nach Außen gerichtete Aktion bereit, obwohl das Individuum sich wegen des Sogs der Vergangenheit immer noch etwas damit herumquälen muss. (S. 326)

Hitler wurde im abnehmenden Orbis-Bereich der Konjunktion Neptun-Pluto geboren. 3 Jahre nach seiner Geburt vollendete Neptun seinen Evolutionszyklus mit Pluto. In den Horoskopen in diesen Jahren Geborener findet sich diese seltene Konjunktion, was ein diesbezügliches Massenschicksal widerspiegelt. Schließlich waren 490 Jahre vergangen seit der vorherigen Konjunktion Neptuns mit Pluto. Zur Zeit von Hitlers Geburt bildeten Neptun und Pluto im 8. Haus ein zunehmendes Quintil zu Saturn im 10. Haus.

Hitler erlebte Neptun und Pluto im 8. Haus in seiner Kindheit als schweren Angriff auf sein Selbstwertempfinden (Opposition 2. Haus), nicht allein durch Unverständnis und Missachtung durch seinen Vater, sondern besonders durch dessen massiven und unmenschlich gewaltsamen Züchtigungen. Mit Pluto im 8. Haus soll der Mensch durch Erfahrungen von Macht und Machtlosigkeit seiner selbst mächtig werden, was seinen eigenen Gebrauch von Macht betrifft.

> Die Erfahrung von Macht kommt von dem, was diese Individuen schon sind – was sie wissen und erfahren haben. Die Erfahrung der Machtlosigkeit kommt von dem, was sie nicht sind, was sie nicht wissen und nicht erfahren haben. (S. 195)

Hitler hatte unkontrollierte destruktive Macht erfahren und keine Muster, Macht im Sinne evolutionärer Entwicklung auszuüben. Auf den Lebenslauf Hitlers bezogen sollte, nach Green, der schöpferische Umwandlungsprozess durch persönliche Einflussnahme und auf besonders effektive und spezielle Art fortschreiten, das heißt, z. B. durch die Anwendung psychologischer Fähigkeiten und raffinierter Strategie. Mit dem Quintil Pluto, Neptun zu Saturn hätte dies allerdings äußerstes Verantwortungsbewusstsein im Sinne der Menschlichkeit erfordert. Mit Hitlers diesbezüglichem Versagen zeigte sich seine folgenschwere Ohnmacht.

> 144° – Biquintil: War der 135°-Aspekt eine negative Erfahrung, dann dient dieser Aspekt dazu, das Individuum wieder auf den ursprünglichen evolutionären Zweck auszurichten. Dieser wird dabei mit dem individualisierenden Prozess verbunden, der beim Quintil-Aspekt stattgefunden hat. Analyse ist jetzt notwendig, eine Untersuchung dessen, wie der evolutionäre Zweck mit den Bedürfnissen von anderen und der Umwelt verbunden werden kann. Diese Analyse ist erforderlich, damit der neue Zweck den Bedürfnissen des Ganzen dienen kann. Durch den Dienst verleiht das Individuum seinem evolutionären Zweck einen tieferen Sinn. (S. 327)

Ist es bis anhin nicht gelungen, den elf Stationen der evolutionären Entwicklung zu folgen, fällt der Mensch, nach Green, auf die Aufgaben des Quintils zurück, respektive hat er dort die Möglichkeit, neu anzuknüpfen. Hitlers Aszendent Waage befindet sich in zunehmendem Biquintil zu Pluto und Neptun (der genaue Aspekt fällt exakt in die Halbsumme der beiden).

Hitler drückte seinen Waage-Aszendenten aus als Schönfärberei, eingebildeten Kunstsinn und einen luxuriösen Lebensstil, täuschte das Volk mit inszenierten geschönten Propagandafilmen, wäre gerne Architekt geworden, plante zusammen mit dem Architekten Speer gigantomanische Bauwerke, eine Weltstadt Germania. Daneben liebte Hitler die pompöse, das Deutsche Reich idealisierende Musik Richard Wagners.

Obwohl unter seinem Einfluss Millionen von Menschen unter schändlichsten Bedingungen sterben mussten oder ermordet wurden: Er legte als Diktator niemals selbst Hand an – lebte am liebsten in seiner heilen Welt des »Berghofs« auf dem Obersalzberg – nur ganz zuletzt, am Ende aller gewaltigen Selbsttäuschungen (Neptun-Pluto), musste er notgedrungen die »Drecksarbeit« selber erledigen.

> 216° – Biquintil: Der sozialisierte evolutionäre Zweck wird jetzt dadurch, dass sich das Individuum seiner besonderen Möglichkeiten, Fähigkeiten oder Fertigkeiten im Gegensatz oder im Vergleich zu den Möglichkeiten, Fähigkeiten oder Fertigkeiten anderer bewusst wird, weiter verfeinert (S. 330).

Das abnehmende Biquintil Mond, Jupiter zu Pluto und Neptun verbunden mit dem zunehmenden (von Saturn aus gesehen = quintilische Dreiecksfigur) war Hitler als schöpferischer Impuls und evolutionäre Chance in die Wiege gelegt worden, um verantwortungsvoll Gefühlsmaßstäbe für förderliche Härtegrade zu entwickeln im Hinblick auf den Umgang mit anderen und die Beziehung zur Umwelt. Vom Vater brutal geschlagen, von der Mutter verwöhnt und verweichlicht (Mond Konjunktion Jupiter), erlebte Hitler Extrempositionen – nicht aber eine mögliche Bewältigung des Problems des Selbstwertverlusts, umso mehr er seine Mutter dem Vater gegenüber ebenfalls als machtlos erlebte. Seine sentimentale Verehrung der Mutter hatte nur durch die Vorteile Bestand, welche diese ihm verschaffte. Im Grunde fürchtete und verachtete er ihre und allgemein eine erleidende Haltung und Ohnmacht sowie generell das Verhalten, Mitgefühl zu zeigen für das Leiden anderer. In der Folge suchte er konsequent die Machtposition; sein einziges Ziel war die Weltherrschaft zu erlangen. Äußere Macht allein konnte sein niederschmetterndes Gefühl beruhigen, nichtig, wertlos und unfähig zu sein – bis schließlich auch dieser Damm brach. Zur Neptun-Pluto-Verbindung schreibt Green

> In einem archetypischen Sinn versuchen Neptun-Pluto-Aspekte diese Individuen zu lehren, dass sie die Macht (Pluto) haben, die Realität nach Belieben (Pluto) zu schaffen oder zu zerstören, wenn sie an etwas glauben (Neptun) oder etwas genügend stark wünschen (Pluto und Neptun). (S. 376)

Womit im vorliegenden Fall der »arische Massenwahn eines rassenreinen Herrenvolks« seine Entsprechung findet.

Adolf Hitler war Unmensch genug, Millionen von Menschen vor den Augen der Welt kaltblütig in einen schrecklichen Tod zu senden. In seinem Horoskop sind ungewöhnlich viele Decile und Tridecile vertreten, jene Aspekte, die ein hohes Bewusstsein erfordern, um den enormen Kräften des Unbewussten gerecht zu werden. Außer einem Tridecil bilden sie allesamt eine harmonische decilische Figur, welche Merkur am Deszendenten mit den Konjunktionen Pluto, Neptun und Chiron, Transpluto sowie Saturn im 10. Haus verbindet. Die Figur ist Teil eines Zehnecks (mit Pluto-Venus-Transpluto-Bedeutung) welches in Künstlerhoroskopen anzutreffen ist. Hitler wollte bekanntlich Kunst studieren, bestand die Aufnahmeprüfung nicht, was in seinem Leben eine Selbstwert-Attacke darstellte.

Ebenfalls harmonisch sind die beiden sich kreuzenden hohen biquintilischen Dreiecke. Das eine zeigt mit der Spitze auf die Konjunktion Mond, Jupiter, Schicksalspunkt bezeichnenderweise im 3. Haus der Redegewalt. Gut passen hier die Analogien »Überzeugungs- und Berufungsdreieck«. Er übte es bekanntlich, wirkungsstark aufzutreten, mittels hypnotisierender Gesten und ins Mark treffender Reden (Schreien), sich als Berufener fühlend. Hier war es, mit Saturn im 10., Neptun und Pluto im 8. Haus, eine Dreieck-Basis absolut mangelnden Bewusstseins für soziale und menschliche Belange. Das umgekehrte Überzeugungsdreieck führt erneut zu Neptun und Pluto im 8. Haus, mit diesmal Mond und Jupiter und dem Waage-Aszendenten an der Basis.

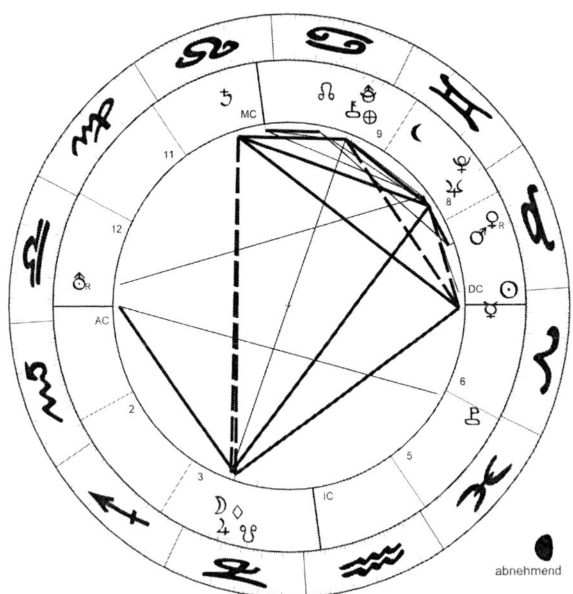

Abbildung 32: Adolf Hitler, 20.4.1889, 18h30, Braunau am Inn/A, Kernhoroskop quintilisch, Orbis 1°

Hitlers Horoskop entpuppt sich im Kern als äußerst gewaltvoll! Ungeheuer viele quintilische Aspekte aller Größen dominieren das 1°-Orbis-Bild. 18°-, 36°-, 72°-, 108°- und 144°-Aspekte, alle sind mehrfach im Kernhoroskop, in Figuren verbunden, vorhanden. Von den üblich verwendeten Horoskop-Gestirnen fehlt keines im 1°-Verein. Die subtilen 18°- und 36°-Aspekte füllen, zusammen mit Quintilen zu kleinen Dreiecken vereint, den gesellschaftlichen 3. Quadranten – das hauptsächliche Betätigungsfeld des Diktators. Kleine Figürchen sind dort Teile großer quintilischer Figuren, die ins 3. Haus und bis zum Aszendenten reichen und schließlich das ganze Horoskop umspannen.

Einzig Uranus im 12. Haus – »Haus der großen Feinde« – ist nicht quintilisch aspektiert, dies auch nicht im üblichen Horoskop. Das 12. Haus beinhaltet unbewusste Seeleninhalte, die – unbearbeitet – zu den »großen Feinden« werden, die im Laufe des Lebens großes Unheil verursachen. Mit Uranus in Waage war es hier eine rückständige, »wunderschöne« Ideologie (»Herrenvolk der Arier – großgewachsen, blond, blauäugig –, das die Welt beherrschen soll und wird«), die hinter den Fassaden zur systematischen Vernichtung aller »Nichtarier« führte. Uranus beherrscht das 4. Haus. Eine Ursache für das furchtbare Geschehen ist in einer gewaltbeherrschten Kindheit zu suchen, mit der sich Hitler niemals kritisch auseinandergesetzt hat.

Fast alle früheren Astrologen ließen quintilische Aspekte weg. Was wäre Hitlers Horoskop ohne die quintilischen Aspekte? Manche Astrologen zeigten sich übrigens erstaunt über das »banale« Horoskop eines derart die Welt verändernden Mannes. Einige wollten das Horoskop so korrigieren, dass wenigstens Uranus in Konjunktion zum Aszendenten träfe. Man beachte die ungemein starke quintilische Figur, die den richtigen Aszendenten bestätigt!

Josef Stalin

Stalin, Iossif Wissarionowitsch, Sowjetischer Politiker (Marxist), Untergrundkämpfer, Gründer der PRAWDA (1912), zusammen mit Lenin Initiator der Oktoberrevolution, Diktator ab 1927. Stalin hieß ursprünglich Dschugaschwili. Er gab sich den bezeichnenden Namen »der Stählerne« während seines Aufstiegs als Politfunktionär. Er schaltete seine Konkurrenten geschickt und nicht zimperlich aus und führte 25 Jahre lang, bis zu seinem Tod, ein beispielloses Schreckensregime. Er war berüchtigt durch seine kontroversen Säuberungen und Schauprozesse der 30er-Jahre und durch seine marxistischen Schriften und Pamphlete.

In diesem unsicheren Horoskop[3] passen Steinbock-Aszendent und MC Skorpion zu Stalins Charakter. Die quintilische »Glaubensfigur« (Glaube als ein »Für-wahr-Halten«) in einer insgesamt wirren

---

[3] Quelle: Lexikon der Horoskope des Taeger Archivs. Geburtszeit sehr unsicher, nicht einmal das Datum ist gesichert, auch 6., 9. und 18. Dez. und das Geburtsjahr 1878 sind zu finden!

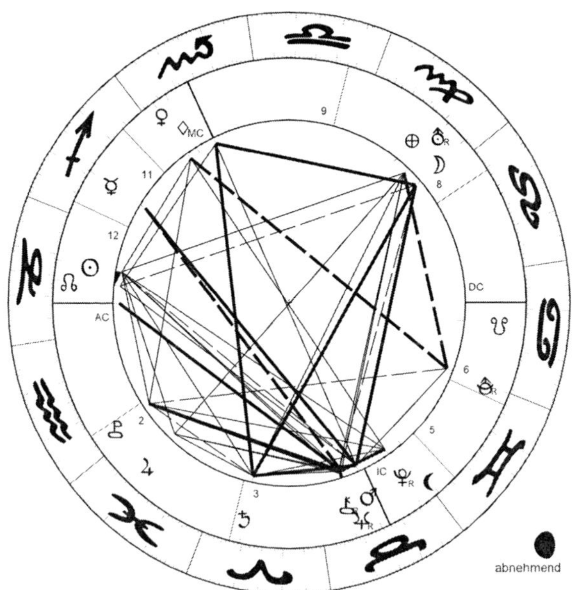

Abbildung 33: Josef Stalin, 2.1.1880, 5h19 UT, Gori/Tiflis/GE

Figur mit Saturn in Widder im 3. Haus der Reden an der Spitze sowie MC Skorpion mit Quintilen zu Mond und Uranus rückläufig im 8. Haus als Basis drückt sich in Form harter Gedanken und Worte aus, zudem als Missachtung sozialer Bedürfnisse der Gesellschaft. Stalins Härte wird zusätzlich bestärkt durch sehr viele quintilische Aspekte auf dem Hintergrund von ebenso vielen roten, quintilisch verwandten Aspekten (4 x 22,5 = 90°) und der dominanten Figur MC in Skorpion mit Quintilen zuerst zu Mond, kurz danach zu Uranus rückläufig. Saturn war somit in der Halbsumme Mond/MC (seelische Hemmungen). Da sich zu den roten und den schwarzen (quintilischen) Aspekten sehr viele Trigone gesellen, war ihm großer Erfolg beschert – letztlich jedoch mit schrecklichen Ergebnissen, wie aus der kräftigen abwärts gerichteten Dreiecksfigur zu Saturn in Widder und dem dritten Haus mit dem Stellium Chiron, Neptun, Mars in Stier (Schwarzer Mond bereits in Zwillinge) insgesamt festzustellen ist.

Abbildung 34: Saddam Hussein, 28.4.1937, 2h00, UT 23.00, Tikrit IRQ (Geburtszeit unsicher)

Saddam Hussein, irakischer Politiker (Baath-Partei), Diktator, General, Revolutionär. Als einstiger Analphabet und Berufskiller, Folterer und Exekutor in Gefängnislagern, ruchloser Diktator und Menschenverächter geriet Saddam Hussein zum Helden, zum am meisten bewunderten arabischen Führer! Er war ein gelehriger Schüler von Stalin. Er beteiligte sich an Schauprozessen gegen Juden, Schiiten, Kurden, »abtrünnige« Baathisten und »spionierende« Offiziere. Saddam verknüpfte den Stalinismus mit dem irakischen Stammessystem. Widerspruch oder Opposition duldete er nicht, selbst eigene Familienangehörige ließ er töten, während er andererseits Verwandte auf Schlüsselpositionen setzte. Saddam Hussein gelangte nach diversen Putschversuchen an die Regierungsspitze und erklärte sich am 10.7.1979 um 9h25 GMT in Bagdad zum

Präsidenten und Oberbefehlshaber der Armee. Weiter löste er im September 1980 den acht Jahre dauernden Krieg gegen den Iran aus und begann in der Folge die Anti-Israel-Politik. Mit der Besetzung Kuwaits 1990 provozierte er den zweiten Golfkrieg gegen eine von den USA geführte Koalition. Im dritten Golfkrieg 2003 wurde er gestürzt, zum Tod verurteilt und hingerichtet.

Das Horoskop von Saddam Hussein zeigt ein umgekehrtes hohes quintilisches Dreieck mit der Grundlinie Mars und Mond in Schütze am MC mit Quintil zu Neptun in Jungfrau im 7. Haus. Beidseitige Biquintile zur Dreiecksspitze Venus in Widder schließen das Dreieck, welches mit der Spitze im 2. Haus auf betonte Machtansprüche hinweist, um die Selbstwertgefühle zu heben. Die überwiegenden quintilischen zusammen mit vielen roten Aspekten und dem Aszendenten in Wassermann zeigen insgesamt Husseins Hemmungslosigkeit, Krieg und Zerstörung zu verbreiten. Er brauchte sich nur zum Oberbefehlshaber der Armee zu erklären, um Kriege anzetteln zu können, die seine Macht auswiesen … Jupiter im geistig anspruchsvollen 12. Haus in Steinbock erfordert Selbstlosigkeit bei großzügigem eigenem Einsatz.

Wladimir Putin

Beide Horoskope Putins tragen dasselbe Datum, jedoch unterschiedliche und ungesicherte Zeiten. Beide sind somit spekulativ. Jedoch scheint mir das von Claude Weiss (Abb. 36) anhand von Lebensereignissen korrigierte Horoskop erheblich wahrscheinlicher. Die quintilischen Aspekte in Horoskop 1 von Putin bilden ein wesentlich eindrücklicheres Bild als in Horoskop 2 (Abb. 37). Der Aszendent ist Spitze der symmetrischen quintilischen Figur mit der direkten Halbsumme Mond, IC/Pluto, Schwarzer Mond, Drachenschwanz an der Basis des Dreiecks. Zwei 108°-Winkel führen von der besagten Basis zum MC und dem Drachenkopf. Die Figur kreuzt sich symmetrisch mit derselben quintilischen Figur: Sonne-Mars-Jupiter. Eine weitere quintilische Figur verbindet andererseits Sonne und Jupiter mit Pholus – dem extrem gewaltbereiten Kentauren.

Abbildung 35: Wladimir Putin (1), 7.10.1952, 16h10, Sankt Petersburg RUS (Astrologie Heute 168)

Abbildung 36: Wladimir Putin (2) 7.10.1952, 9h30, Sankt Petersburg RUS (Meridian 3/2014)

Obwohl sich aus diesen Horoskopen keine differenzierten Schlüsse ziehen lassen, da beide ungesichert sind, sind doch mit Sicherheit durchweg starke marsische und plutonische Kräfte vertreten, die sich in Form von Willensstärke, strategischen Fähigkeiten, Geltungsbedürfnis, Sendungsbewusstsein, Gigantismus, Härte, Gewalt, Sadismus, Grausamkeit, Gewissenlosigkeit, Fanatismus, Menschenverachtung etc. manifestieren. An Gigantismus war beispielsweise bei Putins Ausgaben von 5 Milliarden für die Olympiade und den Machtdemonstrationen eindrücklicher Militärparaden zu denken, wohingegen viele Landesbewohner in großer Armut leben. Im März 2000 hieß es von Putin, er wolle auch Führerfigur sein – worauf sich in liberalen Kreisen Russlands Unbehagen und Angst breit machte angesichts seines kaltblütigen »Durchmarsches«. Putin gestaltet sein Amt und seinen Platz längst selbst, verhalf Männern zu Ämtern, die im Gegenzug ihn zu protegieren hatten. Er regiert fortan mit über einem Dutzend Vollmachten.

Allen vier Machthabern ist eine geplagte, gewaltvolle Kindheit unter ärmlichen Verhältnissen sowie Bedeutungs- und Chancenlosigkeit gemeinsam. Erfahrungsgemäß kann vernichtetem Selbstwert gegebenenfalls der Wunsch gegenüberliegen, der Welt – und den Peinigern – zu zeigen, wer man ist und zu was man fähig ist. Bereits Kinder vermögen in Fällen krasser Misshandlung in ihrer Fantasie Rachestrategien zu entwickeln. Gespannt warten sie alsdann auf den Moment, diese wirkungsstark in die Tat umzusetzen. Hitler, Stalin und Saddam Hussein sind durch extreme Manipulation der Verhältnisse, durch Säuberungen und Schauprozesse – Konkurrenten wurden skrupellos und »definitiv« ausgeschaltet – an die Macht gelangt. Sie rüsteten gewaltig auf und strebten mehr oder weniger offensichtlich die Weltherrschaft an. In ihren Schlachten kamen Millionen von Menschen um oder wurden entrechtet und vertrieben. Kritiker kamen willkürlich in Haft oder unter undurchsichtigen Umständen ums Leben. Massenhaft wurden unangenehme Leute deportiert. Rechtlos, unversorgt, hungernd, bei Kälte, Hitze und an Krankheiten leidend wurden sie bis zu ihrem Tod zu schwerster Arbeit gezwungen.

Jedoch machten nicht ihre vielen marsischen und plutonischen Aspekte Hitler, Stalin und Hussein zu Despoten und Ungeheuern; vielmehr missbrauchten sie ihre quintilischen Kräftebündel. Unbewusst und zwanghaft wiederholten sie ihr Leben lang ihre schlimmen Kindheitserlebnisse und steigerten sie sogar. Ob sie angesichts ihres krassen Lebensendes in letzter Sekunde doch noch zu Einsehen gelangten? Hitler vergiftete sich, Stalin starb krank, verbittert und verhärtet in totaler seelischer Einsamkeit, Sadam Hussein wurde gehängt. Putin ist nach wie vor an der Macht. Die große Konjunktion – außerordentliches Stellium am 9. Haus in Waage – mit (erhöhtem) Saturn in Konjunktion und in Halbsumme Sonne/Neptun sowie Neptun in Konjunktion und Halbsumme Merkur/Saturn widerspiegelt Putins Lebensphilosophie ausgezeichnet, dies umso mehr, als Saturn Geburtsherrscher ist. Mit bestmöglicher Diplomatie und Verdecken wahrer Absichten zieht er seine Bestrebungen knallhart durch. Wie außerordentlich geschickt hatte er doch seine zweite Amtszeit als Landesoberhaupt geplant und gesichert. Er zeigt meist ein nettes Gesicht jedoch mit kaltblütigem Blick, welcher in der Psychophysiognomik berüchtigt ist.

Der Vergleich der Machthaber zeigt bei Hitler und Stalin sämtliche quintilischen Aspekte stark vertreten. Bei Saddam Hussein ist zwar kein Tridecil, jedoch sind zwei Decile, bei Putin kein Decil aber vier Tridecile vorhanden.

Auflehnung gegen Diktatoren und Gewaltregime: Mahatma Gandhi, Nelson Mandela, Claus von Stauffenberg

Es gibt grundsätzlich zwei Hauptarten sich aufzulehnen: entweder sich gewaltfrei der Diktatur zu widersetzen oder mit Gewalt auf Gewalt zu antworten. Eindrückliche Beispiele für gewaltfreie Revolution gaben Mahatma Gandhi in Indien und (mehrheitlich) Nelson Mandela in Südafrika. Mit eigenhändiger Gewalt reagiert hat der Deutsche Claus von Stauffenberg. Er wollte Adolf Hitler durch ein Attentat umbringen. Es misslang ihm, was ihn das eigene Leben kostete: Er wurde noch am selben Abend kurz nach Mitternacht erschossen. Die Bewusstseinsschritte, welche die Menschheit durch Hitler zu gehen hatte, waren nicht abzuwenden.

Wie sieht es um die Menge und Differenzierung quintilischer Aspekte aus? In den Horoskopen von Gandhi und Mandela sind sämtliche quintilischen Aspektgrößen vertreten. Neben Quintilen und Biquintilen befinden sich in beiden Horoskopen je drei Tridecile (108°), daneben in Gandhis einmal, in Mandelas dreimal ein Decil (36°). Grob gesehen gleichen sich in dieser Hinsicht die Horoskope der beiden Männer, die sich kompromisslos gewaltfrei widersetzt haben.

Die subtilen decilischen sind in diesen Beispielen vorwiegend bei den gewaltfreien Widerstandskämpfern, Gandhi und Mandela, vertreten. Ich neige eher zur Annahme, dass quintilische Aspekte grundsätzlich und durchgehend plutonischer Natur sind, in der Differenzierung jedoch eine spezifische Planetenqualität tragen. Beispiel Quintil: Grundcharakter plutonisch, Eigencharakter: marsisch.

Im Horoskop von **Claus von Stauffenberg** (Zwillingsgeburt), deutscher Generalstabsoffizier, Hitler-Attentäter, finden sich sehr viele Quintile und Biquintile, jedoch nur ein 108°-Winkel und kein Decil. Die subtilen Quintilischen sind also bei Stauffenberg auffallend wenig vertreten. Für die Auflehnung gegen den Diktator wählte er die Form der Gewalt: In einer Aktentasche versteckt trug er einen Sprengsatz in Hitlers Hauptquartier. Doch als die Bombe detonierte, war Hitler der Mappe gerade kurzzeitig etwas fern.

Dr. Walter spricht den Quintilen und Biquintilen marsische Qualität zu. Gewalt war in Stauffenbergs Leben mehrfach wirksam: Bei einem Luftangriff (April 1943) verlor er ein Auge, die rechte Hand und Teile der linken Hand. Der innovative Chirurg Ernst Ferdinand Sauerbruch, der zahlreiche neue Operationsmethoden entwickelt hatte, u. a. den Sauerbruch-Arm (neuartige Hand- und Unterarmprothesen), operierte Stauffenberg. Operationen sind ebenfalls »Gewaltanwendungen«.

Als tief unbewusst erweist sich das Halbdecil (18°). In Stauffenbergs Horoskop sind Jupiter und der Schwarze Mond im Halbdecil zueinander, was für »Eigeninitiative«, »sich verantwortlich für andere

Abbildung 37: Claus von Stauffenberg, 15.11.1907, 0h48, Jettingen/D

fühlen« sprechen könnte. Stauffenberg war immerhin einer der beschämend wenigen, welche Hitler als Verbrecher erkannt hatten.

Bei dieser Gelegenheit sei auf die Verbindung von Mondknoten-Transiten und der Sonnenbogen-Direktion hingewiesen: Mit 37–39 Jahren werden mit dem Sonnenbogen aus Quintilen je zwei Decile, dies etwa gleichzeitig mit dem zweiten Return der Mondknotenachse – meist eine Krisenzeit, die allein durch Erkenntnisarbeit und entsprechendes Verhalten bewältigt werden kann.

Ein Paradebeispiel dazu bietet gleich Claus von Stauffenberg. Er wurde am 20.7.1944 gut 36½-jährig erschossen. Der Sonnenbogen betrug 37°11'. Aus dem Fünfeck radix war zusammen mit den Sonnenbogen-Faktoren ein 10-Eck entstanden. Es ist zudem augenscheinlich, wie der übergroße Orbis zwischen Pholus und Uranus radix sich ins Bild einfügt: Das Pentagon bleibt gewahrt. Stauffenberg erkannte Hitlers Gefährlichkeit (was wohl im Sinne des

Goldenen Schnitts mit einem betont starken Gerechtigkeitsempfinden zu tun hat). Es wurde ihm selbst zum Verhängnis.

Die transitierenden Mondknoten hatten die Radixpositionen Stauffenbergs noch nicht ganz erreicht, wiesen aber bei Neumond auf die ringförmige Sonnenfinsternis hin, welche an diesem, seinem Todestag, stattfand. Die ringförmige Eklipse ist von ihrer Wirkung her die verheerendste Sonnenverfinsterung. Hier stand sie zudem im Quadrat zu Mond, Saturn vorgeschoben und somit dem Zehnstern angeordnet. Aus dem Fünfeck ist ein Zehneck – sind subtilere Winkelverbindungen – geworden. Seit einiger Zeit hatte sich nämlich bei Stauffenberg die Beziehung zu Hitler gewandelt: Vorerst in dessen Diensten, konnte er je länger desto weniger Hitlers Absichten und Anordnungen unterstützen. Er wurde sich dessen bewusst, was genau ablief und wohin dies führen würde. Was mit noch tieferer Bewusstwerdung zu tun hat, erfüllte sich für Stauffenberg erst mit dem Tod vor Augen: Er musste schmerzlich feststellen, dass ein Bösewicht wie Hitler »unter Schutz steht«, und in diesem Fall eine Mission zur Bewusstwerdung des deutschen Volks und der beobachtenden Welt zu erfüllen hatte.

In **Mahatma Gandhis** Horoskop fällt eine seltene harmonische (symmetrische) Figur auf, gebildet aus zwei Tridecilen mit Chiron und dem schwarzen Mond an der Spitze und dem Biquintil Saturn-Uranus als Basis des quintilischen Dreiecks: »Aus Überzeugung hartnäckig Widerstand zu leisten« (Saturn, Uranus) war Gandhis lebenslanges Bestreben im Kampf um bürgerliche Rechte, Unabhängigkeit (z. B. von England) und Gleichberechtigung der »Unberührbaren«. Bezeichnenderweise stehen Chiron und der Schwarze Mond in Widder an der Spitze der Figur: Was für eine Korrektheit und welch' eine Furchtlosigkeit! Wie viel Mut zum Alleingang! Wo sonst in diesem Horoskop ist der »gewaltlose Widerstand« so deutlich abzulesen als in dieser seltenen Figur, die zudem inmitten weiterer subtiler quintilischer Figuren liegt? Auch tiefere Bewusstseinsschichten, die beiden Tridecile – plutonisch-uranisch-neptunischer Art – sprechen von Umgestaltungen, Erneuerung, Revolution auf der Bewusstseinsebene des Menschseins. Je bewusster ein Mensch

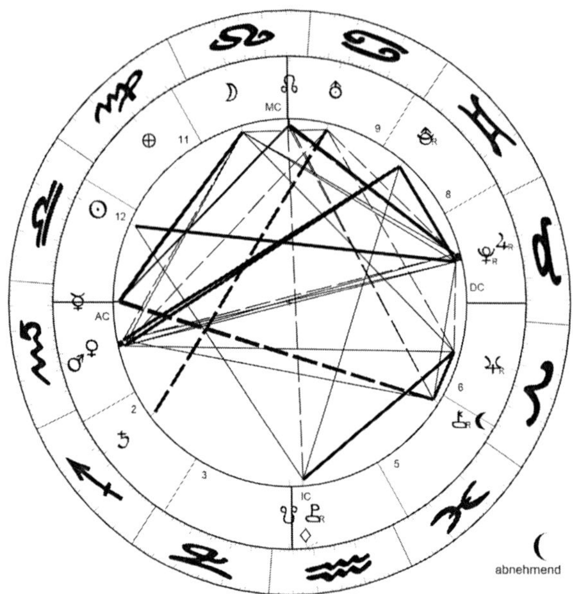

Abbildung 38: Mahatma Gandhi, 2.10.1869, 7h45, Porbandar/IND

ist, desto deutlicher erkennt er die überlegene und unbedingte Wirkung eines gewaltlosen Widerstandes. Dieser gegenüber ist das »hohe Dreieck«, die Figur mit Venus, Mars Quintil zu Drachenschwanz und IC an der Basis, mit seitlichen Biquintilen zu Transpluto an der Spitze weit häufiger in Horoskopen vertreten.

Im Horoskop von Gandhi ist dieses Dreieck im ersten Quadranten verankert. Die Spitze liegt im sozialkritischen 8. Haus. Eine absolut tätige Basis mit wuchtiger Besetzung, ererbt (☋) und verankert in diesem großen Mann, steht Transpluto gegenüber. Gandhi war von der Gleichberechtigung aller Menschen tief überzeugt. Als Rechtsanwalt und Mensch sah er hier seine Aufgabe.

Die Hypothese pluto-jupiterhafter Biquintile bewährt sich hier. Mögliche Namen für das hohe quintilische Dreieck: das hohe Dreieck, Erkenntnis-Figur, Seher-Figur, Überzeugungsdreieck, Berufungsdreieck, Gesandtendreieck. Im Fall Gandhi benenne ich dieses Dreieck »Überzeugungsfigur/Überzeugungsdreieck«.

Das kleine angehängte Dreieck mit Decil zu Jupiter und Pluto im Haus des Gegenübers und dem Tridecil zu IC und Drachenschwanz: Gandhi sah im Geist eine Welt glücklichen Zusammenlebens. Gespiesen wurde seine unerschütterliche Überzeugung durch die aus seiner seelischen Vergangenheit gewachsenen und mitgebrachten Ideen eines fortschrittlichen Menschseins.

Nelson Mandela, Sohn eines Häuptlings des Thembu-Stammes, verschrieb sich konsequent dem gewaltlosen Widerstand gegen die Diskriminierung der Schwarzen, führte jedoch ab 42-jährig den »Speer der Nation«, den bewaffneten Flügel der ANC-Jugendliga (African National Congress) und saß, verhaftet als Untergrundkämpfer, 27 Jahre im Gefängnis, bis der damalige Präsident, Frederik Willem de Klerk, Mandela und den ANC schließlich begnadigte. 1994 wurde Mandela Südafrikas erster schwarzer Präsident, gründete die Wahrheits- und Versöhnungskommission und erhielt den Friedensnobelpreis.

In Mandelas Horoskop springt eine besondere harmonische, symmetrische Figur ins Auge, welche die obere Horoskophälfte – den Raum, den sein Leben voll einnahm, – ganz für sich besetzt: Aufgebaut auf der waagerechten Achse AC-DC kreuzen sich zwei Dreiecke, je bestehend aus einem Quintil, einem Tridecil und dem gemeinsamen Decil. Beide, Decil und Tridecil sind bedeutungsmäßig Teile des Zehnecks; sie unterscheiden sich als Einzelaspekte im erforderlichen Bewusstseinsgrad: Während das Decil dem Bewusstsein für soziale Gerechtigkeit Ausdruck verleiht, spricht das Tridecil für Inhalte der Wandlung zum Menschsein. Das Decil im 10. Haus verbindet die beiden asymmetrischen Dreiecke zu einer symmetrischen Figur: Gleichberechtigung ist ein Menschenrecht. Wie ein großes schützendes Dach steht die eindrückliche Figur über dem Horoskop, über der Persönlichkeit des Kämpfers. Die beiden Quintile an der Außenfront der Figur deuten auf den erbitterten Kampf hin, der für die Verwirklichung der Ideale geführt wurde (Quintile sind plutonisch-marsisch: Kampf). Menschlichkeit setze soziale Gleichheit voraus, entsprach der tiefen Überzeugung Mandelas, für die er seine Lebenskraft kompromisslos einsetzte. Man

Abbildung 39: Nelson Mandela, 18.7.1918, 14h45, Umtata (Cape Town)/ZA

muss ermessen, was 27 Jahre Gefangenschaft (Skorpionmond am 12. Haus) in Afrika für einen Schwarzen bedeuteten. Als Gefangener widersetzte er sich gewaltlos der Gewalt der Wärter und leitete Mitgefangene dazu an: »Wenn Wärter euch hetzen, dann schreitet ganz normal weiter – immer wieder, bis sie mit dem sadistischen, menschenunwürdigen Herumjagen aufhören.«

Losgelöst von der überdachenden Figur besteht ein asymmetrisches Dreieck mit 3 unterschiedlichen quintilischen Winkeln. Die Basis bildet das Decil Chiron-Uranus in den Häusern 3 und 4. Die Figur verbindet Familienleben und soziales Engagement. Der politische Kampf Mandelas (Sonne und Transpluto im 8. Haus) ließ kein ruhiges Ehe- und Familienleben zu (Uranus Decil Chiron): Seine drei Ehen scheiterten, was für ihn sehr schmerzlich war. Mandela war einem Ideal verpflichtet (Uranus Biquintil Transpluto, Sonne), welches sein Leben übermächtig bestimmte (Tridecil).

Donald Trump (deutsch: Trumpf)

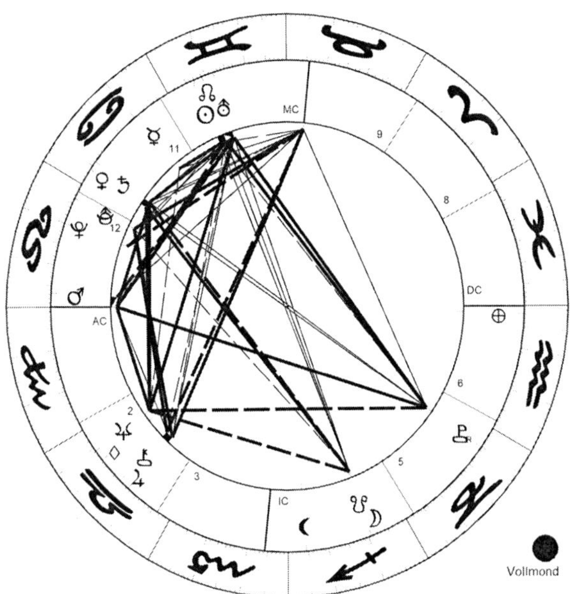

Abbildung 40: Donald Trump, 14.6.1946, 10h54, Queens/NY/USA

Auffallend ist die große Anzahl quintilischer Aspekte und Figuren bereits im üblichen Horoskop. Ferner die totale Mondfinsternis mit der Frage und den Themen:

»Woher«: Drachenschwanz und verdeckter Mond (Mitspannungsherrscher), eingeschlossen im 4. Haus, unter der Herrschaft des in Löwe fremden, jedoch verstärkten Pluto im 12. Haus, gegenüber dem Thema

»Wohin«: Drachenkopf und die den Mond verdeckende luftige Sonne in Konjunktion mit Uranus, eingeschlossen in Zwillinge im Erfüllungshaus 10, beherrscht von Venus in Krebs und »gestählt«

durch die Konjunktion mit dem in Krebs exilierten Saturn im Haus der Meinungen und Gesinnungsfreunde 11. Vollmond deutet auf Höhepunkte, erreichte Ziele. Doch er steht ziemlich genau vor der Sonne, ihr Licht verdeckend und die Erde verfinsternd.

Möglicherweise hat Donald Trump eine gefühlsarme Kindheit erlebt, sich übergangen gefühlt, während es der Familie hauptsächlich um Geld und Prestige ging. Dies oder Ähnliches könnte Hintergrund seines Strebens nach Reichtum und Macht sein. Er vergleicht Amerika unbewusst mit einer derartigen Situation und schreit in die Welt »America first!«. (Unbewusst: Ich hätte als Kind zuerst kommen müssen!) Als Präsident könnte dies bedeuten, dass er vom amerikanischen Volk wie ein Vater geliebt sein will, er dessen Wohlergehen an Geld und Amerikas Vorherrschaft misst, dabei jedoch Mühe hat, sich auf jemanden/das Volk gemüthaft und gefühlvoll (sprich anständig) zu beziehen.

Mit seiner offenen Missbilligung Obamas könnte weiter unbewusst ein Konkurrent, ein Bevorzugter aus seiner Jugend/Familie gemeint sein, durch den er sich unterschätzt und missachtet gefühlt hat oder der ihm schlicht überlegen war und dem er es jetzt heimzahlen will. Neptun – Herr Haus 8 – im 2. Haus deutet auf unverdaute Frustrationen und Selbstwertprobleme mit der Tendenz – Biquintil zu Saturn und Venus im 11. Haus –, diese durch fundamentale Meinungsunterschiede und entsprechende Taten in Beruf und Öffentlichkeit zu kompensieren, »es ihnen zu zeigen«. Jupiter und Chiron im Haus 2 der Selbstbewertung sind im Trigon zu Uranus und Drachenkopf, während die Sonne davonzieht. Drachenkopf und Uranus im 10. Haus mit Trigon zu Chiron und Jupiter im 2. Haus deuten auf Erreichtes und Erfolge. Ihr Biquintil zum MC entspricht der Überzeugung, erfolgreich und wertvoll zu sein, wenn »Mann« nur genügend befehlsstark, reich und konservativ ist (MC Stier: Haben/Habe für mich).

Leer bleibt der Gesellschaftsquadrant. Verhandeln ist nicht Trumps Sache: Die praktisch leere Du-Seite steht einer stark betonten Ich-Hälfte gegenüber. Trump verpasst der Gesellschaft seine Politik. Das reicht!

Abbildung 41: Donald Trump, 14.6.1946, 10h54, Queens/NY/USA Kernhoroskop quintilisch, Orbis 1°

Mit der Beschränkung auf 1° Orbis sind vom üblichen Horoskop an blauen Aspekten drei Trigone und ein Sextil, an roten Winkeln zwei Oppositionen und vier Halbquadrate verblieben. Diese verbinden sich samt und sonders mit den quintilischen Aspekten. Zusammen tritt eine imposante plutonische Figur in Szene, ausgehend vom Kentaur Pholus in Steinbock, und bestehend aus sämtlichen quintilischen Aspektarten. Pholus ist Spannungsherrscher, steht als Dirigent dem ganzen weiteren Horoskop vor. Der verdunkelte Mond – Mit-Dirigent – ist eher als Querschuss einzuschätzen. Ohne Pholus jedoch, den forschen Kentaur, ginge dieses fulminante, verblüffend treffliche Aspektbild gänzlich verloren. Es ist diese beherrschende Figur, die Trumps Persönlichkeit wesentlich repräsentiert. Überzeugt von besonderen Fähigkeiten und der Verantwortlichkeit für eine ganze Nation dirigiert Trump, alias Pholus, die übermäßig lastende Ich-Seite dieses Kernhoroskops. Pholus in

Steinbock: Halsstarrig und forsch, voll üblen Benehmens die Selbstwertzweifel verdecken wollend (Opposition zu Venus und Saturn in Krebs sowie Neptun im 2. Haus), eisig das Zepter schwingend, durch das eherne Selbstbewusstsein in sich gefangen und auf sich selbst konzentriert, so erfahren wir Zuschauer – ungläubig die Augen reibend – den 45. Präsidenten Amerikas!

In der Mythologie ist Pholus Chirons Bruder, beide sind Kentauren – Chiron ist weise und mäßiger als der manchmal jähzornige, gern übertreibende Pholus, als dessen Herrschaftszeichen Schütze vorgeschlagen wurde. Von daher haftet Pholus die Eigenschaft »himmelhoch jauchzend – zu Tode betrübt« an, »große Gegensätze, große Lebensveränderungen, nicht ausgeschlossen der Tod«.

Wenn in diesem Horoskop nicht der Querschläger und eigentliche Drahtzieher, der total verfinsterte Mond, Mitherrscher wäre! Starke Einseitigkeit steht immer Ängsten einer Gegenseite gegenüber. Donald Trump sieht sich verantwortlich für eine ganze Nation und möglicherweise für die Korrektur der übrigen Welt. In den Mitherrscher, den verdunkelten Mond, projiziert Trump das »arme Kind Amerika«, dem er künftig mit allen Mitteln unter die Arme greifen will (meint, es zu müssen).

Barack Obama

Ein reger Dialog zwischen der Ich- und der Du-Seite bestimmt Barack Obamas Radix mit zahlreichen Oppositionen und weiteren Aspektverbindungen. Dabei halten sich die Instinkt- und Ideenhälften seines Horoskops ebenfalls die Waage. Umfassendes Streben nach Gleichgewicht durch Austausch und Verhandeln ist lebensbestimmend. Neptun und Mond in den Häusern 9 und 4 dirigieren als optische Spannungsherrscher die Lebensmusik des ersten schwarzen US-Präsidenten.

Die große Anzahl quintilischer Aspekte und Figuren fällt ebenfalls bereits auf.

Abbildung 42: Barack Obama, 4.8.1961, 19h09, Honolulu/HI/USA

Abbildung 43: Barack Obama, 4.8.1961, 19h09, Honolulu-Hono/HI/USA, Kernhoroskop quintilisch, Orbis 1°

Wie anders sieht es in Obamas Kernhoroskop aus. Die quintilischen Aspekte bilden unter sich keine geschlossenen Figuren und übersteigen den 1°-Orbis zu viel und zu oft. Alles in allem eine schwache Figur, dies ganz besonders im Vergleich mit Trumps Maximum-Figur. Obama ist definitiv kein Plutonier.

Allerdings: Außerordentlich ist, dass sich die Horoskopfaktoren und Aspekte außen, um das ganze Horoskop herum, sämtlich die Hand reichen! Dieses Bild fährt ein, weil es so passend ist. Die beiden sich kreuzenden Biquintile sind sehr genau und stark: Die Überzeugung von der Kraft und Macht der Liebe: Venus 144° MC sowie die felsenfeste Überzeugung, dass wahre Macht und glückliche förderliche Beziehungen in Partnerschaften – auch solche zu Schutzbefohlenen – aus einer geistig inspirierten Haltung entstehen: Jupiter in Wassermann im 12. Haus 144° zu Pluto in Jungfrau im Haus der Partnerschaften. Interessant dabei ist, dass sich dieses Biquintil mit dem Quincunx Saturn/Uranus kreuzt: Verordnete Freiheitsbeschränkungen werden mit der Macht des Wohlwollens (Jupiter/Pluto) »bekämpft«. Das also ist ein Hauptmotiv von Obamas Machtergreifen: der Kampf gegen Diskriminierung von Volksgruppen und andere Ungerechtigkeiten (siehe dazu das 9. Haus). Seine Kampfmittel sind dabei weder Kanonen noch Bomben – es gibt weit wirksamere!

Fabian Hock, Journalist, schreibt im BADENER TAGBLATT vom 20.1.2017 unter dem Titel *Obama, mein Präsident* unter anderem:

> Werte und Inspiration sitzen dank ihm tief verankert in einer ganzen Generation junger Menschen. Sie werden sich Obamas Ideale zu eigen machen. ... Viel heiße Luft, Versprechen gebrochen, gescheitert. Was von acht Jahren Obama übrig geblieben sein soll, liest sich vielerorts ähnlich ... Der schillernde Obama habe gut geredet und nichts erreicht. Was für ein Unsinn! Das Erbe von Barack Obama ist so viel größer, nur lässt es sich nicht in einer Gegenüberstellung von Wahlverspechen und verabschiedeten Gesetzen erfassen. Obama impfte eine ganze Generation mit einem Stoff, der viel länger wirkt als bis zur Amtsübergabe, ja, seine volle Wirkung wohl erst in einigen Jahren, möglicherweise Jahrzehnten entfalten wird: mit

> Inspiration. Charme und Coolness in einer Welt der Langweiler und Opportunisten. Anstand, Würde, Respekt – dank Obama fanden wir das acht Jahre lang in der Politik. Obama ist einer, der sein Amt skandalfrei ausübte.

Obama setzt dem, was von ihm gehalten und erwartet wird, immer etwas drauf: nicht Geld, Privilegien und Versprechungen etc., sondern beispielsweise die Überzeugung und Zuversicht »Yes, we can!« – Wir können! Wir! Du und ich! Er regierte nicht von oben herab, sondern – mithilfe der Erwachten – von unten nach oben.

Pholus, sehr genau in Konjunktion mit dem Aszendenten Wassermann, ist Teil der quintilischen Figur. Trumps Pholus ist in Steinbock, 5. Haus, ebenfalls in einer quintilischen Figur. Doch die beiden unterscheiden sich durch ihre starken Kentauren: hier Pholus Konjunktion Aszendent Wassermann – dort Pholus in Steinbock im 5. Haus. Hier prägt Pholus das Erscheinungsbild eines voraussehenden, fortschrittlichen Mannes – dort, im quintilischen Horoskop von Trump, spielt der Kentaur, als hartnäckig konservativer Dirigent, vermeintlich verantwortungsbewusst veraltete Spiele wie »Mauern bauen«.

Neptun, eleviert in Skorpion und im 9. Haus, ist Spannungsherrscher, Mond in Zwillinge Mitspannungsherrscher, wobei Venus – erhöht in Krebs – auch ziemlich vom übrigen Aspektbild absteht (d.h. gespannt ist, mit-beeinflusst). Die beiden Dirigenten im Horoskop sind unterschiedlicher Natur: Neptun, im Haus der Lebensphilosophie, deutet auf eine geistige Lebenshaltung, ganz besonders im Hinblick auf das 12. Haus, seine Beziehung zum Übersinnlichen, Verborgenen. Daraus ist z. B. die für viele Amerikaner bitter notwendige Krankenkasse entstanden, die Trump wieder abschaffen will. Mit dem Mond in Zwillinge, in seiner Phase der »Neuausrichtung«, setzt Obama sich für Toleranz und Menschlichkeit ein. Er ist heiteren, einfühlsamen Gemüts, geistig beweglich und intelligent. Obama pflegt gerne gemeinsame Interessen, ist vertraut mit den sozialen Medien, was – im Hinblick auf seine Wahl zum Präsidenten von Amerika – eine entscheidende Rolle gespielt hat. Der Mond im 4. Haus in Zwillinge – beherrscht von der erhöhten Venus in Krebs – deutet auf achtsame Wurzeln: ein bewegliches, fortschrittliches, geistig reges und gemütvolles Elternhaus. Dasselbe herzliche, belebte und anregende Klima wirkt in seiner jetzigen Familie, zusammen mit seiner Frau Michelle und zwei Töchtern.

Hillary Clinton

Das übliche Horoskop von Hillary Clinton weist auffallend viele geschlossene, zum Teil symmetrische Aspektfiguren auf. Jeder Quadrant ist besetzt, am stärksten der 2. mit dem voll besetzten 5. Haus. Aus diesem strömen Aspektbeziehungen nach allen Seiten. Einerseits wirken die Gestirne in Skorpion untergründig intensiv, andererseits sind sie eingeschlossen und vermögen sich schwerlich ins rechte Licht zu setzen.

Die Mondphase »zunehmendes Quincunx« (zwei Tage vor Vollmond) zeigt den Mond noch nicht ganz rund und voll, entsprechend der Notwendigkeit, Korrekturen, letzte Verbesserungen und Anstrengungen in der erstrebten Sache vorzunehmen, um erwünschte Höhepunkte und Erfolge zu erreichen; während Ungenügen, Verfehlungen und mangelnder Einsatz den erstrebten Erfolg schwächen oder verhindern. Dies gilt für Hillary umso mehr, als Uranus – rückläufig in Zwillinge und Haus 12 – deutlich Mitspannungsherrscher ist. Die verpasste Wahl passt sehr genau zu diesen Komponenten, umso mehr als Mond und Uranus sehr viele Aspekte auf sich bündeln.

Hillary war First Lady zur Zeit der US-Präsidentschaft ihres Gatten Bill Clinton. Der Einfluss ihres Mannes auf ihre verpasste Karriere ist mit 3 Aspekten auf ihr MC beschrieben: Trigon Sonne in Skorpion, Biquintil Neptun in Waage und Quincunx Transpluto im 2. Haus. Durch ihren Gatten erreichte sie weltweite Bekanntheit, später peinliche Berühmtheit durch die Affären desselben. Zudem waren es am Ende eigene Unzulänglichkeiten, vergangene Unkorrektheiten, die ihr als Präsidentschaftskandidatin zum Verhängnis wurden.

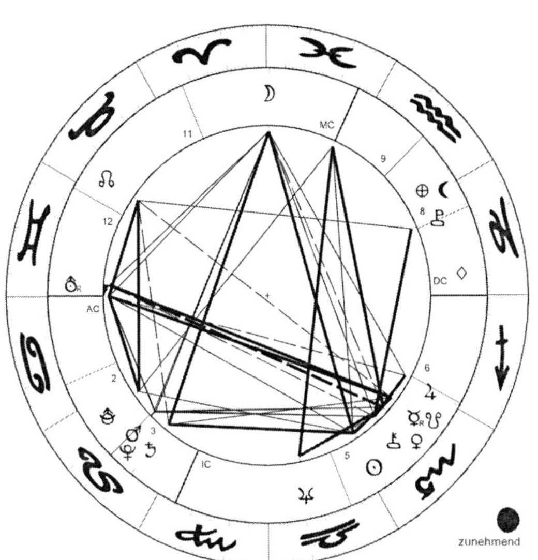

Abbildung 44: Hillary Rodham Clinton, 26.10.1947, 20h00, Chicago/IL/USA, ungesicherte Geburtszeit, Quelle: Astrodata

Abbildung 45: Hillary Rodham Clinton, 26.10. 1947, 20.00, Chicago/IL/USA Kernhoroskop quintilisch, Orbis 1°

In Hillarys quintilischem Horoskop besteht eine »Achterbahn-Figur« im Du-Bereich, passend zu ihrem bewegten Liebesleben. Die Figur beginnt bei Neptun in Waage, setzt sich fort mit Biquintil zu MC Fische: Die Überzeugung, von Haus aus einer privilegierten Gesellschaftsschicht anzugehören und somit Chancen auf die Präsidentschaft zu haben: Das war eine Fehleinschätzung, entsprungen einem starken Wunschtraum (MC Fische). Täuschungen und Verworrenheit im Liebesleben: Tridecil zur exilierten Venus – weiter Quintil zum Schwarzen Mond im Niemandsland (Übergang von Steinbock in Wassermann), im von der Gesellschaft hinterfragten 8. Haus: Bloßstellungen, Frustrationen, Schadenfreude, die den Glauben an Privilegien enttäuschten – zurück zu den neptunischen Wurzeln im 4. Haus in Waage (Herkunft, Elternhaus), zu den Ursachen.

Der Aszendent im Übergang von Zwillinge zu Krebs, an sich schon fordernd, ist Spitze von 2 Dreiecken: dem quintilischen schwarzen und einem gespannten roten. Das kleine schwarze mit Quintil zu Drachenkopf und Transpluto deutet auf Partnerschaft und Gesinnungsfreunde und in Anbetracht des roten Dreiecks mit Mars und Pluto in Löwe im 3. Haus auf die skandalösen erotischen Affären ihres Partners, die weltweit publik wurden und für Hillary weitreichende Konsequenzen hatten und – Aszendent Quadrat Mond – seelisches Leid verursachten.

Die ehemalige Präsidenten-Gattin mit einer gewaltigen Skorpion-Besetzung im Haus 5 der Kreativität und des selbstbewussten Lebensausdrucks, bekommt den plutonischen Charakter zusätzlich betont durch quintilische Aspekte und Figuren aller Größen. Nach der Präsidentschaft ihres Gatten Bill Clinton, arbeitete sie selbst auf eine solche hin. Doch sollen ihr in der Vergangenheit unverzeihliche Fehler unterlaufen sein. Sicher ist, dass stets die für ein Land folgerichtige Person präsidieren wird. Auch Länder müssen – wie jedes Individuum – bestimmte Erfahrungen machen und daraus lernen.

Abbildung 46: Margaret Hilda Thatcher, 13.10.1925, 8h51, Grantham/GB

Margaret Hilda Thatcher war die erste britische Premierministerin – äußerst erfolgreich und ebenso umstritten. Mit 87 Jahren ist sie im April 2013 gestorben. Auf ihren Spitznamen »Iron Lady« – durch eine russische Zeitung erworben – war sie äußerst stolz. Passend dazu war in der Zeitung das Bild abgedruckt, auf welchem sie 1986 während eines Nato-Manövers in Kriegsausrüstung auf einem britischen Panzer mitfährt. Dazu fällt Saturn in Skorpion mit dem Aszendenten in Konjunktion und im Trigon zum Geburtsherrscher Pluto auf: eiserner Wille bis Sturheit. Der amerikanische Präsident Ronald Reagan beschrieb sie in seinem Tagebuch als »Turm der Stärke«.

Im Aspektbild mit den vielen (nach Walter) marsischen (72°) wie plutonischen (36°, 108°, 144°) Winkeln fehlen harmonische

Figuren gänzlich. Einzig auf dem 108°-Winkel von Saturn, Aszendent zu Pluto sind zwei kleine asymmetrische Figuren (Transpluto-72°-Mars sowie Saturn, AC-72°-Mond, MC) spiegelbildlich angeordnet. Der Zusammenhalt von Thatchers Persönlichkeits-Struktur scheint sich auf Widersprüchlichkeiten aufzubauen. Viele rote Aspekte untermauern den Charakter der Gegensätze. Mit Sonne und Mars in Waage scheint sie sich zudem der Schattenqualitäten vom Tierkreiszeichen Widder bedient zu haben. So stellte sie bei wichtigen Sitzungen ihre Handtasche demonstrativ gut sichtbar auf den Tisch. »Handbagging« wird – im Andenken an sie – eine erfolgreiche, jedoch wenig diplomatische Verhandlungstaktik genannt.

Fünf Quintile bekräftigen den marsischen Charakter ihres Horoskops. Saturn-Pluto steht an der Spitze ihrer Themenliste, gefolgt von Sonne-Pluto. Mit diesen Zeichen am Himmel – Saturn in Skorpion in Rezeption mit Pluto in Steinbock – starb die einst einflussreiche Frau, die das Ruder eines mächtigen Staates herumzureißen verstanden hatte.

Bildende Kunst

Käthe Kollwitz

Käthe Kollwitz war Grafikerin und Bildhauerin, Radiererin, Holzschnitzerin, Expressionistin, Lithografin, Illustratorin. Ihre Themen, die sie durch gezieltes Anwenden dieser Techniken u. a. ausdrückte und gleichsam behandelte, sind »Das Elend des Proletariats und des Krieges« sowie »Die Beziehung zwischen Mutter und Kind«. Bekannt war Käthe Kollwitz durch ihre Folge von Radierungen *Ein Weberaufstand* (1898), *Der Bauernkrieg* (1908), *Der Krieg* (1923), *Mutter mit Zwillingen* (1937). Ihr Ehemann, Dr. Karl Kollwitz, war engagierter Armenarzt in einem Arbeiterquartier von Berlin, wodurch auch sie täglich mit Not und Elend in Berührung kam. Hautnah lernte sie die Schicksale vieler Arbeitsloser sowie kranker und verwahrloster Familien kennen. Zudem erlebte sie den ersten und den zweiten Weltkrieg. 1929 bekam sie einen Orden für ihre Friedensarbeit. Ab 1936 galten ihre Werke in Deutschland jedoch als »entartete Kunst«.

Zum Tod hatte die Künstlerin eine ganz eigene Beziehung. Wie selbstverständlich erlebte sie die geistige Beziehung zu den geliebten Toten, vor allem zu ihrem Mann. Sie selbst erwartete ihren Tod als guten Freund. Eines ihrer letzten Selbstbildnisse nannte sie »Ruf des Todes«. Sie starb am 22. April 1945 in Moritzburg im Alter von 78 Jahren.

In ihrer Radix ist sie als bildende Künstlerin in der Venus/Transpluto-Konjunktion und dem Mond in Waage – beides in Eckhäusern – zu erkennen, wobei der Jungfrau-Aszendent hervorragend zur Art ihrer Techniken passt. Auffallend sind ferner viele Quintile und Biquintile.

Als Ganzes übersichtlich wird erst das Kernhoroskop mit Orben von max. 1 Grad. Halbdecile (18°), Decile (36°) und Tridecile (108°) sind mit den entsprechenden Gradzahlen bestückt. Unterbrochene Linien zeigen Aspekte in Figuren, die den 1°-Orbis leicht überschreiten.

Auffallend im Kernhoroskop sind vier Decile und fünf Tridecile. Eine weitere quintilische Figur fällt besonders auf: ein »Becher«, gebildet aus drei 108°-Winkeln und einem Decil, insgesamt zehn Decilen – Komponenten des Zehnecks. Die sich gegenüberliegenden Ecken des »Bechers« sind durch zwei sich kreuzende Biquintile (144°) verbunden: Der »Becher« beinhaltet Überzeugungen (144°), gut und meist besonders schön in ein Oeuvre verpackt. Die beiden identischen, schmalen und unregelmäßigen Dreiecke im »Becher« haben eine gemeinsame Grundlinie, gebildet vom Mond in Waage: »Gerechtigkeitsgefühl« und Saturn in Skorpion im 3. Haus: »Gespräche mit und über Geplagte und Notleidende« – jedoch unterschiedliche Brenn- oder Zielpunkte: einerseits die zielgesetzte »bildende Kunst«, Venus und Transpluto in Zwillinge und Haus 10, verbunden andererseits mit dem »Erbarmen und Helfen-Wollen«, Jupiter in Fische, Haus 6.

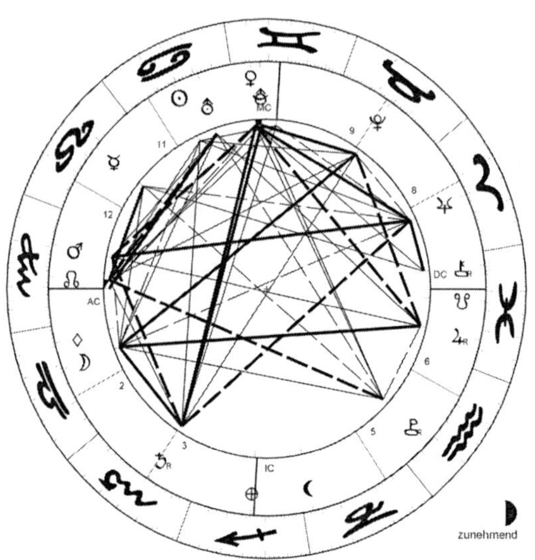

Abbildung 47: Käthe Kollwitz, 8.7.1867, 10h00 in Königsberg (Preußen), heute Kaliningrad/RUS

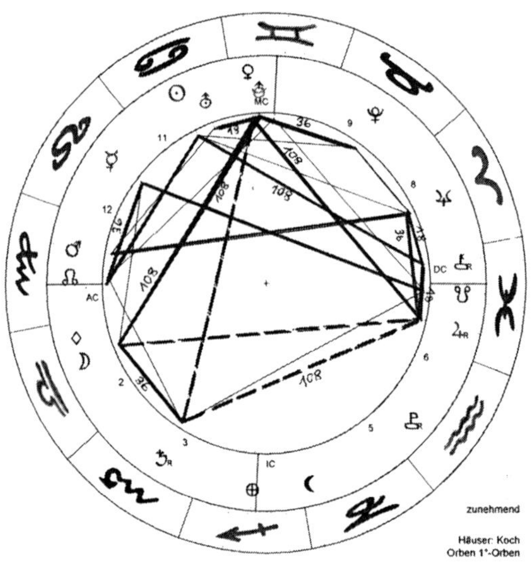

Abbildung 48: Käthe Kollwitz, 8.7.1867, 10h00, Königsberg (Preußen), heute Kaliningrad/RUS, Kernhoroskop quintilisch, Orbis 1°

Der »Becher« mit Deckel aus Decilen, Halbdecilen und dem Halbsextil Neptun-Pluto ist in diesem Horoskop die wesentlichste Figur. Becher fassen »Inhalt« mag hier als Deutungsgrundlage gelten. Alles Weitere im Kernhoroskop ordnet sich dieser Figur bedeutungsmäßig unter.

Sophie Taeuber-Arp

Es ist noch gar nicht lange her, seit die große Schweizer Künstlerin Sophie Taeuber-Arp durch Ausstellungen in der Schweiz »entdeckt« und ihre bedeutenden, zu ihrer Zeit avantgardistischen großartigen Kunstwerke als solche erkannt wurden und infolgedessen ihr Porträt von 1995 bis 2020 die Schweizer 50-Franken-Note zierte. Sophie war mit Hans Arp, Lyriker, Maler und Bildhauer, verheiratet.

Auffallend im Hinblick auf ihre Berufung sind in ihrem Radixhoroskop Uranus in Waage, Haus 11, Spannungsherrscher, Herr über das Vermittlungshaus 3 und Merkur, Spitze eines Überzeugungsdreiecks und gleichzeitig eines roten T-Quadrats, ferner das große (blaue) Dreieck von MC, Sonne und Neptun in den letzten Graden aller Erdzeichen. Hier steht etwas »vor den Toren« der Luftzeichen. Mit dem Sonnenbogen durchlief Taeuber-Arp mittels dieses Dreiecks während den ersten 30 Lebensjahren die drei Luftzeichen, um dann, bis zu ihrem Tod, 54-jährig, die Wasserzeichen zu durchschreiten.

Auch in Taeuber-Arps Horoskop findet sich der »Becher« (Neptun-Transpluto, Chiron-Uranus-Merkur). Diesmal hat das »Gefäß« einen exzentrischen Deckel, »verziert« mit einem kleinen kecken Dreieck aus einem Quintil und zwei Decilen. Dieses kleine quintilische Dreieck, gebildet durch alle drei Feuergestirne, spricht für viel Energie und Darstellungskraft, was auf Taeuber-Arps ununterbrochen reiches gestalterisches Schaffen und ihren Sinn für verspielte Details hindeutet. Der »Becher« selbst ist mit exakt übereinstimmenden Aspekt-Elementen und formgleich zusammengesetzt wie jener von Käthe Kollwitz. Taeuber-Arps »Becher« öffnet sich jedoch zur Ich-Seite hin, den Boden bildet das 7. Haus. Entsprechend war ihr Ehemann, ebenfalls bildender Künstler, sicher oft animierend.

Abbildung 49: Sophie Taeuber-Arp, 19.1.1889, 4h03, Bern/CH

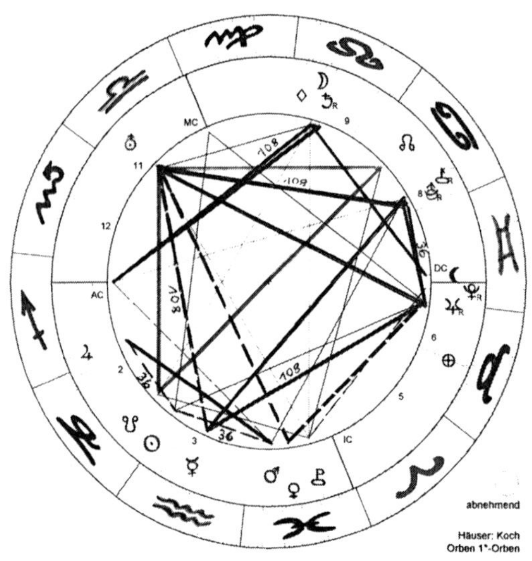

Abbildung 50: Sophie Taeuber-Arp, 19.1.1889, 4h03, Bern/CH, Kernhoroskop quintilisch, Orbis 1°

Im Kernhoroskop bleiben diese starken Figuren, mit zum Teil leicht überschrittenem 1°-Orbis, erhalten. Uranus in Waage und auf Spitze 11, der bereits im üblichen Horoskop auffällt, wirkt hier wie ein Haken, an welchem eine Schiffschaukel hängt – eine das Horoskop füllende symmetrische Figur, in der man, um 180° gedreht, ein Segelschiff mit der »Flagge Uranus« erkennen kann. Die feste Überzeugung, dass die Malerei zu revolutionieren sei –, was Taeuber-Arp auch kompromisslos tat – ist grundlegend für ihr Werk, sozusagen Angelpunkt, an welchem die Schiffsschaukel aufgehängt, und umgekehrt das Schiff unter der Flagge Uranus und Haus 11 zu segeln scheint. Zu ihrer absoluten Fortschrittlichkeit passt ferner das große blaue Dreieck MC-Sonne-Neptun, welches sich bereits im ersten Lebensjahr direktional von den Erdzeichen löste und die Luftzeichen betrat.

Aus Uranus geht in Taeuber-Arps Horoskop eine ungeheure Kraft hervor und umgekehrt wirken viele starke Einflüsse auf den selbst kräftigen und unberechenbaren Erneuerer ein. Durch die Auseinandersetzung mit dem Kunstschaffen ihrer Zeit, insbesondere dem Dadaismus, entstanden Taeuber-Arps ganz eigene Werke. Neben Bildern, Reliefs, Wandmalereien und Mosaiken schuf sie Puppenspielfiguren, Teppiche, Hüte, nähte Kleider, gestaltete Räume – alles in ihrer ganz besonderen, einmaligen Art und unmissverständlich als Kunst. Der Steinbocksonne entsprechend fertigte sie alles durchdacht, funktionell, materialgerecht und handwerklich sorgfältig. Sie scheute langwierige, mühsame Arbeit nicht, um ihre Ideen umzusetzen.

Niki de Saint-Phalle

Wie bei den beiden anderen bildenden Künstlerinnen findet sich im Kernhoroskop von Niki de Saint-Phalle eine Becher-Figur mit Deckel. Das Quintil Mond – Uranus überschreitet zwar den 1°-Orbis, wie es kompakte Figuren erlauben, war aber 6 Stunden vor ihrer Geburt bereits exakt – wer weiß, vielleicht verspürte sie zu dem Zeitpunkt Lust, den Weg ans Licht der Welt anzutreten?

Abbildung 51: Niki de Saint-Phalle, 29.10.1930, 6h42, St. Germain en Laye/F

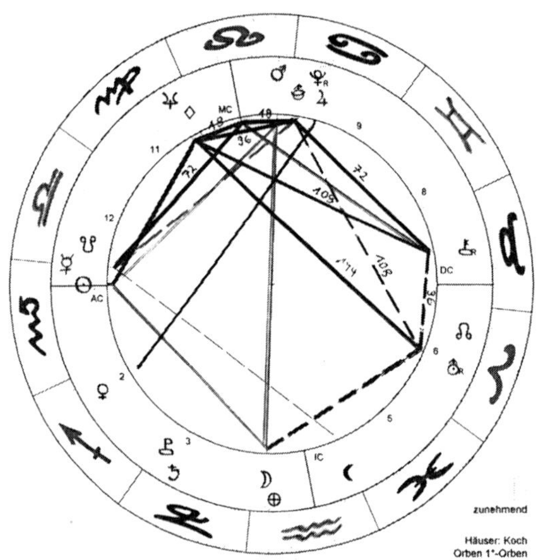

Abbildung 52: Niki de Saint-Phalle, 29.10.1930, 6h42, St. Germain en Laye/F, Kernhoroskop quintilisch, Orbis 1°

Ein positives und sinniges Omen. Mond Quintil Uranus entsprechend litt sie ursprünglich sehr unter ihrem unruhigen Seelenleben: Die schwierige Beziehung zu ihrem Vater bereitete ihr lange Zeit große psychische Probleme. Die Auseinandersetzung damit bestimmte ihr Leben und Schaffen sehr stark und über Jahre (z. B. in ihren Nana-Figuren). Ihre Beziehung zum Plastiker Tinguely machte sie alsdann sehr glücklich. Einander gegenseitig anregend und liebend konnte sie mit ihm zusammen ihrer sprudelnden Kreativität lebendigen Ausdruck verleihen, wie beispielsweise im gemeinsam geschaffenen Großprojekt »Tarot-Garten« inmitten wilder freier Natur der Toskana und in weiteren Kunstwerken in verschiedenen Ländern.

In ihrem Radixhoroskop fällt der Wassermann-Mond auf, der im T-Quadrat mit Sonne und Mars steht, was ihre Schwierigkeiten mit dem männlichen Prinzip andeutet, dies umso mehr, als der Deszendent der vierte, das Quadrat schließende, Punkt bildet. Das ebenfalls von der Sonne ausgehende blaue Dreieck mit Saturn und Neptun bestätigt einerseits die psychischen Probleme und weist andererseits auf den mystischen und teilweise archaischen Hintergrund vieler ihrer Werke und ihres künstlerischen Schaffens überhaupt hin. Ihre Berufung ist leicht ersichtlich – MC direkt in der Halbsumme Neptun/Transpluto (sublime plutonische Halbdecile) und Venus in der Halbsumme Sonne, Aszendent/Saturn. Die Verbindung Venus-Saturn findet sich sehr oft bei bildenden Künstlern, z. B. bei Kollwitz mit Venus Biquintil Saturn sowie bei Taeuber-Arp mit Neptun direkt in der Halbsumme Venus/Mond, Saturn.

Im Kernhoroskop finden sich »Becher« und »Deckel« wieder. Die beiden, von ihrer Größe und Zusammensetzung her identischen, Dreiecke der »Gefäße« in den Kernhoroskopen von Kollwitz und Taeuber-Arp liegen hier in den »Deckel« integriert, zusammengehalten von einem Quintil. Das für das rege Seelenleben bedeutsame T-Quadrat Sonne, Aszendent mit den Quadraten zu Mond und Mars bleibt im Kernhoroskop erhalten. Außerdem besteht ein Dreieck aus Transpluto im 9. Haus, Quincunx Schwarzer Mond in Wassermann und dem Quadrat zu Merkur in Waage, Haus

12: Verspielt, kompromisslos eigenwillig und fortschrittlich verleiht sie ihren zu mystischem Gedankengut neigenden Ideen Ausdruck.

Marc Chagall

Marc Chagall war Maler, Grafiker, Illustrator, Bühnenbildner und Designer von Glasfenstern. Er schuf fantastische, abstrakt-stilisierte, farbintensive Traumvisionen der russischen Märchenwelt und des jüdischen Glaubens. Er starb 98-jährig am 28.3.1985 in seinem Heim in St-Paul-de-Vence in Südfrankreich.

Hilde Marx schreibt in der Zeitung *Brückenbauer* am 10.4.1985 (Auszüge):

> Dass in Witebsk (Chagalls Geburtsort und Heimat in Russland) Dinge geschahen, die allen Gesetzen der Logik und Physik widersprachen, lag an der Zauberphantasie von Marc Chagall: Ich war immer gegen Realismus. Wenn ich einen Juden auf seinen Füssen gehen sah, dann ging er für mich auf dem Kopf. Ich sehe Dinge an, und auf einmal schlüpft ein Teufelchen in mich hinein. Ich bin wohl ein wenig verrückt – das ist mein Normalzustand. So sprach, bereits im hohen Alter, der Meister mit dem Koboldgesicht: Früher, wenn ich ein Bild sah, dessen Subjekt wirklich war, sagte ich, das ist nichts für mich. Aber als dann alles von oben nach unten gekehrt wurde, dachte ich an Qualität. Jetzt such' ich nach Qualität, wie eine Braut nach Liebe sucht. Qualität und Liebe sind genau dasselbe.
>
> Das sind seine geigenspielenden Pferde ebenso wie seine Illustrationen zur Bibel oder zu alten französischen Fabeln, seine unnachahmlichen Farbenglasfenster im Jerusalemer Hadassah-Spital, in Metz, im Zürcher Fraumünster und zuletzt in Chicago als Tribut an Amerikas 200. Geburtstag. Das sind seine dekorativen Kunstwerke im Jerusalemer Parlament und im New Yorker Lincoln Center und an vielen andern Orten der Welt.
>
> Für Chagall gab es keine Grenzen – nicht der Formen von Mensch und Tier und Dingen, nicht der Farben mit ihren unendlichen Tiefen und Schattierungen, nicht des Geschehens der inneren Welt von Schönheit und Liebe, die er – unverdorben durch äußere Einflüsse – auf seine Leinwand übertrug.

Abbildung 53: Marc Chagall, 7.7.1887, 15h00, Vitebsk (Voronezhskaya) RUS

Abbildung 54: Marc Chagall, 7.7.1887, 15h00, Vitebsk (Voronezhskaya) RUS, Kernhoroskop quintilisch, Orbis 1°

Das Radixhoroskop mit überwiegend Spannungsaspekten zeigt bereits ein quintilisches Dreieck, dessen Basis den Aszendenten mit Venus am MC verbindet. Wie passend das MC in Löwe für Chagalls expressive, ausdrucksstarke Kunst, dazu die Nuance: Venus in Jungfrau – Lieblichkeit des Details. Seine Frauen sind nicht Sexobjekte; er verwechselt nicht Sex mit Liebe, malt die Frau in ihrer umfassenden Weiblichkeit, sie tief verehrend und liebend (AC Skorpion). Der Zielort des hohen Dreiecks ist der Schwarze Mond in Widder: Chagall ist sich bewusst, dass seine tiefe Verehrung letztlich einer unberechenbaren, nicht ungefährlichen Liebesgöttin gilt, worüber kein Schleier hinwegzutäuschen vermag – und letztlich die weibliche Seite seiner selbst ist. Liebe und Spiel mit ihr sieht er als einzige Waffe, ihr beizukommen. Davon ist er überzeugt.

Im Kernhoroskop ist das beschriebene Dreieck erhalten geblieben, neben sehr vielen weiteren symmetrischen (= harmonischen) Dreiecken, meist quintilischen, gefolgt von roten, die aus der fortgesetzten Teilung des Kreises resultieren. Das Kernhoroskop reduziert sich auf quintilische und rote Aspekte. In diesem Horoskop ist sehr schön zu sehen, wie gut sich die verwandten Aspektarten miteinander kombinieren lassen. Von blauen Aspekten ist bloß noch das Trigon Jupiter zu Mars und Chiron geblieben.

Das quintilische hohe Dreieck mit der Basis Aszendent Quintil Venus ist am Aszendenten gekoppelt mit einem roten, deshalb leicht weniger hohen Dreieck (Anderthalbquadrat 135°). Dessen Grundlinie führt vom Aszendenten zum Mond in Wassermann, dem Bemühen gleichzusetzen, klaren Kopf, Objektivität, zu bewahren in der Auseinandersetzung mit sich und seinen Projektionen, um sein Lebenswerk aussagestark in Kultur umzusetzen und in die Gesellschaft zu tragen (Spitze des Dreiecks im 3. Quadranten). Insgesamt fünf Dreiecksspitzen besetzen den kulturellen/gesellschaftlichen Quadranten. Dreiecksfiguren überwiegen insgesamt.

Das Quintil Aszendent-Venus bildet zugleich die Seite eines über das ganze Horoskop verteilten symmetrischen Vierecks mit seitlichen Quadraten, die durch ein Tridezil (108°) verbunden sind. Die Biquintile (144°) Sonne-Drachenschwanz und Venus-Schwarzer

Mond sind durch Halbquadrate so verbunden, dass eine spiegelbildliche Figur – eine »Schmetterlingsform« – entsteht. Das Biquintil Aszendent-Schwarzer Mond ist Grundlinie zum symmetrischen Dreieck mit Tridezilen zu Saturn in Krebs im Haus 9 der Lebensphilosophie, in welchem Chagall sich gerne bewegte. Dem ausdruckstarken mystisch-sinnlichen Maler gelang es, Strenge in Weichheit zu verpacken und Gefühlen Form und Ausdruck zu verleihen. Nicht zu vergessen: Viele seiner Bilder haben einen religiösen, – jüdischen – Hintergrund (Sonne, Merkur und Saturn im 9. Haus). Die elevierte Venus ist im Kernhoroskop – typisch für Maler – mit Saturn (Decil) verbunden, durch Halbquadrat mit der Sonne, durch Quadrat mit Neptun und Teil des erwähnten Überzeugungsdreiecks Aszendent Skorpion mit dem Schwarzen Mond in Widder und Haus 5 – wie unglaublich passend für diesen großartigen Maler!

Pablo Picasso

Pablo Picasso, spanischer Maler, Grafiker und Bildhauer. Sein umfangreiches Gesamtwerk ist geprägt durch eine große Vielfalt künstlerischer Ausdrucksformen und Techniken. Die Werke aus seiner Blauen und Rosa Periode und die Begründung des Kubismus zusammen mit Georges Braque markierten den Beginn seiner Künstlerlaufbahn. Picasso gilt als einer der bedeutendsten Künstler des 20. Jahrhunderts. Er verstarb am 8. April 1973, 3 Uhr, 92-jährig.

Pablo Picasso galt 8-jährig bereits als Wunderkind. Später sagte er dazu: »Merkwürdig ist, dass ich nie Kinderzeichnungen gemacht habe, auch nicht, als ich ganz klein war.« Unter der Führung seines Vaters Don José, Maler und Zeichenlehrer, begann er zu zeichnen, besuchte 16- bis 19-jährig die Kunstschulen von Barcelona und Madrid und reiste anschließend nach Paris, wo er von der neuen Kunstsicht der Impressionisten begeistert war. 19-jährig begann er abstrakt zu malen und schaffte mit seiner »Blauen Periode« bereits den Durchbruch. Obwohl er der jüngste in seiner Künstlergruppe war, wurde er schnell zum Anführer. Er übte stets eine faszinierende

Wirkung auf seine Umgebung aus, auch auf Frauen. In dieser Zeit entstanden die ersten Bilder seiner Rosa Periode. Aus seiner Verbindung mit dem Maler Georges Braque wurde der Kubismus geboren. Ab 1912, 31-jährig, hatte Picasso nie mehr materielle Sorgen.

Etwa 10 Jahre lang experimentierte er mit unterschiedlichen Stilen. 42-jährig lernte er André Breton, den Theoretiker des Surrealismus, kennen. Die Arbeiten dieser Zeit waren von Disharmonie und Unruhe erfüllt. Die Zerstörung der menschlichen Anatomie, der Angriff auf Schönheitsvorstellungen entsprachen dem Surrealismus.

Im April 1937 wurde die kleine spanische Stadt Guernica von deutschen Flugzeugen angegriffen und zerstört. Picasso malte das großformatige Bild GUERNICA. Das Bild hatte eine riesige internationale Wirkung. Die Nationalsozialisten erteilten ihm deshalb Ausstellungsverbot. Picasso sah, dass seine Kunst dadurch politisch wirkungslos wurde, was große Destruktivität in ihm auslöste.

Er lebte vorwiegend im Süden, kaufte Häuser und ein Schloss. In dieser Zeit experimentierte er mit zahllosen Techniken und Materialien, u. a. mit Lithografien und einer antiken Technik für Keramik. In seinen letzten Werken sah Picasso sich selbst nicht mehr in der heroischen Pose des Existenzialismus der Natur gegenüber; er verstand sich selbst als Natur! Das Bild war nicht mehr Werk, es war Dokument.

Picasso war zweimal verheiratet, hatte unzählige Geliebte und vier Kinder.

Nicht nur unterscheiden sich die beiden großen Maler Chagall und Picasso sehr, auch ihre Horoskope tun es. Ist Chagalls Horoskop vor allem auf die Du-Seite ausgerichtet mit Schwerpunkt 3. Quadrant, besetzt Picasso die Ich-Seite, vor allem den 4. Quadranten – was bereits viel über die beiden aussagt. Beider MC-Achsen besetzen Feuer- und Luftzeichen, bezeichnenderweise unterschiedliche. Typisch für das unbewusst geleitete, unterschiedliche Auftreten der beiden sind die Aszendenten: Löwe bei Picasso, Skorpion bei Chagall.

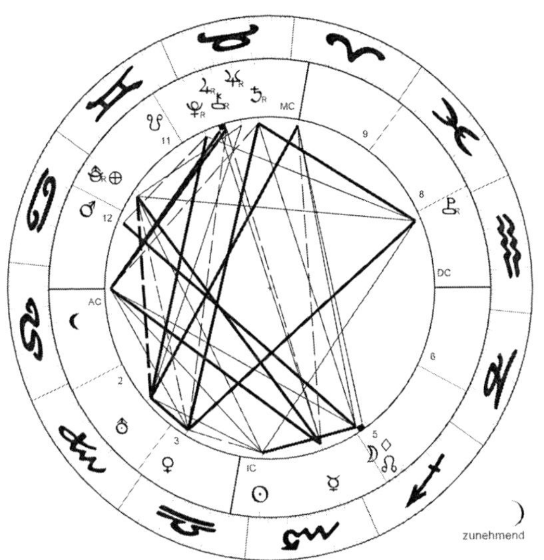

Abbildung 55: Pablo Picasso, 25.10.1881, 23h15, Málaga/E

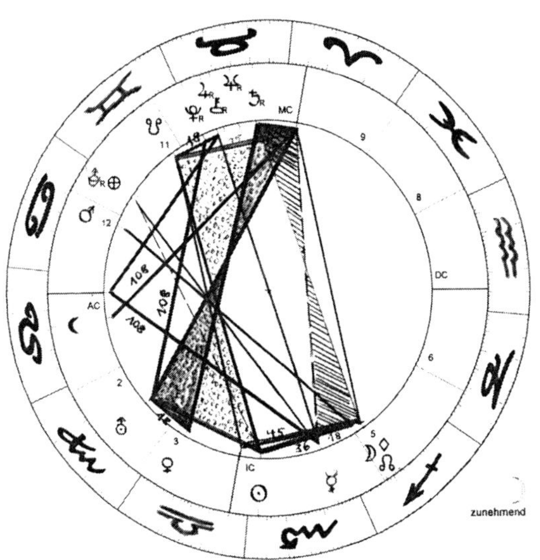

Abbildung 56: Pablo Picasso, 25.10.1881, 23h15, Málaga/E, Kernhoroskop quintilisch, Orbis 1°

Bereits Picassos Radix weist sehr viele Quintile und Biquintile auf. Wie bei Chagall sind neben den quintilischen vor allem rote – Spannungsaspekte – vertreten, weniger blaue Aspekte. Anders als bei Chagall sind 3 Quincunxe vertreten.

Im Kernhoroskop fallen mehrere sich kreuzende Figuren ins Auge. So geben zwei Biquintile (144°), durch Halbquadrate verbunden, das Bild einer Schmetterlingsform, wie bereits im Kernhoroskop von Chagall. Das Biquintil MC-Uranus kreuzt sich mit dem Biquintil Sonne-Drachenschwanz und des Weiteren mit Venus-Biquintil-Saturn – an den Enden durch Halbdecile (18°) verbunden. Hier ist somit ebenfalls die Verbindung Venus-Saturn im Zusammenhang mit bildender Kunst zu finden. Beinahe gesellt sich eine dritte solche Figur dazu, doch der Orbis von Mars zu Drachenschwanz beträgt 4½°.

Die Tendenz zu solchen symmetrischen Kreuzungsfiguren ist bedeutend. Möglich werden solche Figuren in einseitig besetzten Horoskopen.

Passend zu Picassos Experimentierfreude, was Malerei und Frauen betrifft, sind seine drei Quincunxe: Merkur in Skorpion Quincunx MC in Widder kreuzt sich mit dem Quincunx Saturn in Stier zum Drachenkopf in Schütze, einen weiteren schmalen Schmetterling bildend. Sonne-Transpluto ist das dritte Quincunx.

Schmetterlingsformen machen einen luftigen Eindruck, was die wenigen drei Punkte in Luftzeichen deutlich ergänzt. Entsprechend hat sich Picasso mit extrem vielen Kunstansichten und Stilrichtungen auseinandergesetzt, war enorm vielseitig und hat entsprechend viel experimentiert. Was er in die Hand nahm, wurde zu Kunst. Bedeutsam waren auch seine vielen Beziehungen zu Frauen. Näheres dazu sagen der Schütze-Mond in Verbindung mit Drachenkopf und Schicksalspunkt sowie deren Biquintil zu Mars in Krebs im 12. Haus und die quintilische Verbindung Venus-Uranus mit Biquintilen (Passion) zu Saturn und MC Widder. Im Ganzen sieht dieses Horoskop gewissen seiner Bilder nicht unähnlich.

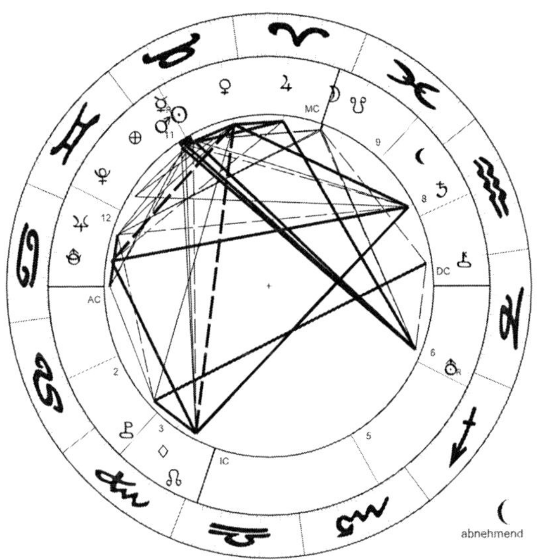

Abbildung 57: Salvador Dalí, 11.5.1904, 8h45, Figueras (Gerona)/E

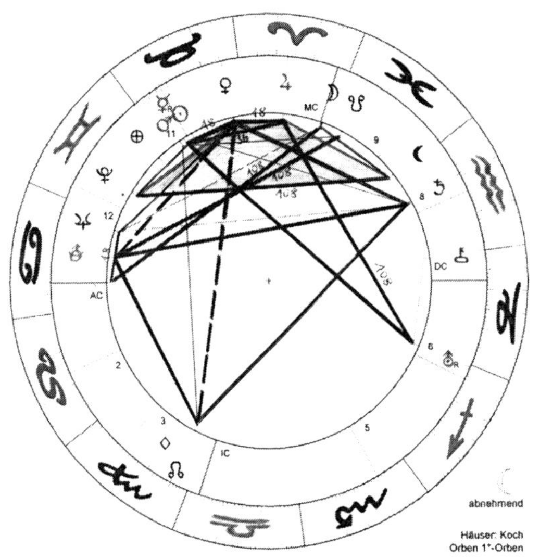

Abbildung 58: Salvador Dalí, 11.5.1904, 8h45, Figueras (Gerona)/E, Kernhoroskop quintilisch, Orbis 1°

Spanischer Maler, Grafiker, Filmemacher, Goldschmied, Bühnenausstatter, Autor, Exhibitionist, Surrealist, Kubist. Sorgte in seiner manischen Exaltiertheit immer wieder für Skandale und Publicity. Er starb 85-jährig am 23.1.1989 in Figueras, Spanien, nach langem Leiden.

Salvador Dalí zeichnete und malte bereits in frühester Kindheit, studierte alsdann intensiv Malerei und malte in jungen Jahren dem Können von Leonardo da Vinci vergleichbar. Er war ein Genie.

Im Radixhoroskop sticht der sehr stark besetzte 4. Quadrant ins Auge. Ein solches Horoskop auf der Erde zu leben ist nicht einfach. Sämtliche persönlichen Gestirne sind weit vom irdischen Aszendenten, vom 1. Quadranten und der unteren Horoskophälfte entfernt. Entsprechend galt Dalí zunehmend als verrückt und im Alter vollends als geisteskrank, was jedoch seiner surrealistischen Malerei nichts anhaben konnte. Im Gegenteil: Er wurde und wird bei den genialsten Malern, die je lebten, eingereiht. Mit dem Drachenkopf im 3. Haus war Vermittlung seine Möglichkeit zu geistiger Entwicklung. Das Horoskop-Bild zeigt deutlich: Es brauchte im Ganzen viel Gewicht, eine bedeutende Schwerkraft dieses Künstlers, um auf der Erde zu bestehen. Er erbrachte dies mit seiner Malkunst. Dabei half ihm u. a. Uranus, der Exzentriker, Herr Haus 8, in Schütze, beherrscht von Jupiter, eleviert in Widder im 10. Haus: finanzielle Unabhängigkeit und Reichtum waren ihm hold und sehr wichtig.

Die beiden hohen quintilischen Dreiecke aus dem üblichen Horoskop sind im Kernhoroskop erhalten geblieben, d. h. sie sind sehr genau bis auf die Seite Venus-Drachenkopf, die jedoch im Hinblick auf die komplexe symmetrische Figur bestehen bleibt, da sie zeitweise durch Transite und Direktionen genau wird. Die Grundlinie des genauen Dreiecks besteht aus dem Quintil Transpluto-Drachenkopf: Sensible Ästhetik aus dem Fundus des Selbst (12. Haus) zu perfektionieren und als Kunst zu vermitteln (☊ 3. Haus in Jungfrau) führt zur Entwicklung des Realitätsbewusstseins. Der Zielpunkt des Dreiecks, Saturn in Wassermann: Dalí vermochte seine psychischen Schwächen und Anfechtungen durch passioniertes Malen – großartige reale Erzeugnisse – im Schach zu halten. Dalì war überzeugt, dass er durch den Tod seines vor ihm geborenen Bruders unter unbewusstem Zwang der Eltern stand, diesen Bub zu ersetzen, wodurch ihm die eigene Identität geraubt wurde. Er war wirklich ein sonderbares Kind und liebte es unter anderem Tiere zu quälen. Mit abnehmender Lebenskraft, im Alter, nahm seine Verrücktheit überhand.

Das umgekehrte quintilische Dreieck behält die Seitenlinie Drachenkopf- Saturn bei, bildet die neue Basis Saturn Quintil Venus in Stier und Haus 10 (Venus-Saturn, einmal mehr typisch im Horoskop eines bildenden Künstlers): Malen als Basis zur Bewusstseinsentwicklung (Zielpunkt ☊). Die beiden miteinander verschlungenen Überzeugungsdreiecke sind durch das Quintil Venus-Transpluto miteinander verbunden. Eine derart komplexe symmetrische Figur scheint geeignet, eine fragile Psyche zu stabilisieren. Die starke Venus im eigenen Zeichen bildet überdies mit Merkur und Jupiter zusammen ein kleines, wiederum spiegelbildliches Dreieck aus Halbdecilen und einem Decil. Von Jupiter führt ein Tridecil, von Merkur ein Biquintil zu Uranus an die Spitze eines fliegenden Drachens: Es waren Begabung, Können, Fleiß, Intuitionen und Besessenheit, die Dalì unabhängig und erfolgreich werden ließen.

Mit Pluto in Zwillinge im 11. Haus und Tridecil zum Schwarzen Mond in Fische im 8. Haus vermittelt er unbekümmert – nicht ohne Schadenfreude – eine skurrile, zu Sadismus und Abartigkeit neigende Ideologie des Erschreckenden bis Grausamen – versteckt in feinster Kunst: Halbquadrate zu Venus in Stier und Jupiter eleviert in Widder, ihrerseits durch ein Halbdecil verbunden.

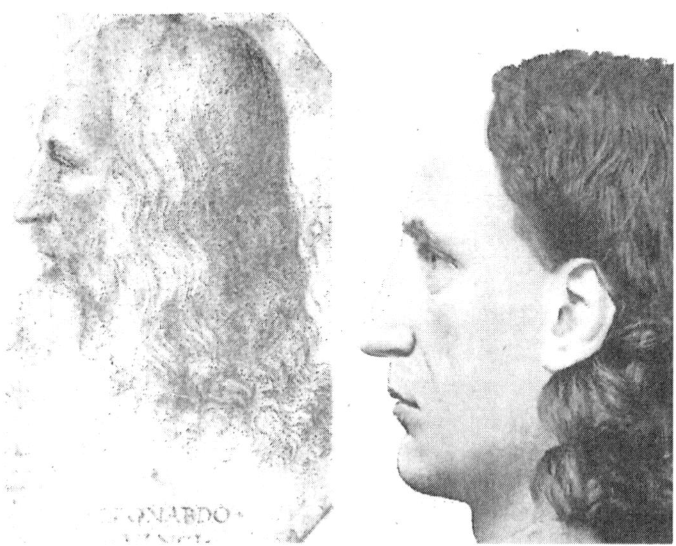

Abbildung 59: Das berühmte Porträt da Vincis, wahrscheinlich gezeichnet von seinem Schüler Francesco Melzi zwischen 1515 und 1518. Rechts das Phantombild der Universität Zürich

Professor Bernd Roeck von der Universität Zürich – Da Vinci-Biograf – hat zusammen mit Kriminologen das Abbild von Leonardo Da Vinci nachzeichnen lassen ohne Bart und verhüllenden Haarschopf. So (im BADENER TAGBLATT abgebildet), meint der Professor, könnte Da Vinci wohl – in heutiger Zeit geboren – aussehen. Auffällig ist die markante Nase, im Phantombild wohl eher etwas zu spitz geraten, die fliehende Stirne scheint unpassend zur geistigen Kapazität des Malers (nach der psychophysiognomischen Lehre von Carl Hutter zu schließen).

Da Vincis Geburtszeit ist unbekannt. Spontan beschloss ich, danach zu suchen, was bekanntlich eine mühsame, zeitlich aufwendige Sache ist. Doch Da Vinci interessierte mich zu sehr, als dass ich hätte kneifen können. Mit Da Vincis Geburtsdatum auf dem Computer suchte ich also nach einem zu den Beschreibungen

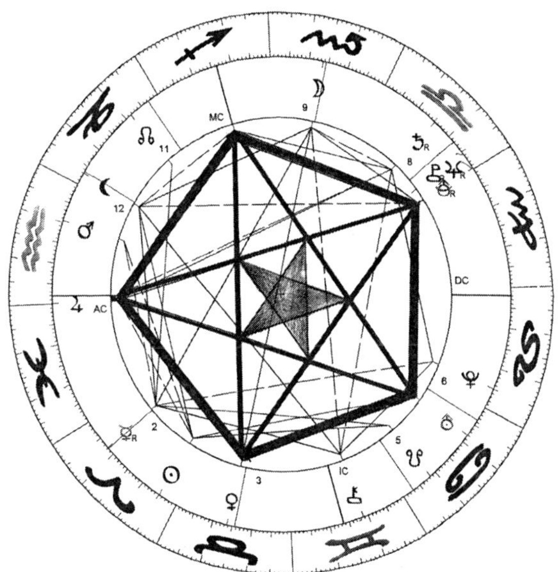

Abbildung 60: Leonardo Da Vinci, 15.4.1452, hypothetische Geburtszeit 3h16, 2h32 UT, Vinci/I

des Malers passenden Aszendenten, der jedenfalls eine stark uranische Komponente enthalten müsste. »Wieso nicht mit Jupiter am Aszendenten in Wassermann beginnen?«, überlegte ich mir anhand der Zeitungsbeschreibungen und begann kurzerhand damit. Beim Eruieren einer möglichen Geburtszeit gehen leicht Stunden und Tage vorüber mit Abwägen zwischen unterschiedlichen Möglichkeiten eines wahrscheinlichen Geburtsbildes. Stets bleibt trotz allem Erwägen und Probieren ein Gefühl der Unsicherheit zurück. Mit »Da Vinci« auf dem Bildschirm für einmal nicht. Was für ein Astrologen-Glück. Es war das erste Mal in 77 Jahren Astrologie, dass ich sofort sicher war, das passende, einzig richtige Horoskop – in diesem Fall mit dem durchgehenden Fünfeck – auf dem Bildschirm zu haben! Die schöpferische durchgehende Fünfeck-Figur des Horoskops weist mit dessen Biquintilen auf die Ur-Proportion des Goldenen Schnitts.

Physiognomisch spricht der im Originalbild breite, kräftige, jedoch fein gebildete Nasenrücken für Genauigkeit, Fleiß und Durchhaltevermögen, die Wölbung der Stirne über der Nasenwurzel für Beobachtungsgabe und Sammlung im Erfassen. Lange und eher spitze Nasen deuten auf Neugier, »schnüffeln« gerne in Dingen herum. Absolut passend für einen Maler ist die Augenpartie des ursprünglichen Porträts, das nachgezeichnete Bild zeigt zu wenig Schönheitsempfinden im Vergleich mit dem Original-Porträt. Beider Bilder Blicke weisen auf die Kraft des Sehens, die Fähigkeit des Sich-Vorstellens und Durchdringens. Am unpassendsten im »Phantombild« erscheinen mir die fliehende Stirne und die wenig fein geformte Nase zu sein. Die Gesichtspartie mit der Nasenspitze und weiter die Härte abwärts zum Kinn lassen meines Erachtens für Frauen eher nicht auf einen Mann zum Verlieben schließen. Er soll homosexuell gewesen sein. Horoskop und Lebenswerk eines genialen Künstlers entsprechend, war er hauptsächlich und fruchtbringend in anderer, in besonderer, Mission unterwegs.

Die uranische Betonung durch Aszendent, Jupiter und Mars in Wassermann, sowie die Waage-Besetzung mit der genauen Konjunktion Transpluto-Neptun und mit Pholus und Saturn passen zum eigenwilligen schöpferischen Dasein von Da Vinci. Seine Themenliste beginnt mit Neptun-Transpluto, Merkur-Venus und Sonne-Uranus. Uranus steht zudem hoch auf der Spitze des Überzeugungsdreiecks in Krebs, Jupiter, Aszendent und MC in Schütze auf der Grundlinie der quintilischen Figur.

Da Vinci starb am 2. Mai 1519 im damals respektablen Alter von 67 Jahren. Woran genau er starb, ist mir nicht bekannt. Neptun hatte transitierend den Aszendenten und Jupiter erreicht, stand somit an der markanten Ecke seiner Fünfecksfigur, was den hypothetischen Aszendenten bestätigt und auf Altersschwäche deutet. Saturn pendelte zu der Zeit im 8. Haus einschränkend um Jupiter herum. Mit dem Sonnenbogen stand die Saturn/Neptun-Achse auf dem MC, progressiv die Venus auf Pluto im 6. Haus in Löwe, was auf ein Erlahmen der Herzkraft hindeuten kann.

Meine Horoskopsammlung umfasst mit da Vinci insgesamt nur vier Horoskope mit dem exakten Fünfstern – sie gehören begabten

Malenden mit jeweils einem dazugehörenden besonderen geistigen Hintergrund und entsprechenden Interessen. Da Vinci wird unter anderem als Bioniker bezeichnet, als erster Mensch, welcher der Natur Techniken abgeschaut hat. Er hat z. B. inständig versucht, vom Vogelflug zu lernen, beobachtete Fische, um zu verstehen, wie sie tauchen und schwimmen, sezierte eine Fledermaus, um herauszufinden, warum diese fliegen kann. Er erkannte, dass Vögel und Fledermäuse sehr leichte Knochen haben und benutzte später, dank dieser Erkenntnis leichtes Material – Gestänge aus Schilfrohr – für seine Flugapparate. Er hat sich somit sehr für die Gesetze der Natur interessiert und machte nicht Halt vor dem Sezieren von Leichen. Mit anderen Worten: als Plutonier und Uranier war er der durchgreifende Erneuerer.

Nelia Wolfisberg Dohmen

Das geschlossene Pentagramm und Pentagon zeigen eine künstlerische Begabung, großes ästhetisches Empfinden und Fähigkeit zur Ausgewogenheit (Goldener Schnitt). Die skorpionische Betonung gibt starkes Durchhaltevermögen, kompromissloses Vefolgen eigener Pläne und Hartnäckigkeit.

Für unsere vier Kinder lag stets Zeichenmaterial bereit. Nelia, unser drittes Kind, nutzte das Angebot sehr oft. Auffallend reich an Details und mit sorgfältig gewählten Farben fielen ihre Zeichnungen eindrücklich aus. Sie waren stets würdig, gesammelt/eingerahmt zu werden. Nelia, Kindergärtnerin von Beruf, hat nie aufgehört zu malen. Heute gestaltet sie meist Bilder in Kreide. Leute raten ihr, auszustellen, möchten ihre Bilder kaufen, doch darauf reagierte sie bis anhin nicht. Vorfahren ihres Vaters stammten mütterlicherseits aus einer Künstler-Familie. Nelias künstlerische Fähigkeiten sind sicher auch dort beheimatet.

Neben ihren ästhetischen fallen ihre organisatorischen Fähigkeiten auf. Wenn Nelia etwas zu gestalten, erfinden, organisieren trachtet, können Schwierigkeiten sie kaum davon abbringen. Im Gegenteil, Hindernisse beflügeln sie! Für sie als Kindergärtnerin ist

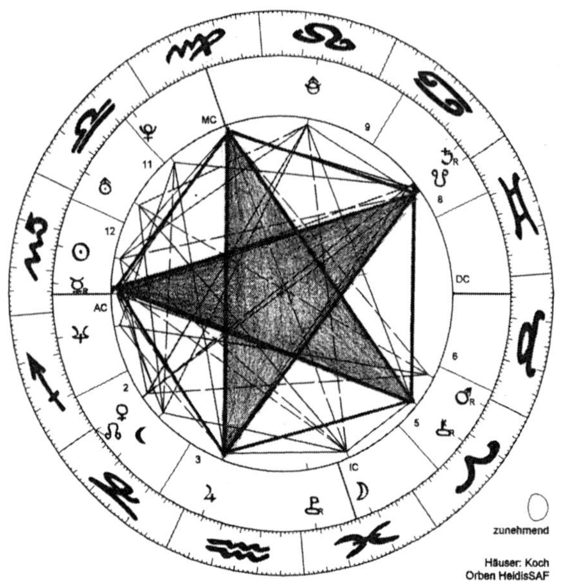

Abbildung 61: Nelia Wolfisberg Dohmen, 06.11.1973, 8h28 UT 07h28, Baden/CH

es Kreativität, die Fähigkeit der Kinder zu pflegen. Sie fördert die Kinder, jedes nach seinen Möglichkeiten. Nelia hat stets Glück in ihrem eigenen Garten, alles gedeiht bei ihr in bester Qualität. Zurzeit bildet sie sich weiter im Fach Medizin.

Walter Nehoda

Walter Nehoda kam nach seiner Pensionierung in die Beratung und fragte u. a., ob eventuell seine Malerei ankommen könnte, ob er in sein Hobby investieren soll. Mit der Ausrichtung seines Horoskopes nach dem »Goldenen Schnitt«, dem Pentagramm, konnte ich nur heftig zustimmen. Dabei ist interessant, dass der Fünfstern erst in seinem Pensionsalter exakt wurde – durch seinen Jupiter, der progressiv 65 Jahre brauchte, um das Pentagramm perfekt auszurichten (www.haikuart.ch).

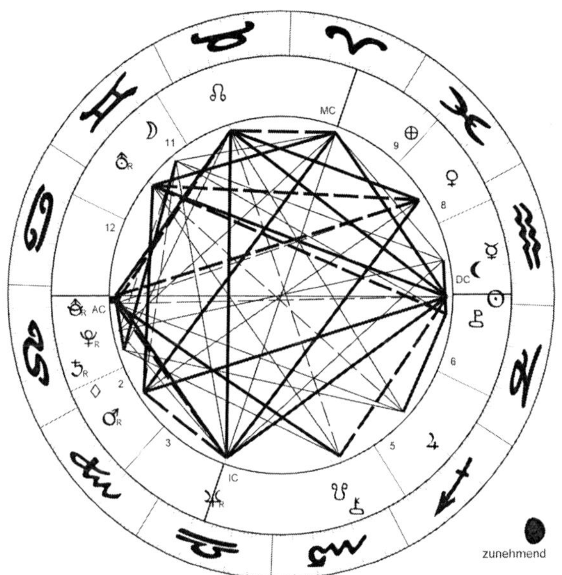

Abbildung 62: Walter Nehoda, 22.01.1948, 17h10 UT 16h10, Wettingen/CH

Es sind die plutonischen Winkel in Horoskopen, die viel Ausdrucksvermögen bewirken – nicht allein im Hinblick auf Zeichnen und Malen. Pluto, am Rande des Sonnensystems, hinterlässt stets eindrückliche Zeichen immenser Bewegungs-, Ausdrucks- und Veränderungskraft! Wissenschaftler konnten Plutos Wirkung sogar als Bewegung in einer Kaffeetasse nachweisen! Astrologinnen und Astrologen kennen und rechnen mit dieser zwingend regulierenden Naturgewalt, abgebildet in den Horoskopen.

Das Zehneck in Künstlerhoroskopen

Die Hypothese, decilische Aspekte wiesen auf das Zehneck und dessen ästhetische Bedeutung hin, scheint sich hier zu bewähren. Mehrheitlich decilische Aspekte im Horoskop deuten auf ästhetisch schöpferische Fähigkeiten und auf schöpferische, mit Proportionen arbeitende Menschen hin.

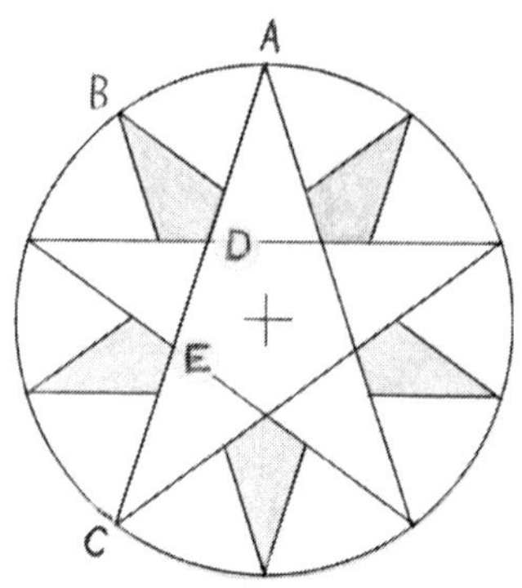

Abbildung 63: Zehneck

Halbdecil, Tridecil und deren Grundaspekt Decil (36°) weisen auf das Zehneck (10x36° = 360°) hin, das aus zwei um 36° verschobenen fünfarmigen Sternen (Pentagrammen) besteht. Das durchgehende Zehneck im Horoskop ist allerdings sehr selten. Ich besitze bloß zwei dieser sehr eindrücklichen Geburtsbilder. Beide Personen malen aufgrund eines geistigen Hintergrunds.

Ausgehend von einer Sternspitze (A) fällt 36° jeweils genau bis zur nächsten Sternspitze (= B). Die langen Linien wie A–C sind Biquintile. Dabei teilt Punkt D die Linie A–C im Verhältnis des Goldenen Schnitts –, Proportion kreativen Ausmaßes – das in Natur (z. B. am Körper des Menschen) und Kultur gehäuft vorkommt. Wobei sich die Linie C–D erneut im Verhältnis des Goldenen Schnitts teilen lässt: Die kürzere Strecke D–E in die längere (C–E) gesetzt, ergibt wiederum die Proportion des Goldenen Schnitts, was bis ins Kleinste und Größte unendlich fortgesetzt werden kann (werden und vergehen, schöpfen und zerstören).

Der *Goldene Schnitt* spricht bedeutungsmäßig für Proportionalität, bildhafte Aussagekraft und – als Grundlage aller quintilischen Aspekte – von Zeugung und Zerstörung, von Kreativität. In der bildenden Kunst sind Proportionen grundlegend bedeutsam – ob in Formen, Farben oder in ihrer Mitteilung.

Im Fünfeck gibt es keine Opposition: somit weder Gegenargument und Kompromiss noch Auseinandersetzung und Einigung. Erst das Zehneck erschließt die Gegensätzlichkeit (180°) – das Abwägen, Ausbalancieren, Vermitteln – und lässt die andere Meinung in gleicher Art und Weise zu, wie ein Kunstwerk vielen Betrachtern gefallen kann, obwohl jeder dabei etwas anderes empfindet, sieht und versteht, was mit seinem eigenen Sein zu tun hat.

Päpste

Drei aufeinanderfolgende Päpste unserer Zeit, wie sie unterschiedlicher nicht sein könnten.

Papst Johannes Paul II.

Das Radixhoroskop von Papst Johannes Paul II. zeigt bereits 3 klare, geschlossene und symmetrische, rein quintilische Figuren, die im Kernhoroskop mit leicht überzogenem 1°-Orbis weiter zu berücksichtigen sind. Die beträchtliche Anzahl quintilischer Aspekte, ausgehend vom 9. Haus, zeigt eine ausladende Figur (das 9. Haus als Kopf gesehen), passend zum gewinnenden Wesen dieses Papstes. Kein Papst zuvor weilte so oft außerhalb der vatikanischen Mauern wie er: Auf über 100 Auslandreisen legte er mehr als 1,16 Millionen Kilometer zurück und besuchte die Gläubigen in 129 Ländern.

Fünf Quintile und überwiegend rote Aspekte aktivieren und kompensieren das Schwergewicht Erdelement dieses Horoskops. Entsprechend gehört Johannes Paul II. – mit 25 Jahren Amtszeit – zu den drei Päpsten, die ihr Amt als katholisches Kirchenoberhaupt am längsten ausübten.

Das verharrende Temperament des Papstes zeigte sich deutlich in seiner Ablehnung von Reformen. Seine restriktive Haltung etwa in Fragen des Pflichtzölibats für Priester, der Zulassung von Frauen zum Priesteramt oder der Sexualmoral stießen in weiten Kreisen der kirchlichen Basis auf immer größeres Unverständnis, weshalb er vom Schweizer Theologen Hans Küng schwer kritisiert wurde: »Ein hinfälliger Papst, der seine Macht nicht abgibt, wiewohl er könnte, ist für viele das Symbol einer Kirche, die hinter glänzender Fassade verknöchert und altersschwach geworden ist.«.

Dem gegenüber erwähnte Karol Wojtyla (wie er mit bürgerlichem Namen hieß) aus Polen, sein Herr, Jesus Christus, habe sein Kreuz ebenfalls bis zum Ende getragen. Zu politischen und sozialen Problemen seiner Zeit äußerte er sich jedoch unermüdlich und

Abbildung 64: Papst Johannes Paul II., 18.5.1920, 13h04, Wadowice/PL

dezidiert, setzte sich ein für Menschenrechte, Friede und Gerechtigkeit. Er bemühte sich um den interreligiösen Dialog, traf sich als erster Papst mit Muslimen, Juden und Buddhisten zum gemeinsamen Friedensgebet in Assisi.

Die Basis des »Überzeugungsdreiecks« – Saturn Quintil Drachenkopf – verbindet das 3. und 12. Haus, sein Brennpunkt liegt auf der Spitze Haus 8 in Widder. Mit Saturn in Jungfrau im 12. Haus empfand Johannes Paul II. die große Verantwortung, die außerhalb seines bloßen Ich-Bewusstseins – in einer überpersönlichen Aufgabe lag. Das friedliche Leben eines stark stierbetonten Mannes konnte dem nicht gerecht werden: Er sah seine persönliche Entwicklung im Kampf mit den Krisenherden des menschlichen Seins, den er durch entsprechende Botschaften in vielen Ländern führte (Drachenkopf in Skorpion, 3. Haus), und war überzeugt von seiner konkreten Wirkung durch den unermüdlichen persönlichen Einsatz im sozialen Umfeld (Chiron in Widder, Spitze 8. Haus).

Demgegenüber bilden Biquintile die Basis der markanten

weiteren quintilischen Dreiecke. Sie deuten auf die Überzeugung (Biquintile), zähes Kämpfen (Quintile): bezwinge Probleme und führe zu Erfolg (Spitze/Brennpunkt des Dreiecks). Jupiter und Neptun in Löwe am 12. Haus: Religiosität, Glaube, erwirkt durch eine gut verankerte Lebensphilosophie (beide Lichter in Stier im 9. Haus) und einvernehmliches Handeln (Mars in Waage, 2. Haus). Im spiegelbildlich angeordneten Dreieck gegenüber ist Uranus an der Spitze, schwach in Fische, im 6. Haus und Herrscher des 6. Hauses: Es gab Unruhen in seinem Leben, wie den kommunistischen Totalitarismus, den er als Kardinal in Polen erlebte, das Attentat, von dem er sich zwar erholte, und schließlich die Nervenkrankheit Parkinson, die ihn zusammen mit weiteren Krankheiten im Alter schwer zeichnete (Uranus Quintil Merkur sowie, mit Orbis: Quintil Venus und Drachenschwanz in Stier, womit sich erneut der Konflikt zwischen langsam, behäbig und überraschend und in Fische als Nervenschwäche ausdrückte). Er vergab dem Attentäter, ertrug Leid und Krankheit geduldig und war der Meinung, Alter und Krankheit gehörten zum Leben und müssten nicht versteckt werden.

Das Kernhoroskop legt weitere quintilische Aspekte offen, die zusätzlich nuancieren, jedoch die markanten Aussagen in diesem Fall nicht wesentlich verändern. Verwunderlich viele rote Aspekte sind mit dem 1°-Orbis erhalten geblieben. Saturn und Uranus in Opposition (nochmals der Konflikt zwischen Fortschritt und Bewahren) verbinden zwei schwarze Dreiecke und bilden ein T-Quadrat mit dem MC. Die Knotenachse und Venus als Basis eines schmalen Dreiecks schließen mit Chiron an dessen Spitze: durch politische und soziale Konflikte aus seiner Ruhe gerissen werden. Lebensaufgabe war es, durch persönlichen Einsatz Mittel und Wege zu Verständigung und Verbesserung menschlichen Leidens zu finden. Beeindruckend sind die vielen Hinweise auf das Priesteramt: das 9. Haus mit der Neumondstellung (partielle Sonnenfinsternis), die Wurzel der Knotenachse mit den »Persönlichen« Merkur und Venus (insgesamt 11 Punkte von 27), ferner die Konjunktion Jupiter, Neptun am 12. Haus mit Quintilen zu den Lichtern im 9. Haus, Saturn in Jungfrau in Haus 12 mit Tridecil zum Venus-Paket im 9.

Abbildung 65: Papst Johannes Paul II., 18.5.1920, 13h04, Wadowice/PL, Kernhoroskop quintilisch, Orbis 1°

Haus. Sowohl die Neumondstellung als auch das genaue Trigon Uranus, Pluto in den Berufshäusern 6 und 10 deuten im Hinblick auf seine Herkunft auf große Veränderungen im Leben.

Decile, das Halbdecil und Tridecil, könnten für die medizinische Untersuchung des Horoskops beigezogen werden.

Papst Benedikt XVI.

Es war diese ins Auge springende quintilische Figur, die ursprünglich spontan zum Namen »Überzeugungsdreieck« führte und bei näherer Betrachtung der daran beteiligten Faktoren Chiron und Pluto an der Basis des Dreiecks ohne Nachdenken den – diesmal für Papst Benedikt XVI. persönlichen – Namen »Gehorsams-Figur« bekam: Strenge, Gründlichkeit und Prinzipientreue repräsentierend. In seiner Lebensphilosophie gibt es keine Kompromisse

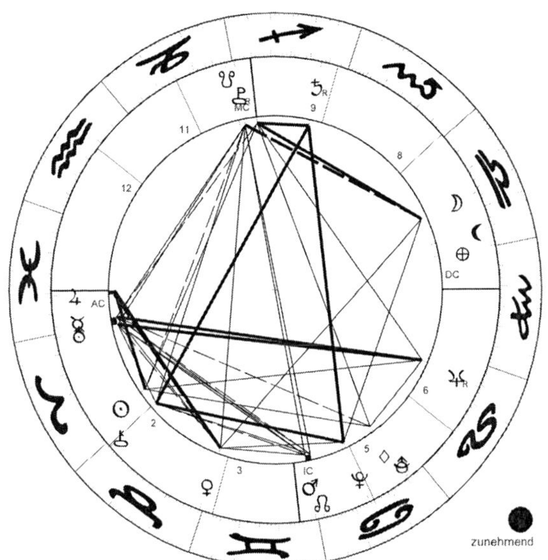

Abbildung 66: Papst Benedikt XVI., 16.4.1927, 4h15, Marktl/D

(Saturn im 9. Haus in Schütze), was sich hier weniger auf Reisebedürfnisse (wie bei Johannes Paul II.) als auf das Studium der Religionen, im Speziellen auf den Katholizismus, bezieht. Er konnte sich den Dialog mit anderen Religionsgemeinschaften zwar vorstellen, nicht aber eine gemeinsame Eucharistiefeier (Sakrament des Abendmahls), da z. B. Katholiken und Protestanten unter dem zentralen Element dieser Feier schlicht etwas anderes verstünden.

Enormen Fleiß und penible Gründlichkeit bezeugt das mars-plutonische Quintil an der Grundlinie des hohen Dreiecks einerseits sowie kritische Selbstbewertung (Chiron im 2. Haus) und Machtstreben (Pluto im 5. Haus), beides im Hinblick auf seine tief greifenden Kenntnisse und sein umfassendes Wissen. Eben zum Papst gewählt, wurde er allgemein als ‚Mann der Prinzipien' und ‚fundamentalistischer Hardliner' beschrieben. Merkur in Fische in Konjunktion mit Uranus in Widder, beide mit Biquintil zu Neptun in Löwe im 6. Haus, stehen für seinen vorzüglichen Intellekt. Er ist blitzgescheit, spricht 10 Sprachen und schrieb 40 Bücher.

Joseph Ratzingers (wie er mit bürgerlichem Namen hieß) Vater war Polizist, seine Mutter Köchin. Zu seinem Bruder pflegte er zeitlebens ein herzliches Verhältnis. Insbesondere musizierten die beiden viel miteinander. Der Fixstern Alcyone (Hauptgestirn der Plejaden) gilt für die Beziehung mit dem andern Geschlecht als ungünstig (nach Hoffmann und Ebertin). Alcyones Konjunktion mit der Venus, das Anderthalbquadrat zum Mond und das Halbsextil zu Mars könnten diese Bedeutung im Hinblick auf das Zölibat bekräftigen. Er wurde sehr früh Priester, mit 25 Jahren las er bereits Messen.

Doch gibt es neben der »Gehorsamkeit« einen ganz anderen Persönlichkeitsteil des Geistlichen: Sonne und Uranus in Widder im 1. Haus, Merkur in Fische in Konjunktion mit Uranus, alles im 1. Quadranten. Diesen Rebellen lebte der Deutsche vorwiegend in jüngeren Jahren. Martina Ohm schrieb im BADENER TAGBLATT vom 21. April 2005: »*Seine liberalen Schriften und Bücher aus den 60er- und 70er-Jahren haben wenig gemein mit seinen späteren Werken*« – und nochmals lebte er ihn, als er als Papst überraschend zurücktrat, was noch kein Papst vor ihm durchgesetzt hatte. Er war realistisch und intelligent genug, abzuschätzen und einzusehen, dass für ihn Zeit und Kraft nicht mehr ausreichten, um für Neuerungen zu kämpfen auf dem heiklen Gebiet eines Zusammenpralls von Säkularisierungswünschen der Gläubigen mit der reinen Religionswissenschaft. Probleme, welche die Gläubigen heute mit ihrer Kirche haben, sind für ihn theologische Probleme, die auch auf dieser Ebene diskutiert werden müssen. Zudem entsprach der total programmierte Tag im Vatikan seinem Freiheitsbedürfnis in keiner Weise; zu wenig Zeit blieb ihm für sein intellektuelles Schaffen und die Musik.

Verglichen mit bisherigen Horoskop-Beispielen finden sich im Kernhoroskop von Benedikt XVI. wenig quintilische Aspekte: kein Halbdecil, ein einziges, allerdings mit dem Orbis 1 Bogenminute sehr genaues Decil, zwei genaue Quintile, kein Tridecil sowie drei genaue Biquintile (Überzeugungsaspekte). Hinweise auf das Priesteramt sind das besetzte 9. Haus, zusammen mit dem MC und der Spitze des Überzeugungsdreiecks in Schütze, Jupiter Konjunktion

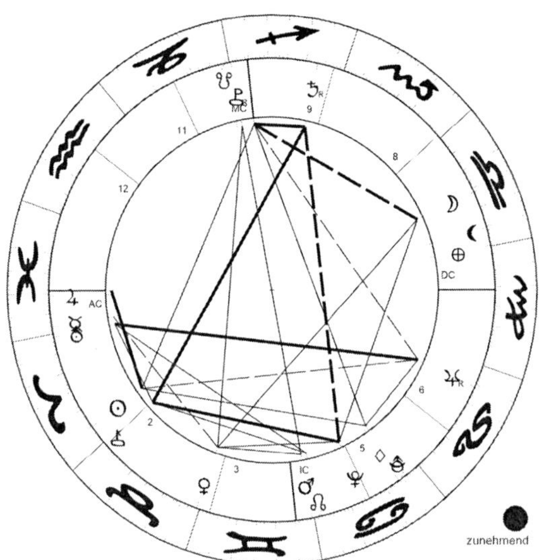

Abbildung 67: Papst Benedikt XVI., 16.4.1927, 4h15, Marktl/D, Kernhoroskop quintilisch, Orbis 1°

Aszendent in Fische, Merkur in Fische Biquintil Neptun und schließlich das große blaue Dreieck MC Schütze, Trigon Sonne, Trigon Neptun. Dieses Feuer-Dreieck weist auf einen provokanten Teil der Persönlichkeit hin, dem er in den Schriften seiner 40er-Jahre und mit seinem selbstbewussten, noch nie da gewesenen Rücktritt Ausdruck verlieh.

Papst Franziskus

Der Journalist Christian Nünlist kündigte Mitte März 2013 den neuen Papst auf der Frontseite der AARGAUER-ZEITUNG wie folgt an (Auszüge):

> ... Im 5. Wahlgang setzte sich gestern ein Kompromisskandidat durch, der für beide Lager im Konklave wählbar war. Der Argentinier Jorge Mario Bergoglio ist einerseits den »Römern«, den Hardlinern im Vatikan, dank seiner Ablehnung von Abtreibung, gleichgeschlechtlicher Ehe und Verhütung orthodox genug. Er ist andererseits auch den »Reformern« als Symbol für die

Dritte Welt fortschrittlich genug. [....] Franziskus I. wird es zwar schwer haben, die katholische Kirche zu reformieren. Doch historisch war der Papst immer auch ein moralischer Staatsmann auf der globalen Bühne, ein Advokat für Frieden und Diplomatie in einer unperfekten Welt. »Wenn du Frieden willst, schaffe Gerechtigkeit«, sagte einst Papst Paul VI. Für diese Mission scheint Franziskus der perfekte Papst zu sein. Der Argentinier setzte sich stets für soziale Gerechtigkeit und die Anliegen der Armen ein.

Der Name »Franziskus«, den noch kein Papst beansprucht hatte, weist auf den katholischen Kirchenheiligen Franz von Assisi hin, der, wie kein anderer, die Kirche der Armen verkörperte. Er war der erste Ökologe, redete mit den Tieren und zog als Bettler durch Italien. Sein Bettlerorden revolutionierte die katholische Kirche, weil die Kraft seiner Anhänger nicht durch Geld und Macht begründet war, sondern durch Bescheidenheit und Nähe zu den Menschen. Genau diese Attribute werden dem Lateinamerikaner zugesprochen. Daneben wird er als »bescheidener, konservativer Philosoph« bezeichnet. In Wirklichkeit gehört er zu den getreusten Jüngern Jesu. Denn Jesus von Nazareth war kein »Intellektueller«, er war Revolutionär, Geistlicher, Seher, Philosoph, Psychologe, Heiler und lehrte kompromisslos Menschlichkeit (»Gott, der Mensch wurde«).

Das übliche Horoskop zeigt eine quintilische Figur, der eine Ecke zum Fünfeck fehlt. Im Moment, als in Rom der weiße Rauch die geglückte Papstwahl verkündete (13.3.2013, 19h07), vervollständigte der progressive Mond auf 0°44’ Schütze mit 1 Bogenminute Orbis das Fünfeck. Im Hintergrund sind hauptsächlich rote Aspekte (zwei T-Quadrate) und vier Trigone.

Im Kernhoroskop dominieren die quintilischen (schwarzen) Aspekte. Die mars-plutonische (= Quintil) Grundlinie des Dreiecks, Aszendent Krebs zu Neptun in Jungfrau im 3. Haus, zeigt bereits das wesentliche Tun des Papstes: Kontakt zu Armen und Leidenden aufnehmen, gefühlvoll Anteil nehmen und helfen. Die Spitze des Dreiecks liegt, genau genommen, auf 10°04’ Wassermann, zwischen Mond und Venus auf der Spitze des 8. Hauses: Ziel ist es,

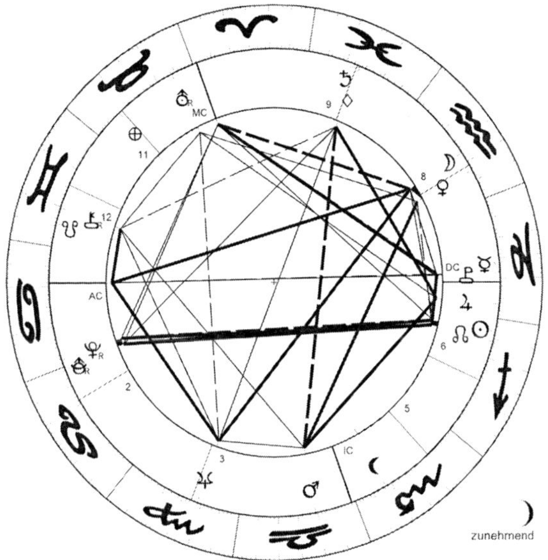

Abbildung 68: Papst Franziskus, 17.12.1936, 20h56, Buenos Aires/AR

Menschlichkeit und Liebe in sozial unruhige und ausgegrenzte Kreise zu tragen. Franziskus zögert nicht zu schockieren (Wassermann): etwa, wenn er in Rom herumläuft, anstatt sich mit dem Papamobil fahren zu lassen oder konsequent auf üblichen Pomp des Vatikans verzichtet.

Das winzige decilische Dreieck Chiron-Pluto mit dem Krebsaszendenten an der Spitze: »mit einfachen Mitteln wirkungsvoll umgestalten« ist mit zwei sich kreuzenden Trigonen mit dem Halbdecil Mars-Schwarzer Mond verbunden: »dabei werden die geltenden Manieren nicht immer eingehalten.« Die senkrechte Achse MC/IC in der Halbsumme Mars/Schwarzer Mond erhebt den Verzicht auf Förmlichkeit zum Prinzip, was vielleicht mit der Herkunft (4. Haus) des Papstes zu tun hat. Das Halbdecil verbindet sich zudem durch Quadrat und Tridecil mit Venus: eigenwillige Prinzipien, Kriterium des Handelns ist die Menschlichkeit, der eine sublime erotische Kraft (Venus-Mars) zugrunde liegt.

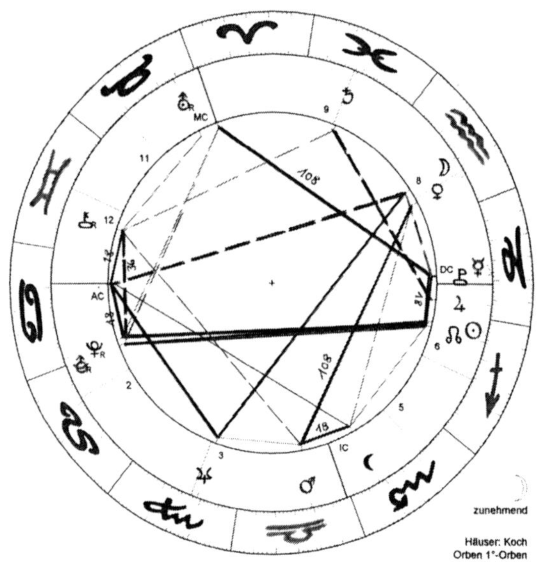

Abbildung 69: Papst Franziskus, 17.12.1936, 20h56, Buenos Aires/AR, Kernhoroskop quintilisch, Orbis 1°

Pluto ist neben der winzigen symmetrischen an einer großen asymmetrischen Figur beteiligt, durch Biquintil Sonne: Machtentfaltung durch praktisches Umsetzen von Idealen; Halbdecil Merkur und Pholus: notfalls mit unbequemen, scharfen Worten – im Dienst der Wahrheit und aus Pflichtgefühl – reagieren. Ungemein stark wirkt diese Figur durch die Verbindung zum MC in Widder, einesteils durch das Tridecil (Menschseinsidee) zum andern durch das Quadrat zu Pluto und Transpluto: Umgestaltung des kulturellen und sozialen Zusammenlebens. Außerordentlich, wie radikal hier Sanftmut zu wirken vermag. Die Verbindung zum Geist von Franz von Assisi ist offensichtlich!

Franziskus ist kein »Intellektueller«, so wie seine beiden Vorgänger bezeichnet werden, was aber mit Saturn in Fische auf der Spitze des 9. Hauses keineswegs heißt, er habe nicht ernsthaft in geistlicher Richtung studiert. Mit Quintil zu Jupiter in Steinbock im 6. Haus und Quadrat zu Chiron im 12. Haus (was einer Art Rezeption entspricht) hat er erkannt, dass – im Hinblick auf die Lehre Jesu – einzig als Menschlichkeit zählt, was in deren Sinne konsequent praktiziert wird.

In den Horoskopen der drei Päpste überwiegen die Biquintile mit 11 an der Zahl, gefolgt vom Grundaspekt 72° (10 Quintile). Daraus ist zu folgern, dass die Päpste mit je 3 respektive 4 Quintilen impulsiv – zumindest aktiv – veranlagt sind.

Am schwächsten vertreten sind mit insgesamt drei an der Zahl die Tridecile. Von den drei 108°-Winkeln befinden sich zwei im Horoskop von Papst Franziskus, der entsprechend eher als ganzheitlich spirituell als auf das Glaubensbekenntnis »katholisch« reduziert eingeschätzt werden könnte.

Auffallende Schicksale

Die ausgewählten Persönlichkeiten haben ihre außerordentliche Begabung und ihr besonderes Bestreben konsequent und intensiv entwickelt und entfaltet, waren jedoch in total unterschiedliche Lebensumstände und Schicksale gestellt. Gemeinsam ist ihnen, dass ihr Leben in mehr oder weniger geistiger Umnachtung endete.

Friedrich Wilhelm Nietzsche

Im Geburtsbild von Professor und Philosoph Friedrich Nietzsche fallen die extrem vielen genauen Oppositionen auf, die sogar die Drachenachse einbeziehen. Das sogenannte Oppositionshoroskop beschreibt einen Menschen zwischen Gegensätzen. Das trifft auf Nietzsche absolut zu. Sein philosophisches und literarisches Werk wird mit »Umwertung aller Werte« bezeichnet: »Er legte sich mit Gott, den Frauen und der Welt an, verurteilte Askese, Mitleid, Christentum und Sozialismus als moralische Scheinwerte und vertrat eine willensbetonte Lebensphilosophie.«

Die genaue Opposition Sonne/Pluto im Nietzsche-Horoskop in kardinalen – erneuernden – Tiekreiszeichen und in den wertenden

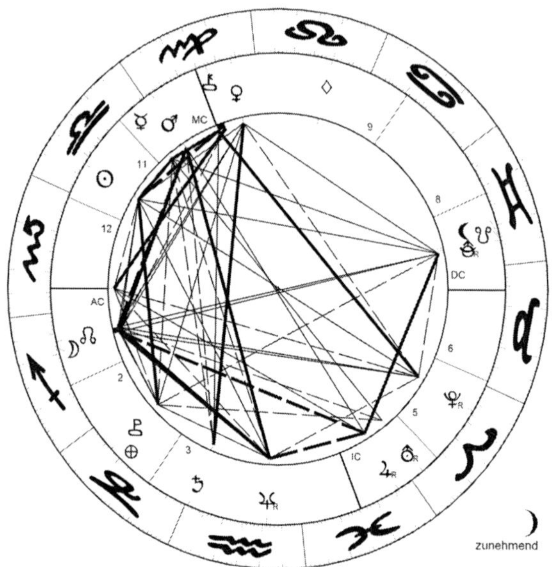

Abbildung 70: Friedrich Wilhelm Nietzsche, 15.10.1844, 9h30, Röcken/D

Häusern 5 und 11, Teil einer breit angelegten roten Figur und mit einem Biquintil zum MC Jungfrau, hat ihn allein schon – und mit Überzeugtheit – in die Richtung des kompromisslosen Erneuerers (11. Haus) gelenkt. Dabei sah er die Evolution des Menschen in der Abkehr von allen bisherigen Lebenswerten (Pluto rückläufig), schalt beispielsweise Rousseau als schwärmerisch und weiblich und hielt selbst mit einem »männlich-kriegerischen, unbeschwert-gewalttätigen Natur-Ideal« dagegen. Nietzsche verlor seinen Vater mit 5 Jahren – möglicherweise in einer heiklen Phase seiner Entwicklung. Der reformierte Pfarrer starb an einer Gehirnkrankheit. Friedrich wuchs zusammen mit einer Schwester bei der Mutter auf, wohl in einem christlichen Klima. Friedrich studierte nach dem Gymnasium Theologie und klassische Philologie. In seiner eigenen Philosophie erhob er alsdann schwere Anklage gegen die christliche Lehre, bezeichnete sie als Selbsttäuschung, Heuchelei und Übles mehr.

Eine weitere Opposition in denselben Zeichen bilden Merkur im 10. Haus, Waage und Uranus im 4. Haus, Widder: Einerseits wurde Nietzsches Texten »sprachliche Vollendung« attestiert – andererseits auf deren Provokation und Schärfe hingewiesen. In seinem Buch GÖTZENDÄMMERUNG – WIE MAN MIT DEM HAMMER PHILOSOPHIERT schrieb er: »*Götzen – mein Wort für Ideale. Hier einmal mit dem Hammer Fragen stellen und, vielleicht, als Antwort jenen berühmten hohlen Ton hören, den leere Köpfe von sich geben …«* (Der Name »Götzendämmerung« zeugt von Nietzsches (vorübergehender) Freundschaft mit Richard Wagner.)

Mit Mars in Jungfrau, 10. Haus in Opposition zu Jupiter im 4. Haus – erhöht in Fische – gibt er sein Bestreben, seine Berufung preis (wiedergegeben nach Hansjörg Loretz):

> Was hat uns Nietzsche noch zu sagen? Das fragen heute viele. Wie wär's mal umgekehrt: Können wir vor Nietzsche bestehen? Er war ja ein großer Kritiker und Prophet, also Vorläufer vieler heutiger Intellektueller. Er propagierte gegen die sich human und gebildet gebende, für ihn aber brutale und falsche Gesellschaft und Kultur seiner Zeit, ein neues, freies Leben und forderte in seinem Buch ZARATHUSTRA: »Sich selber seinen Willen geben und alle Ergebung von sich abtun«, »uns selber machen und aus allem etwas gestalten«. Sein Credo: »Das Leben ist ein hundertfältiger Versuch.«

Bleibt die Mehrfach-Opposition: Mond-Drachenkopf steht 180° zu Drachenschwanz mit Transpluto und dem Schwarzen Mond in den beweglichen Zeichen Zwillinge und Schütze und den Eckhäusern 1 und 7. Im Bereich Partnerschaft sind Entwicklungsdefizite angedeutet. Das 7. Haus ist zwar von der Venus dominiert, dessen »Bewohner« – Transpluto und der Schwarze Mond, verbunden mit dem Drachenschwanz – sind jedoch in den Zwillingen, wozu die Herrscherin Venus in Jungfrau ein scharfes Quadrat bildet. Der Schütze-Mond am Drachenkopf wirft ein Quadrat auf die Halbsumme Venus/Chiron, die eleviert am MC Jungfrau steht.

Nach der Psychologie von C. G. Jung ist Nietzsche beim »Denktypus« einzuordnen. »Denken« ist hier leicht als dessen stark betonte Hauptfunktion zu erkennen. »*Ich lebe, um zu denken«,* sagte er einmal und formulierte: »*Denken ist Geist, der ins Leben schneidet*«. Der Denkfunktion liegt, nach Jung, die Fühlfunktion als minderwertige Funktion gegenüber. Minderwertig heißt hier »undifferenziert, vernachlässigt«.

Der Nietzsche-Kenner Urs Marti schrieb 1994 in der BERNER ZEITUNG:

> Philosophie ist bis heute vorwiegend ein männliches Geschäft; bei Nietzsche enthüllt sich der Männlichkeitswahn in seinen infantilen Zügen. [»Das Glück des Mannes heißt: Ich will. Das Glück des Weibes heißt: Er will.«] Hier spricht nicht der Stammtisch, sondern Nietzsches Zarathustra, der alte Gesetzes-Tafeln zerbrechen und die Menschheit mit neuen beschenken will. In seiner Welt, in der Männer vom Wunsch beseelt sind, Sterne und andere großartige Dinge zu gebären, ist den Frauen eine wenig ruhmreiche Rolle zugedacht. »Zur Schwangerschaft sind sie bestimmt und zur Erholung des Mannes, der in seiner idealen Gestalt ein Krieger ist«. (...) »Du gehst zu Frauen? Vergiss die Peitsche nicht!« – Dieser berühmt-berüchtigte Satz, der dem Philosophen den Ruf des Frauenhassers eintrug, findet sich im ersten Teil des ZARATHUSTRA, den Nietzsche unmittelbar nach dem Zerbrechen der Freundschaft mit Lou Salomé niederschrieb. Nur wenige Monate zuvor, im Mai 1882, hatte er der 21-jährigen russischen Studentin vor dem Löwendenkmal in Luzern – bereits zum zweitenmal – einen Heiratsantrag gemacht. Wieder hatte sie abgelehnt und ihm stattdessen eine »mariage à trois«, eine philosophische Lebens- und Arbeitsgemeinschaft mit dem Nietzsche-Freund Paul Rée vorgeschlagen.

Die vernachlässigte Funktion zeigt sich in der Astrologie in unverstanden gelebten Konstellationen. Vorwiegend deren negative Eigenschaften begleiten das betreffende Leben. Der Mond in Schütze im 1. Haus kann zum manisch-depressiven »Himmelhoch jauchzend – zu Tode betrübt«, zu großen Erwartungen in andere, zu Überheblichkeit etc. führen. Zudem zeigt sich minderwertiges Fühlen oft als mangelndes Gefühl für den eigenen Körper und dessen Ernährung und Pflege und in der Folge als Kränklichkeit und Leidenszeiten und als primitive Beziehung zur Sexualität – besonders zur eigenen. Nietzsche musste seine Professur an der

Universität in Basel wegen schwerer Erkrankung bereits 35-jährig aufgeben. 1889, 45-jährig, brach er zusammen, wurde nach Basel in eine Nervenklinik gebracht, wo die Ärzte *Paralysa progressiva* diagnostizierten: die Folge einer Syphilis-Ansteckung anlässlich eines Bordellbesuchs in jungen Jahren. Er wurde in der Folge von seiner Mutter, nach deren Tod von der Schwester gepflegt. Das Leben schaffte Ausgleich: In seinen letzten elf Jahren war er auf die Fühlfunktion der pflegenden Frauen angewiesen. Nach fast 12-jähriger Umnachtung starb er, 56-jährig, am 25.8.1900. Der laufende Drachenkopf stand in Schütze dicht an seiner Radix-Stelle, erfüllte mit der dritten Runde seine Mission, unterbrach die seelisch-geistige Entwicklung, die in der letzten Lebensphase einem Zurückfahren der Überspannung glich, Uranus war in Konjunktion mit Nietzsches Mond, Pluto hatte die Spitze 8 erreicht. Der neue Mond – noch unsichtbar am Himmel – stand weissagend auf Nietzsches Venus.

In Horoskopen von Menschen mit massiven psychischen Problemen kann man vielfach feststellen, dass ihre persönlichen Planeten Sonne, Mond, Merkur, Venus, Mars unmittelbar vor und im 4. Quadranten – in »geistigen« Bereichen – platziert waren. Solche Menschen leiden häufig sehr daran, dass sich ihre instinktmäßigen seelischen Bedürfnisse – insbesondere Liebschaften, Ehe, Kinder – nicht erfüllten. Diese Konstellation trifft auf Nietzsche zu und auch auf Vincent van Gogh: Venus, Mars, Merkur, Sonne in den Häusern 9 bis 11. Einzig der Mond hielt an seelischen Bedürfnissen fest – allerdings unter der Bedingung gewaltiger Bewusstseinsentwicklung (Drachenkopf).

Daneben spielte sicher auch Vererbung eine Rolle: Nietzsches Vater war an einer Hirnkrankheit gestorben, er – physiologisch gesehen – auch. Der Berliner Philosoph Rüdiger Safranski sagt dazu: »*Nietzsche war ein Laboratorium. Er experimentierte mit hoch gefährlichen Gedanken. – Das philosophische Denken gehörte für ihn zu den autoplastischen Kräften des Menschen und war ihm ein Mittel, sich selbst zu gestalten.*« Astrologisch handelt es sich dabei um die Zerreißprobe eines extremen Oppositions-Horoskops.

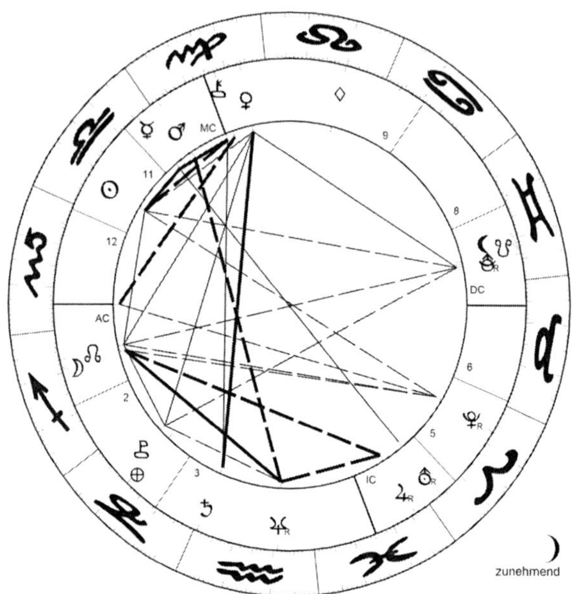

Abbildung 71; Friedrich Wilhelm Nietzsche, 15.10.1844, 9h30, Röcken/D, Kernhoroskop quintilisch, Orbis 1°

Im Kernhoroskop finden sich – außer dem (grünen) Quincunx Pluto-Aszendent – sämtliche roten Aspekte, alle der vielen sehr genauen Oppositionen, Quadrate, Halb- und Anderthalbquadrate wieder. Die schwarzen Aspekte: vier Halbdecile, zwei Decile, vier Quintile, zwei Tridecile und zwei Biquintile überziehen zusammen mit den gespannten, den roten Aspekten, das ganze Horoskop. Zwischen gespannten und lösenden Aspekten besteht ein massives Ungleichgewicht. Die Mondkonstellation in Schütze gab dem Denken u. a. eine überhebliche Note. Dieses Aspektbild passt 100%-ig zum Philosophen, der nicht zögerte, eigene Grenzen zu überschreiten.

Das ganz kleine Dreieck Sonne-Merkur-MC kann sich als körperliche Probleme auswirken, besonders im 4. Quadranten – wiederum in Denkbereichen des Menschseins. Kleine Aspekte wirken in körperlichen Bereichen besonders stark – vielleicht deshalb, weil Krankheiten fast allgemein ihren Ursprung im Gehirn, im Bereich des Stammhirns und dessen evolutionären Gehirnentwicklungen, haben.

Auffallend sind Saturn und der rückläufige Neptun, eingeschlossen im Denkzeichen Wassermann und im Bereich der Informationsbeschaffung, 3. Haus. Mit eingeschlossen ist somit die Krankheitsachse Saturn/Neptun.

Zwei Biquintile verbinden den Instinktbereich mit der geistigen Sphäre. Wenn es sich mit dem 144°- Aspekt um Überzeugungen handelt, wären es hier solche, denen die Auseinandersetzung in oder mit den beiden Sphären zugrunde liegt:

- Venus -144- Saturn: Die Überzeugung von der Minderwertigkeit der Frau (Mutter, Schwester).
- Mars -144- Neptun: Der Verlust des Vaters, die unbewusstegeistige Verbindung zum Vater, die Überzeugung von der geistigen Überlegenheit des Mannes über die Frau. Die beiden Biquintile mit Venus und Mars sind mit dem 22,5°-Winkel miteinander verbunden, dem Aspekt, der im Bereich der Krankheit immer wieder Maß gibt.

Elisabeth, Kaiserin von Österreich und Ungarn

Die Filmgeschichte der »Sisi«, Kaiserin Elisabeth von Österreich, ist allgemein bekannt. Wie sieht es in den Horoskopen aus, welche Geschichte erzählt ihr Geburtsbild?

Jupiter genau am Aszendenten, Herr des Geburtshauses und der Vorfahren, versprach dem Kind Vorteile durch seine Abstammung. Insbesondere sein Vater (Sonne) war eine Respektsperson auf verantwortungsvollem Posten. Er/ihre Familie wusste die gewissenhafte, gebildete und sportliche Tochter ins rechte Licht zu rücken: Merkur Konjunktion Mars in Steinbock an Haus 5, Trigon Aszendent und Jupiter. Dem Geburtsherrscher Chiron entsprechend, nahe am MC Zwillinge, mit Trigon zur Venus in Wassermann, war sie hübsch und beredt, verstand es, sich in der Öffentlichkeit zu benehmen und beliebt zu machen. Man war geradezu fasziniert von ihr: Pluto und Drachenkopf auf Spitze 8, Sextil MC, Chiron.

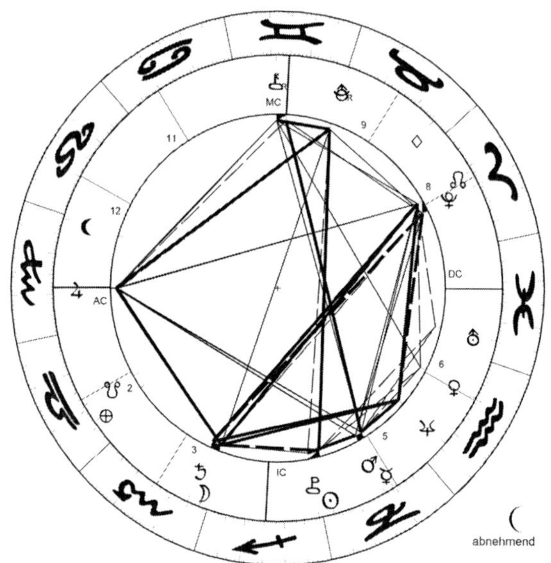

Abbildung 72: Elisabeth (Sisi) von Österreich und Ungarn, 24.12.1837, 22h43, München/D

Durch ihre Heirat – Elisabeth war erst 17-jährig – mit Kaiser Franz Joseph von Österreich am 24.4.1854 rückten weitere Komponenten ihres Horoskops in den Vordergrund. Ihr Freiheitsbedürfnis (Jupiter) und Besonderheiten wie Venus in Wassermann und das uranische 6. Haus wurden durch Repräsentationspflichten und ein strenges Hofregime unterdrückt. Mit 17 Punkten im Instinktbereich, 4 nur im Gesellschaftssektor war sie längerfristig nicht für diesen Platz geeignet. Sie kam aus behüteten Verhältnissen und hatte Geschwister und Beziehung zu Verwandten. Nach ihrem uranischen 6. Haus zu urteilen war ihr Familienumfeld aufgeschlossen.

An ihrem neuen Platz hatte ihre Schwiegermutter das Sagen. Das musste nicht einmal böse Absicht gewesen sein. Die Kaiser-Mutter war selbst bereits im Regentenmilieu aufgewachsen, kannte nichts anderes, als diesem zu dienen. Besonders schmerzhaft war für Elisabeth, dass ihr Büblein Rudolf ihr bereits als Kleinkind häufig entzogen wurde. Bedienstete waren mit der Kinderbetreuung und Erziehung betraut – auch das war in Königshäusern die Regel. Die Schwiegermutter betrachtete nicht nur ihren Sohn als ihr Eigentum, für das sie volle Verantwortung trug, sondern auch ihren Enkel, auf den schließlich ein verantwortungsvolles Erbe wartete. In solchen Häusern kamen nicht Kinder zur Welt, sondern Thronfolger und künftige Regenten. Die erst 21-jährige Kaiserin, in familiärem Klima aufgewachsen, musste sich total isoliert gefühlt haben, umso mehr, als ihr Gatte selbstverständlich ebenfalls mit strengen Auflagen erzogen worden war. Er musste seiner Mutter beipflichten, eine Frau, die nicht in derselben Art und Weise mitzog, war letztendlich untauglich für das Kaiserhaus. Entsprechend kam es wohl früh zu einer Abkühlung zwischen den beiden. Jedenfalls blieb es bei diesem einzigen Kind, Neptun in Wassermann im Kinderhaus ist Herr des Partnerhauses.

Neptun – an der Spitze eines schwarzen Dreiecks – bildet Quintile zu Pluto und Drachenkopf auf der Spitze 8 in Widder und zu Mond und Saturn in Skorpion im 3. Haus. Als die Geborgenheit ihrer Kindheit real wegfiel, übernahmen die uranischen Komponenten ihres 6. Hauses und das schwarze Dreieck vollumfänglich das Regiment.

Rückwirkend muss deshalb ihre Kindheit noch besser verstanden werden. Das 4. Haus ist zwar von Jupiter regiert, dessen Insassen besetzen jedoch alle das Zeichen Steinbock. Ob da schon Ehrgeiz und Berechnung eine Rolle spielten? Ob Elisabeths Tragödie bereits damals – von Jupiter am Aszendenten überspielt – von ihr unbemerkt ihren Anfang nahm? Es ist wahrscheinlich, die astrologischen Zeichen sind massiv. Mit Mond Konjunktion Saturn in Skorpion im 3. Haus wurden möglicherweise sowohl ihre Kontakte als auch ihre Schulung peinlich überwacht und beeinflusst. Die Konjunktion Mond-Saturn in Skorpion spricht für Depression und Schwermut. Zweierlei kommt belastend hinzu: Der Mond bildet mit Neptun zusammen eine Halbsumme, in der die Sonne steht, während Saturn progressiv lebenslang auf den Mond zuläuft und diesen gegen das Lebensende hin erreicht. Die Opposition Mond-

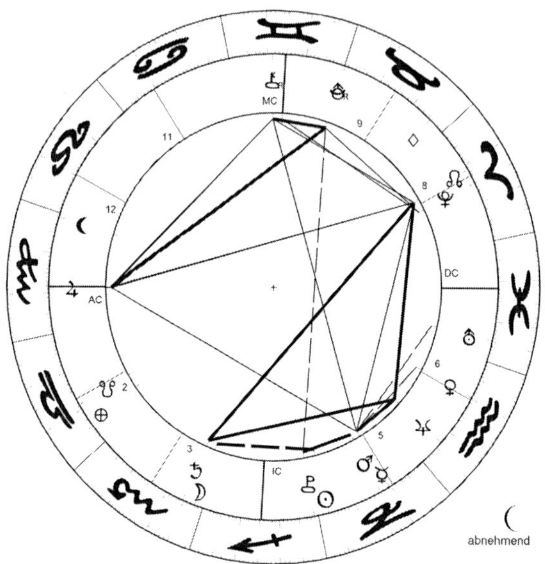

Abbildung 73: Elisabeth (Sisi) von Österreich und Ungarn, 24.12.1837, 22h43, München/D, Kernhoroskop quintilisch, Orbis 1°

Transpluto deutet auf ihre ästhetischen und modischen Interessen und auf ihre späteren langen Auslandaufenthalte. In beidem suchte sie Entlastung von der Krankheit, was komplett dahinfiel, sobald sie wieder im Schloss war. Die Verhältnisse entwickelten sich bloß negativ. Von ihrem Mann entfremdete sie sich mehr, am Hof und in der Bevölkerung galt sie als unheilbar krank und mehr oder weniger bedauernswert. Als dann ihr Sohn 1889 mit nur 31 Jahren zusammen mit seiner 18-jährigen Geliebten, Selbstmord beging, verlor sie endgültig den Boden unter ihren Füssen. Sie wurde in der Folge als melancholisch und geistesgestört bezeichnet. Anlässlich eines Aufenthalts in Genf wurde sie schließlich, 61-jährig, von einem italienischen Anarchisten erstochen.

Das Kernhoroskop lässt viele ungenaue Aspekte des üblichen Horoskops weg, zeigt jedoch zahlreiche genaue quintilische Winkel und Figuren wie das Hauptdreieck Saturn-Neptun-Drachenkopf. Das Quintil Saturn-Neptun, weist auf Instabilität und unberechenbare Krankheitsschübe hin, wovon der Mond, die Psyche, betroffen ist (Saturn erreicht den Mond im Lauf des Lebens auf progressivem Weg). Ferner reicht die quintilische Figur an die Drachenachse: Die Veranlagung zu Schwermut scheint ererbt zu sein und mit schwankender Eigenbewertung und entsprechender Betonung von Äußerlichkeiten zusammenzuhängen. Das Biquintil Saturn-Drachenkopf mochte zur Überzeugung führen, andere Menschen wollten ihr Übles antun, was ihren Rückzug begünstigte. Doch der Drachenkopf im 8. Haus in Widder verlangt Selbsterkenntnis und Wandel – doppelt: einmal im Hinblick auf das Haus, dann durch seine progressive Bewegung zu Pluto hin, die im Lauf der Lebensspanne erreicht wurde. Die quintilische Figur ist im 3. Quadranten durch Halbquadrat Pluto-Transpluto, im 1. Quadranten durch Aszendent und Jupiter-Halbsextil- Drachenschwanz verbunden, als hänge etwas Schweres, Krankhaftes an gloriosen, unverstandenen Möglichkeiten dieses Lebens.

Ein widersprüchliches Temperament erschwert Einsicht: Überbetonte Erdhaftigkeit, kaum Feuer, wenig Wasser, durchschnittlich Luft. Die Kombination Erde-Luft (Spannung innen-Lösung aussen) ist typisch für die häufigen Reisen und Kuraufenthalte der Kaiserin. Anstatt sich den Problemen zu stellen, floh sie vor diesen. Ein niedriges Trapez spannt sich über den 4. Quadranten, den Raum der Menschwerdung und des Selbst, einer unbewussten Weichenstellung im Lebensverlauf. Ihr gutes Aussehen und ihre Beliebtheit könnten Neid und Konkurrenzkämpfe im Schloss provoziert haben.

Auffällig sind zudem die Quincunxe – Sehnsuchtsaspekte – welche die beiden Schwerpunktfiguren ebenfalls verbinden. Jupiter-Aszendent in Quincunx zu Drachenkopf-Pluto: Sehnsucht, erfahrenes Ansehen und Erfolge der Jugendzeit als Glücksfee großzügig in die Gesellschaft auszuweiten. Sehnsucht hält viele Möglichkeiten offen, die allesamt verloren gehen, wenn auf einer einzigen beharrt wird. Das andere Quincunx, Merkur-Mars in Steinbock im 4. Haus, attestiert Urteilskraft und praktische Fähigkeiten – aber auch Eigensinn und Rechthaberei. Mit dem Geburtsherrscher Chiron in Zwillinge im 10. Haus träumte sie wohl davon, als Gebildete und

Kommunikatorin gefragt zu sein. Darauf zu beharren war der falsche Weg – Quincunxe zeigen die Fülle an Möglichkeiten, mit denen man es zu tun hat. Doch Anpassung gelang Elisabeth als Kaiserin dadurch in keiner Weise.

Rudolf, Erzherzog von Österreich

Rudolf, der einzige Nachkomme von Kaiserin Elisabeth, sah sich als Freidenker und Liberaler, seine Mutter galt als Exzentrikerin. Der Sohn von Kaiserin Elisabeth und Kaiser Franz-Joseph von Österreich wurde mit Stephanie von Belgien verheiratet (1881). 8 Jahre später, am 30.1.1889, 31-jährig, wählte er mit seiner Geliebten, der 18-jährigen Baronesse Mary Vetsera, den Freitod.

Der Freidenker und Liberale ist in der Radix auf einen Blick zu erkennen: Uranus in Konjunktion mit dem Aszendenten Zwillinge, Herrscher über das MC, Haus der Hinwendung und dessen, was »ruft«, in Wassermann. Aszendent und Uranus sind im Trigon zu MC und Mond. Nach Einverständnis mit den traditionellen Aufgaben eines Kaiserhauses sieht es nicht aus, obwohl Chiron im 10. Haus im Trigon zu Jupiter und Transpluto im 1. Haus sich bestens für Aufgaben in Bereichen von Repräsentation (Jupiter, Transpluto Quintil Sonne in Löwe), Kontaktnahmen und Verhandlungen im Dienste des Hofes eignete. Einem derart uranischen Menschen, einem Freidenker und Liberalen – als den er sich bezeichnete – behagte die zugedachte Rolle nicht, denn Reformen im Kaiserpalast standen nicht an. Sowohl in seinem wie auch in seiner Mutter Horoskop steht Chiron rückläufig in einem Luftzeichen: Beide konnten sich unter den gegebenen Umständen mit der Aufgabe und zugedachten Rolle nicht identifizieren und waren nicht wirklich gewillt, sich zu engagieren. Die Mutter flüchtete in die Krankheit, er in den Freitod.

Auffallend in Rudolfs Horoskop sind die vielen Trigone, mit allerdings großem Orbis, zudem weiter drei Oppositionen, die dem Horoskop eine – ebenfalls ungenaue – Sechsecks- (sextilische) Struktur verleihen. Sextile weisen auf Vorteile, um die man sich

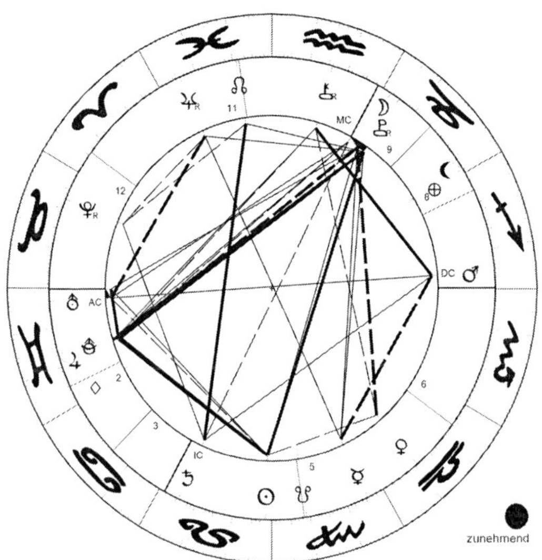

Abbildung 74: Rudolf Erzherzog von Österreich, 21.8.1858, 22h15, Wien/A

jedoch bemühen muss. Der Steinbock-Mond, noch im 9. Haus, doch bereits in Konjunktion mit dem MC, steht in mehreren Aspekten, jedoch kaum in solchen, die erhoffte Gefühle vermitteln. Die Löwe-Sonne sehnt sich zwar danach; mit Quincunx bleibt es bei der Sehnsucht – umso mehr, als einzig Neptun und das Drachenhaupt in einem Wasserzeichen, in Fische, stehen. Sehnsucht ist besser als kein Sehnen. Sehnsucht malt immerhin Gefühle vor – real sind sie jedoch nicht greifbar. Die Mutter war mit ihren eigenen Problemen beschäftigt. Zudem fehlte der innige Kontakt Mutter – Säugling der frühen Kindheit. Dem jungen Mann blieben wechselnde und repräsentative Kontakte, die seinem uranischen Wesen kaum entsprachen.

Anscheinend war Rudolfs Heirat 1881 (23-jährig) nach politischen Bedürfnissen des Kaiserhauses arrangiert worden (Saturn im 4. Haus Trigon Mars im Partnerhaus, beide in Feuerzeichen). Jedenfalls war Pluto zur Zeit der Heirat mit dem Sonnenbogen am Aszendenten und als Transit bei Uranus angelangt – einerseits mit

Trigonen zu Mond und MC, vorausgehend mit Quadraten zur Sonne. Das Quintil Chiron im Berufshaus zu Mars im Ehehaus, Herr des 12. Hauses, weist in dieselbe Richtung. Berechnende, zweckbedingte Ehen waren in Fürstenhäusern allgemein üblich. Liebschaften neben der Ehe waren deshalb verbreitet und trugen sogar oft noch zum Ansehen des Betreffenden bei. Die Besetzung des 5. Hauses gibt in diesem Fall Auskunft: Mit Venus in Waage suchte Rudolf nach der hübschen, eleganten und gesellschaftlich gewandten Frau. Sie sollte intelligent und an seinem freien Denken interessiert sein (Merkur in Jungfrau). Der Drachenschwanz verbindet mit Entwicklungen seiner vorgeburtlichen Vergangenheit. Er suchte unbewusst nach etwas, das nicht erfüllt war, was mit Kindsein und Liebschaft zusammenhing. Der Drachenschwanz auf der Spitze 5 im Erdzeichen lässt vermuten, dass er seinem Leben unbewusst ein Ende setzte, um dort weiterzuarbeiten, wo die entsprechende Entwicklung abgebrochen war. Vielleicht war es die Summe allen – nicht zu seinem und seiner Mutter passenden – Seins, welche den Ausschlag dafür gab. Leben, das genügend weit in eine falsche Richtung gelaufen war, stoppte, um sich zu wandeln. Die Hintergründe des gemeinsamen Freitods mit der um 13 Jahre jüngeren Geliebten, konnten damals nicht aufgedeckt werden.

Im Kernhoroskop ist wenig Genaues übrig geblieben und geschlossene Figuren fehlen ganz. Ein seltenes Horoskop. Es scheint, als hätte Rudolf – entsprechend seinem Drachen (Mondknotenachse) – gezögert, auf die Welt zu kommen. »Ausstrahlung« geht von MC und 9. Haus aus mit dem Ziel Sonne und 5. Haus. Kind sein wäre ursprüngliches Bedürfnis gewesen. Mond Tridecil Venus: zärtliche Gefühle, Liebe. Das Tridecil deutet, neben Sensibilität und Überempfindlichkeit, auf mögliche Bewusstseinsstörungen: Die Geliebte, Baronesse Mary Vetsera, war erst 18-jährig, fast noch ein Kind im Gegensatz zum 31-Jährigen. MC Halbsextil Schwarzer Mond, und das Glücks-/Unglücksrad im 8. Haus, in Schütze, beherrscht also von Jupiter, der exiliert im 1. Haus in Konjunktion zu Transpluto steht: die gemeinsame Selbsttötung.

Von Haus aus war Rudolf zum Erzherzog bestimmt – Sonne in

Abbildung 75: Rudolf Erzherzog von Österreich, 21.8.1858, 22h15, Wien/A, Kernhoroskop quintilisch, Orbis 1°

Löwe, 4. Haus Quintil Jupiter, Transpluto 1. Haus. Tatsächlich widersprach er dem als Freidenker: Halbdecil Aszendent Zwillinge mit Uranus, Herr MC. Die Belastung durch Erwartungen der Vorfahren ist bestätigt durch den – in Löwe befremdeten – Saturn und die »befürwortete repräsentative« Hochzeit: Trigon zu Mars, Herrscher von Haus 12, ebenfalls dominiert von Jupiter. Ihm blieb als »Freidenker«, wenigstens die Möglichkeit, seinen Tod selbst zu bestimmen.

Vincent van Gogh

Waren es hohe Ideale oder schlechte Erfahrungen in der Kindheit, Männliches und Weibliches betreffend, oder am Ende beides – die Konjunktion Mond, Jupiter und Drachenschwanz im Quadrat zu Venus und Mars in Fische, dominiert von Neptun? Doch nicht nur Venus und Mars, das ganze 10. Haus steht unter der Herrschaft Neptuns – sechs Planeten und die Sonne – Neptun selbst thront im

Abbildung 76: Vincent van Gogh, 30.3.1853, 11h00, Zundert/NL

eigenen Zeichen. Gleich wird das Unbegreifliche dieses Lebens verständlicher: Das Horoskop ist fast total von Wasserqualität dominiert, selbst ein Saturn in Stier. Vincent war ein hoch empfindsames, möglicherweise unverstandenes Kind, ein hoch sensibler Mensch, nahm alles zu Herzen und glaubte oft dem Urteil anderer mehr als dem eigenen.

Über die Beziehung zu seiner Mutter findet sich nichts zu lesen. Mit seinem Vater, dem Pfarrer, überwarf van Gogh sich als Erwachsener, wenn nicht bereits als überempfindliches, möglicherweise störrisches Kind: Chiron im 6. Haus, in Steinbock, Quintil Mars in Fische, Quadrat Sonne – auch von Fische dominiert. Ein solches Kind glaubt den Erwachsenen mehr als sich selbst. Auch ein unausgesprochenes Urteil nimmt es zu Herzen. Sein Eindruck, mit ihm selbst müsse etwas nicht stimmen, kann überhandnehmen.

Als 11-Jährigen bringen die Eltern Vincent in ein Internat. 16-jährig tritt er eine Stelle in der Kunstgalerie Goupil in Haag an, wird nach vier Jahren nach London, ein Jahr später nach Paris, ins

Hauptgeschäft von Goupil & Co, versetzt. 22-jährig widmet er sich neben dem Kunsthandel dem Studium der Bibel. Auf Drängen seines Vorgesetzten muss er 23-jährig ein Entlassungsgesuch einreichen. Danach versuchte er sich als Lehrer und Prediger, wollte Theologie studieren: Neptun in Fische, 9. Haus. Er gab das Vorhaben nach dem Studieren der Formalitäten noch vor der Anmeldung auf. In der Methodistenschule in Laeken wurde er alsdann, nach einer Probezeit von 3 Monaten, nicht promoviert. War er ein unbequemer Schüler? Stellte er zu viele Fragen? Oder war es eine unbewusste Rebellion gegen seinen Vater?

In der Folge wurde er stark abhängig von seinem jüngeren Bruder Theo, der ihn vorerst in Paris als Hilfskraft in seiner Kunstgalerie anstellte und ihn danach lebenslang finanziell unterstützte: Chiron Herr 3. Haus (Geschwister) im 6. – dem Haus des Erwerbs und der Unterstützung – in Steinbock, Trigon Saturn in Stier. Der Bruder hatte allerdings selbst eine Familie zu ernähren. Jedenfalls war dessen Frau nicht gut auf Vincent zu sprechen. Dieser nahm es als Zeichen. Es bedrückte ihn, seinen Bruder und dessen Familie unaufhörlich zu belasten.

Und doch folgte van Gogh über alle Hindernisse hinweg seinem Stern. Musste er dies nicht, ist die Frage, die sich beim Betrachten seines Geburtsbildes stellt? Sein Horoskop gibt das Bild eines Feuerwerks ab, ausgehend von einer mit ins Leben gebrachten Begabung, einer überschäumenden Kreativität, einer Passion – Jupiter in Schütze in enger Verbindung mit dem Drachenschwanz und in Konjunktion mit dem zulaufenden Geburtsherrscher Mond. Er spürte der Begabung Dringen und Drängen (Jupiter stark in eigener Herrschaft), malte eruptionsartig: einmal 50 Porträts von Bauern hintereinander, 1888, in Arles, glaubte er, sein »Japan« gefunden zu haben und malte – von einer Arbeitswut ohnegleichen erfasst – Obstgärten und Blumen, dann Landschaften an der Küste von Les Saintes-Maries-de-la-Mer. In einem letzten Arbeitsrausch, im Jahr vor seinem Tod, entstanden in zwei Monaten über 80 Bilder.

Durchaus Jupiter in Schütze entsprechend und dem Horoskop-Bild einer Explosion, eines Feuerwerks gleich, konnte sich sein

Temperament äußern. Als wäre dieses künstlich niedergehalten worden, folgten Ausbrüche, wie damals, als er anlässlich des Aufenthalts von Gauguin bei ihm am Ende derart unter Spannung geriet, dass er sich, in einem Anfall von Verrücktheit, einen Teil seiner Ohrmuschel abschnitt – Selbstbestrafung durch Selbstverstümmelung –, u.a. Zeichen von extremem Selbstwertmangel. Entsprechend dieser Persönlichkeitsspaltung schlug er – einerseits hoch sensibel (11 Punkte Wasser) – jäh in Gereiztheit und Ärger, phasenweise in Arbeitseifer um (10 Punkte Feuer). Feuer –Wasser auch durch Mond in Schütze mit Konjunktion Jupiter; Sonne und Merkur in Widder, von Neptun dominiert. Schütze entspricht der manisch-depressiven Veranlagung: »Himmelhoch jauchzend – zu Tode betrübt«. Nach diesem Anfall ließ er sich auf eigenen Wunsch in ein Irrenhaus einweisen. Die Bewohner von Arles hatten ein Gesuch eingereicht, den »fou rouge«, den rothaarigen Verrückten, zu internieren.

Im Hinblick auf Anfälle von Verwirrung und Irre ist van Goghs Horoskop klassisch: Sämtliche persönlichen Gestirne, außer dem Mond, sind im 4. Quadranten zu finden: Die Instinkt-Komponenten befinden sich in der dünnen Luft der Geistigkeit! Der Mensch erfährt Niederlagen in den natürlichen Lebensbereichen wie Liebschaften, Ehe, Kinder trotz mehreren Versuchen und Anstrengungen und leidet meist entsprechend. Manche Menschen verstehen damit umzugehen, andere verzweifeln daran. Eine solche Konstellation bedeutet nicht a priori Irr- oder Wahnsinn, umgekehrt jedoch zeigen sich schwere Depressionen und andere psychische Krankheiten mittels solcher Besetzungen.

Zu dieser Wundertüte von Geburtsbild gehören Pluto, Uranus und Saturn im Erdzeichen Stier jedoch ebenfalls von Neptun dominiert. Wasser weicht Erde auf, um sie anschließend zu zementieren, was unter anderem dem Malen entspricht: weiche Farben, die später abtrocknen. Pluto läuft in der Halbsumme Merkur/Uranus: hastiges Verwirklichen, »Wirbelwind«, was durchaus dem Charakter von van Gogh und seinen Bildern entspricht. Andererseits ist diese Dreierkombination typisch für Nervenüberreizungen.

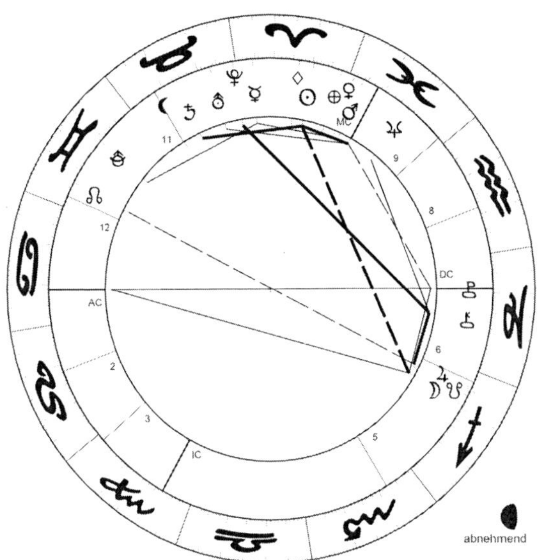

Abbildung 77: Vincent van Gogh, 30.3.1853, 11h00, Zundert/NL, Kernhoroskop quintilisch, Orbis 1°

Van Goghs Leben blieb von Enttäuschungen in der Liebe nicht verschont: Venus und Mars in Fische im Quadrat zu Mond, Jupiter, Drachenschwanz. In London verliebte er sich 20-jährig in die Tochter der Leiterin der Pension, in der er wohnte. Bei seinem Abschied von London erfuhr er, dass das Mädchen bereits verlobt war. In Etten warb er, 28-jährig, um seine verwitwete Kusine, wurde jedoch abgewiesen, worauf er ein Jahr später in Haag mit der ehemaligen Prostituierten Sien zusammenzog, jedoch noch im selben Jahr in ein Krankenhaus aufgenommen wurde. Zwei Jahre später verliebte sich Margo Begemann in ihn. Als ihre Eltern mit einer Heirat nicht einverstanden waren, versuchte sie sich zu vergiften. 36-jährig soll er sich in die Tochter seines Arztes Gachet verguckt haben (mit ein Grund für seinen Selbstmord, wird vermutet). Am 27. Juli 1890 schoss van Gogh sich in den Bauch. Zwei Tage später, am 29. Juli 1890, starb er, 37-jährig, in den Armen seines Bruders Theo.

Die Struktur eines Feuerwerks ist im Kernhoroskop noch

sichtbar. Fast alle quintilischen Aspekte waren bereits im üblichen Horoskop vertreten. Hinzu kamen die Halbdecile, Decile und Tridecile. Sonne Halbdecil MC, Decil Saturn: schwächende Einflüsse wie Stauungen und Depressionen auf körperlicher Ebene.

Tridecile sind von ihrer Qualität her uranisch-neptunisch, sensibilisieren, weisen in künstlerische und geistige Richtungen, können aber auch auf Nervenschwäche und psychische Probleme hinweisen, besonders wenn es die Lichter betrifft. Sonne–108°–Mond, Vater-Mutter, männlich-weiblich. Pluto-Chiron dürfte auf van Goghs Unfähigkeit, sein Leben selbst zu berappen, und die Abhängigkeit von seinem Bruder hinweisen. Doch zeigt diese Konstellation auch, dass er diesem Bereich nicht genügend Beachtung schenkte. So sensibilisiert und interessiert van Gogh einerseits dem ihm Wesentlichen gegenüberstand, so unbeeinflussbar und ignorant war er in profanen Angelegenheiten. Er wäre eher hungers gestorben, als dass er seine künstlerische Haut unter ihrem Wert verkauft hätte!

Gut zu sehen, wie groß und wichtig – nicht nur im Bild, sondern auch in den Aspekten – der geistige Anspruch des bedeutenden Malers war. Sein Werk hatte dementsprechend einen erheblichen Einfluss auf den Expressionismus.

Wissenschaft

Sir Isaac Newton

Als Kind schwächlich und krankheitsanfällig, wurde Isaac erst spät zur Schule geschickt. Dort zeigte er keine besondere Begabung. Er sollte den kleinen landwirtschaftlichen Besitz des schon vor seiner Geburt verstorbenen Vaters übernehmen. Erst ein Pfarrer erkannte die naturwissenschaftliche Begabung des Jungen und vermittelte ihm ein Stipendium an der Universität Cambridge. Der gezielten Förderung seines Mathematikprofessors Isaac Barrow war es zu verdanken, dass Newton – noch nicht einmal 30 Jahre alt –

spektakuläre Leistungen vollbrachte und 1669 die Stelle Barrows übernehmen konnte. 1672 wurde Newton in die Royal Society und 1689 ins Parlament berufen.

Newton gehörte zu den Universalgenies des Abendlandes. Er hat sich mit nahezu allen Wissensgebieten produktiv befasst, besonders auch mit Theologie, Alchemie und Chemie. Sein vorurteilsfreies, unabhängiges Denken und eine beispiellose Konzentrationskraft ermöglichten ihm speziell in den Bereichen Mathematik und Physik Entdeckungen, die das moderne Weltbild begründeten.

Für die Mechanik lieferte er die drei Grundsätze oder »Newtonschen Axiome« (Trägheits-, Beschleunigungs- und Wechselwirkungsgesetz). Gleichzeitig erschien in der Schrift PHILOSOPHIAE NATURALIS PRINCIPIA MATHEMATICA sein *Gravitationsgesetz*, welches das gesetzmäßige Zusammenhalten des Kosmos durch die Massenanziehung sowie die Planetenbewegungen um die Sonne erklärte und sowohl die von Kepler aufgestellten diesbezüglichen Gesetze als auch die Fallgesetze des Galilei bestätigte – eine sensationelle Nachricht! Ferner konstruierte Newton 1688 ein Spiegelteleskop und fand das Prinzip von Ebbe und Flut. In der Optik beobachtete er die Spektralfarben des Lichts und die sog. »Newtonschen Ringe«. Er beschäftigte sich mit physikalischer Strömung und Schwingung und erkannte dabei wichtige Regeln der Aerodynamik und Akustik. Im mathematischen Bereich entwickelte er die Grundlagen der Differential- und Integralrechnung.

Newton starb 84-jährig (Uranus-Return) am 31. März 1727 in London und fand hochgeehrt seine letzte Ruhestätte in der Westminster-Abtei.

Die Geburtszeit 1 Uhr stammt aus dem Taeger-Archiv. Taeger verweist auf Rodden-3, der »zwischen 1 und 2 Uhr« angibt. Zweifelhafte Quellen geben sogar andere Daten/Jahre an. In dieser Hinsicht gewinnt das Planetenbild gegenüber dem Häuserbild an Bedeutung. Allerdings steht der Fixstern Spica in diesem Horoskop genau am Aszendenten. Nach Hoffmann und Ebertin bedeutet diese Konstellation »Ehre und Ruhm besonders für Wissenschaftler und Künstler«. Die Wega ist in Konjunktion mit der Sonne an

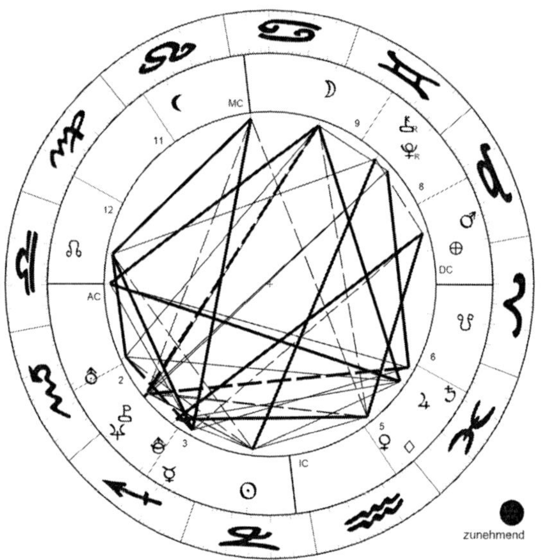

Abbildung 78: Sir Isaac Newton, 4.1.1643, 1h00, Grantham/GB

diesem Datum. Sie besitzt eine Venus-Natur mit merkurischem und neptunischem Einschlag. Wobei Newtons Merkur geradewegs auf seine Sonne/Neptun-Pholus Halbsumme zuläuft. In Anbetracht der vielen genauen und sinnigen quintilischen Aspekte und Aspektbilder stellt sich dieses Geburtsbild – als Horoskop eines bedeutenden Mannes der Weltgeschichte – einer Betrachtung.

Außer Jungfrau sind alle Tierkreiszeichen besetzt, was ein »universelles« Bild vermittelt. Interessant ist die in zahlreichen Halbsummen stehende Steinbock-Sonne, wodurch sich – unabhängig von Aszendent und MC – vier symmetrische Dreiecksfiguren ergeben. Die Sonne steht damit gleichzeitig am Scheitelpunkt mehrerer gleichschenkliger Dreiecke. Diese müssten unter anderem auch etwas über Newtons Vater/Vaterlosigkeit aussagen. Besonders auffallend ist dabei die Konjunktion von Pholus mit Neptun und weiter SO=VE/Pholus, NE: Tod des Vaters, entbehren der Vaterliebe. Mehr über den Vater und die Umstände seines Todes sind nicht bekannt. Dieses Planetenbild und die zahlreichen Halbsummenstrukturen der Sonne zeigen einen außerordentlichen Einfluss des Vaters auf den Buben. Das könnte einerseits auf dessen Krankheiten, andererseits auf Begabungen und Interessen des Vaters hindeuten – insgesamt Erbstücke. Leider ist darüber nichts bekannt. Wir wissen nicht, wie glücklich der Vater mit seiner Aufgabe gewesen war.

Im Buch PHOLUS – WANDLER ZWISCHEN SATURN UND NEPTUN der beiden Autoren von Heeren und Koch nennen diese Analogien zu Pholus wie »Wissensdrang und Tod« und weisen im selben Buch auf Unterschiede der astrologischen Bedeutung der Kentauren Chiron und Pholus hin:

> Wenn wir Chirons und Pholus' Wissen vergleichen, erscheint bei ersterem mehr das Fragen und die philosophische Haltung im Vordergrund zu stehen, bei letzterem dagegen mehr das Experiment, die Wissenschaft und Technik. Hier wird jedenfalls »mit dem Feuer gespielt«, und die Folgen sind gewaltig (Seite 129).

Die selten auftretende Konjunktion Pholus-Neptun spricht negativ für übertriebene Sensibilität, psychische Leiden bis zur Psychose, im Fall von Newton jedoch für Spiritualität, seherische Fähigkeiten und sein Erkennen großer Zusammenhänge, während die Steinbocksonne sich dabei auf die mathematischen Fähigkeiten, die Klarheit des Denkens und die wissenschaftliche Strenge des Genies bezieht.

Das von der Geburtszeit ebenfalls unabhängige blaue Dreieck Sonne mit Sextil einerseits zu Jupiter, auf der anderen Seite zu Uranus deutet auf Wissensdrang und Erkenntnisstreben, Erfindergeist, Weitblick und entsprechende Tendenz, zu Anerkennung zu gelangen. Ferner steht die Sonne an der Spitze des biquintilisch hohen Überzeugungsdreiecks mit Chiron, Pluto und Schwarzem Mond an der Grundlinie. Bei umgekehrter Betrachtungsweise wirft dieses Dreieck, zusammen mit der vielfältigen Sonnen-Figur mit ihren umfangreichen Halbsummenstrukturen einen Impuls, das ganze weitere Horoskop zu erleuchten. Es sieht insgesamt erneut danach aus, als hätte hier ein Vater seinem Sohn vererbt, was ihm am Herzen lag und wozu Zeit und Umstände nicht zur Vollendung gereicht hatten.

Abbildung 79: Sir Isaac Newton, 4.1.1643, 1h00, Grantham/GB, Kernhoroskop quintilisch, Orbis 1°

Das gibt es doch nicht, das übliche Horoskop ist unter dem Kernhoroskop fast ganz verschwunden! Das übliche Horoskop verlor mit der Reduktion des Orbis auf 1° sehr viele seiner Aspekte, während sich ein sehr starkes quintilisches Horoskop herausschälte.

Der Lebenslauf und die Horoskope dieses genialen Forschers haben mich über alle Maßen beschäftigt. Die Fakten: ein vor der Geburt Newtons bereits verstorbener Vater sowie Kränklichkeit, verpasste Schulreife und mangelnde Begabung des Sohnes. Dann geschah ein Wunder. Mit dem Pfarrer wurde ihm ein neuer Vater – Vater einer andern Bewusstseinsebene – an die Seite gestellt. Der Pfarrer erkannte Newtons Begabung und verschaffte ihm einen Studienplatz an der Universität.

Ich studierte erneut seine Horoskope. Dabei fiel mir auf, dass Newton bereits in seinem üblichen Horoskop extrem viele quintilische Aspekte zeigt. Ersteres konnte unmöglich das Horoskop dieses Kindes sein – außer, so viele quintilische Aspekte überforderten ein Kind und äußerten sich z.B. als Krankheit. In der »Medizinischen

Astrologie« entspricht Pluto und entsprechend die quintilischen Aspekte den Hormonen und deren Wirkungen. Ich kann mir gut vorstellen, dass eine derart starke »Hormonanlage« ein Kind überfordert. Newton kam bereits beladen und überladen auf die Welt, was ihn kränklich werden ließ und zudem schulisch schwächte, als wäre er noch in einem Kokon. Erst herangewachsen konnte Newton seine speziellen Gaben nutzen.

Auffällig – und gleichzeitig typisch für Newton – sind insgesamt mehrere Tridecile (108°). Hier bestätigt sich die Annahme des uranisch-neptunischen Charakters der Decile und Tridecile.

Auf dem Biquintil Jupiter-Aszendent baut sich ein gleichschenkliges Dreieck mit dem Krebsmond an seiner Spitze auf. Es scheint mit dem übrigen Kernhoroskop zusammen derart grundlegend passend zu diesem erfolgreichen Mann zu sein, dass es für die Richtigkeit der Geburtsdaten sprechen könnte. Aszendent Waage mit dem Fixstern Spica in Konjunktion: »Ehre und Ruhm besonders für Wissenschaftler und Künstler« – Biquintil Jupiter in Fische (alter Herrscher): Es zeigt einen friedlichen, wohl auch liebenswürdigen, jedenfalls ethisch interessierten und möglicherweise erfolgreichen Mann. Es war passend zu dieser quintilischen Figur, dass ein Geistlicher, der die naturwissenschaftliche Begabung des Jungen erkannte und daraufhin dessen Selbstbewusstsein, seine Überzeugung, »richtig« zu liegen, stärkte (Mond in Krebs im 9. Haus). Die beiden Tridecile zum Mond führten – bildlich gesprochen – alsdann direkt zum Studium in Cambridge.

Nach den bildenden Künstlern war dies das erste Horoskop mit derart vielen decilischen Aspekten, welches ich untersuchte. Nur ein einziger Planet (Venus) ist ohne einen quintilischen Aspekt. Uranus an der Spitze eines quintilischen Dreiecks setzt auf ungeahnte Fährten zu Entdeckungen und Erkenntnissen und lässt Raum für Überraschungen. Ausgerechnet Uranus steht am sicherheitsbedürftigsten 2. Haus – da konnte kein Stein auf dem andern bleiben.

Newtons große Erfolge zeigten, dass er berufen war, diesen Schwingungen zu folgen und sie in Naturwissenschaft und eigene Gesundheit umzusetzen. Merkur in quintilischem Aspekt zum MC aktiviert Zusammenarbeit in Labors und Instituten zugunsten von Publikationen und Vorträgen – gemäß dem kleinen Dreieck mit Decilen zu Uranus – alles immer im Hinblick auf neue wissenschaftliche Entdeckungen und Fakten.

Newtons Horoskop mit allen quintilischen Aspekten ist eine Wucht: Die üblichen Aspekte sind ausnahmslos in das quintilische Bild integriert, vervollständigen äußerst zahlreiche interessante Aspektfiguren. Vernetzung und Symmetrie in den enorm vielen geschlossenen, mathematisch genauen Figuren sind übereinstimmend und in gleichem Maß beeindruckend wie die überragende wissenschaftliche Leistung von Newton. Dieses Horoskop passt umfassend auf das große Genie Sir Isaac Newtons!

Albert Einstein

Als der Physiker mit den kühnsten und umwälzendsten Erkenntnissen der Neuzeit wurde Albert Einstein zum Begründer eines neuen »Physikalischen Weltbildes« und eines alle bisherigen Grenzen sprengenden naturwissenschaftlichen Denkens. Den Grundstock dafür legte er mit der speziellen (1905) und der allgemeinen (1910) Relativitätstheorie (zur Beschreibung der Phänomene, besonders der Struktur von Raum und Zeit, in bewegten Bezugssystemen und in Abhängigkeit von der Gravitation). Daraus folgt: »Masse wächst mit der Geschwindigkeit. Lichtgeschwindigkeit kann grundsätzlich nicht überschritten werden. Zeit führt als vierte Koordinate zum vierdimensionalen Raum-Zeit-Kontinuum«. Das daraus abgeleitete Gesetz von der Trägheit der Energie erweiterte Einstein 1907 zum Gesetz der allgemeinen Äquivalenz [Gleichwertigkeit] von Masse und Energie. Die 1905 von ihm entwickelte Theorie der Brownschen Molekularbewegung bestätigte die Atomhypothese und damit die korpuskulare Natur der Materie. Aus seiner Lichtquantenhypothese folgerte Einstein, dass auch elektromagnetische Strahlung aus Korpuskeln besteht, und legte damit die Grundsteine der Quantentheorie der Strahlung und einer Theorie der spezifischen Wärme.

1914 zog Einstein mit seiner Frau Mileva und den beiden Söhnen nach Berlin, wo das Ehepaar gemeinsam studierte. Sie konnte ihrem Mann wissenschaftlich jedoch nicht folgen und fiel durch die Prüfungen. Einstein quälte sich mit ihr ab und fühlte sich durch sie völlig behindert. Er trennte sich kurzerhand und definitiv von ihr. Noch im selben Jahr reiste Mileva mit den beiden Buben nach Zürich zurück. Seine Kinder vermisste Einstein, seine Frau jedoch nicht. Er bändelte mit der Cousine an, die er später heiratete.

1921 erhielt Einstein den Nobelpreis für Physik für seine Arbeiten zur Quantentheorie. Die Ergebnisse seiner Forschungen legte er in zahlreichen wissenschaftlichen Abhandlungen nieder. Als Jude in Deutschland heftigen Angriffen ausgesetzt, emigrierte er 1933 in die USA, wo er am *Institute for Advanced Study* in Princeton forschte.

Einstein schätzte den großen Kollegen Sir Isaac Newton, überprüfte dessen Forschungsergebnisse. Entsprechend dem Zeitabstand von 236 Jahren, der die beiden Genies voneinander trennte, musste er einige Thesen – nicht alle – widerlegen oder ergänzen, was in der Forschung keine Seltenheit darstellt. Einstein starb an einer geplatzten Aorta im Bauchraum am 18.4.1955 im Alter von 76 Jahren.

Rein vom Bild her gleicht Einsteins Horoskop auffallend demjenigen von Vincent van Gogh mit dem überbetonten 4. Quadranten, dem globalen und humanen Raum. Einstein sah sich nicht gern im 3., lieber im 4. Quadranten. Entsprechend benahm er sich nicht selten und gerne etwas »daneben«. Wurde er von Leuten angesprochen, die mit ihm über seine Versuche und Erfolge sprechen wollten, beteuerte er, nicht Einstein zu sein, behauptete, sie verwechselten ihn mit Einstein, was öfter vorkomme. Er bewegte sich auf globaler Ebene, dachte und suchte aber über unsere Welt hinaus. Er wurde sogar als »Chefingenieur des Universums« bezeichnet. Seine Berechnungen und Prognosen wurden und werden in Versuchen überprüft und sind über unsere Welt, unser Sonnensystem hinaus von großer Bedeutung. Einstein liebte das Geigenspiel. Er spielte in einem Orchester in Aarau. Seine andere Liebhaberei war das Segeln, das er ganz besonders liebte, wenn es keinen Wind hatte.

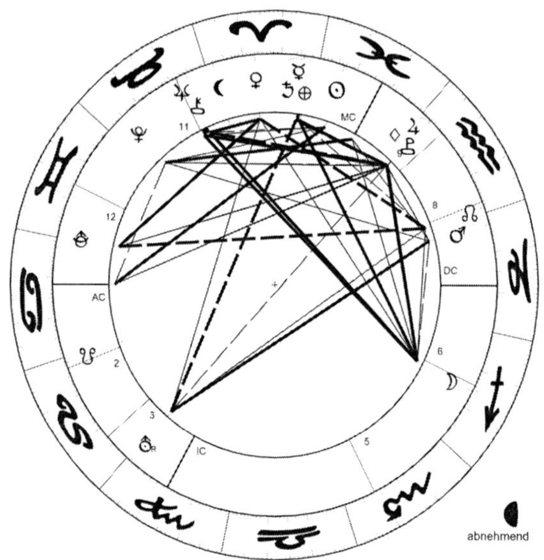

Abbildung 80: Albert Einstein, 14.3.1879, 11h30, Ulm/D

Sonne, Merkur, Venus, Saturn, inklusive Schwarzer Mond, befinden sich im 10. Haus, das sich von Fische über Widder bis zum Stier erstreckt. Einstein hatte der Welt etwas zu sagen. Uranus als Spannungsherrscher in Jungfrau im 3. Haus: Er konnte scharf und klar denken und entsprechend kommunizieren. Daneben ist bekannt, dass er viele Eingebungen und Ahnungen hatte, manchmal sogar von wichtigen Fakten und Problemlösungen träumte: Sonne und MC in Fische, Aszendent Krebs. Merkur Konjunktion Saturn: klar und intensiv denken, grübeln, sich nicht scheuen, nicht nachgeben, mathematisch vorgehen – Schriften verfassen, Vorträge halten, in Fachkreisen lehren, das berufliche Feld beherrschen. Chiron Konjunktion Neptun: »Relativitätstheorie«, »Quantentheorie der Strahlung«.

Es wurde bereits darauf aufmerksam gemacht, dass Leiden an unerfüllten persönlichen Wünschen und Erwartungen, wie Beziehungen und andere vermeintlich persönliche irdische Guthaben, oft durch im 9. Haus und 4. Quadranten platzierte persönliche

Gestirne angedeutet sein können. Es gibt Menschen, die daran zerbrechen (siehe dazu Nietzsche und van Gogh), während es bei anderen nicht zu Problemen führen muss – Beispiel Albert Einstein. Er wusste bestens mit entsprechenden Situationen umzugehen, wie die radikale Trennung von seiner ersten Frau darlegt. Er wusste jedoch, dass er an der Trennung von seinen beiden kleinen Buben zu leiden haben würde. Seine Planetenkräfte waren gelebt und erlitten. Er machte sich selber nichts vor. Daneben ist anzunehmen, dass Einstein von Frauen verehrt wurde und auf Frauen in Fachkreisen zuging: Schütze-Mond im Trigon zu Venus in Widder im 10. Haus.

Fazit: Viele persönliche Planeten im 4. Quadranten (der humane – nicht persönliche Raum) deuten oft auf einschneidende psychische Herausforderungen – müssen aber nicht, sofern die globale Ebene als solche gelebt wird.

Die beiden Horoskope weichen vom Gesamtbild her wenig voneinander ab. Insgesamt ergibt sich das Bild einer Leuchtrakete, gezündet vom Schütze-Mond im Arbeitshaus 6. Dieser erleuchtet das neunte Haus und den 4. Quadranten, was auch bei näherem Zusehen total überzeugt. Umgekehrt: Der Mond ist unter anderem ein Sammler. Hier in Schütze und Haus 6 wurde er reich mit Gedanken, Theorien, Ideen versehen, Resultat der anhaltenden Auseinandersetzung Einsteins mit wissenschaftlichen Fakten und seinen kreativen Einfällen.

Haben insgesamt im Kernhoroskop wenig übliche Aspekte überlebt, sind sehr viele quintilische Aspekte an deren Stelle getreten (zwei Halbdecile, zwei Decile, drei Quintile, zwei Tridecile, ein Quincunx). Es scheint, als habe sich mit zunehmendem Alter eine erweiterte Persönlichkeit über die ursprüngliche geschoben.

Das Kernhoroskop präzisiert, von Pholus und Jupiter ausgehend: sich einerseits genau informieren und scharf nachdenken (Decil Merkur, Saturn, Glückspunkt in Widder, 10. Haus), andererseits viel Gefühl für Funktionsweisen haben, viele Möglichkeiten zur Auswahl und Überprüfung wahrnehmen, gern das Angenehme mit dem Nützlichen verbinden (Quintil Mond in Schütze, 6. Haus), passend auch zum Patentamt in Bern, in welchem Einstein arbeitete

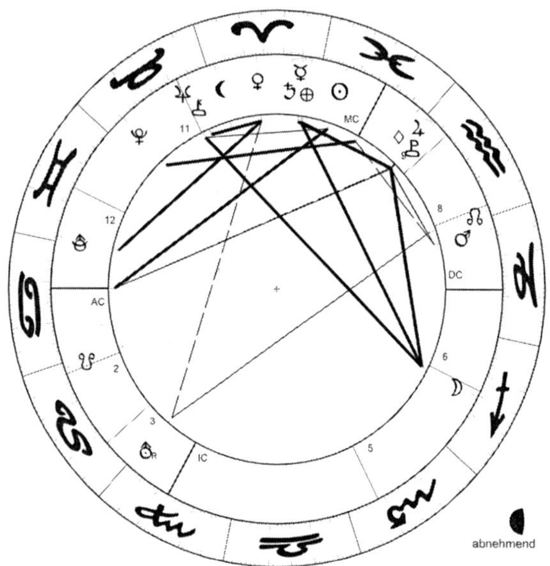

Abbildung 81: Albert Einstein, 14.3.1879, 11h30, Ulm/D, Kernhoroskop quintilisch, Orbis 1°

und mit vielen Erfindungen in Berührung kam. Mit dem Quintil und Biquintil vergrößert sich das Dreieck bis zu Chiron und Neptun in Stier, die durch Halbdecile mit Venus und Pluto verbunden sind: sich Vorgänge praktisch vorstellen und Ahnungen auf ihren Gehalt zu überprüfen vermögen.

1915 postulierte Albert Einstein in seiner ALLGEMEINEN RELATIVITÄTSTHEORIE: »Werden im Universum große Objekte (Sterne oder Schwarze Löcher) beschleunigt, ›stauchen und zerren‹ sie die Raumzeit.« Der Effekt sei allerdings so winzig klein, dass er nicht glaube, dass man ihn nachweisen könne, meinte er gleichzeitig dazu. Gut 100 Jahre später, am 11.2.2016, meldete ein Forscher-Team aus den USA, Italien und Deutschland (aLIGO-Collaboration), es hätte mit seinem Laser-Interfermeter ein Signal zweier verschmelzender Schwarzen Löcher empfangen. Dieser Nachweis von Gravitationswellen sei zu vergleichen mit dem Moment, »als Galileo sein Fernrohr zum Himmel richtete«, sagte Gabriela Gonzalez, Sprecherin der Forschungsgemeinschaft. (Zeitungsmeldung von Mitte Februar 2016)

Einstein hat nicht allein in der Wissenschaft, sondern ebenso in den Bereichen des Menschseins Zeichen gesetzt. Er hat gelacht und andere zum Lachen gebracht. Obwohl unvergleichlich, war er »einer von uns«. Es ist, als habe er weder explizite Überzeugungen gebraucht noch andere als wissenschaftliche Probleme gehabt – sondern schlicht und einfach verstanden. Zu den späten Äußerungen, die er machte, gehörte seine Vermutung, dass neben unserem noch weitere Universen bestünden.

Werner Heisenberg

Werner Heisenberg, Sohn des deutschen Kunsthistorikers August Heisenberg, befasste sich mit theoretischer Physik und stand vor den Toren der Kernphysik. Er gehörte mit seinen grundlegenden Erkenntnissen in der Kernphysik zu den bedeutendsten theoretischen Physikern seiner Zeit. Seit 1927 Professor, lehrte er in Leipzig sowie u.a. in Amerika und Japan und wurde 1946 Leiter des neu gegründeten Max-Planck-Instituts für Physik und Astrophysik in Göttingen. Nach dem Prinzip, nur beobachtbare Größen in die Quantentheorie einzuführen, formulierte er 1927 die *Heisenbergsche Unschärferelation*, wofür er 1932 den Nobelpreis für Physik erhielt. Nach der Entdeckung der Uranspaltung leitete Heisenberg das deutsche Kernenergieprojekt und entwarf 1940 den ersten Kernreaktor. 1943 veröffentlichte er DIE PHYSIK DER ATOMKERNE, 1955 DAS NATURBILD DER HEUTIGEN PHYSIK, 1959 PHYSIK UND PHILOSOPHIE. Neben weiteren Forschungsarbeiten befasste er sich später mit der Aufstellung einer einheitlichen Feldtheorie, der sogenannte »Weltformel«. Am 1.2.1976 starb Werner Heisenberg 75-jährig.

Im Radixhoroskop besteht beeindruckender Schub von Ost nach West, mit der geballten Kraft einer »Bombe« Richtung Du-Seite zielend. Am 6.8.1945 kam es zum Abwurf der 1. Atombombe – zwar nicht unter der Leitung Heisenbergs, doch er hatte an der

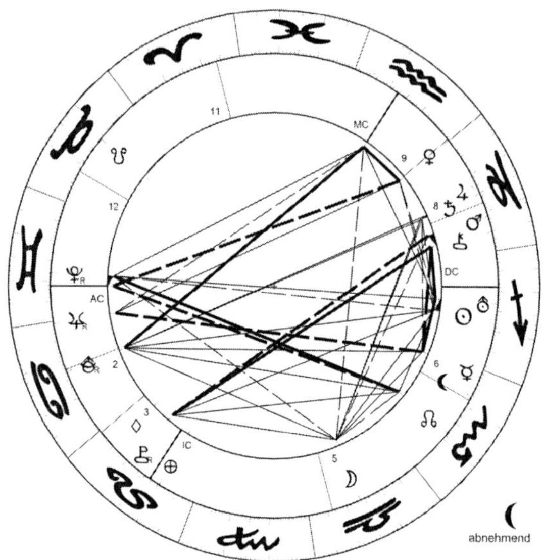

Abbildung 82: Werner Heisenberg, 5.12.1901, 16h45, Würzburg/D

Wiege der Kernenergieprojekte gestanden. Die wissenschaftlichen Zeichen Wassermann und Fische am MC scheinen direkt an Bedeutung zu verlieren in Anbetracht der undurchdringlichen Front auf der DU-Seite.

Was war in derartigen Schub geraten? Die Ich-Seite des Horoskops scheint nur bei flüchtigem Hinschauen harmlos. Relevant war, mit wie viel Verantwortung der betroffene Wissenschaftler Heisenberg hinter diesem Horoskop stand. Transpluto, Neptun und Pluto gehören zu den entferntesten Objekten des Sonnensystems, ihre Kräfte sind entsprechend potenziert. Die Kräfte von Pluto, Neptun und Transpluto sind bekannt. Am Aszendenten – unter der Kontrolle des unbekümmerten Ich-Bewusstseins – sind sie besonders schwierig zu kontrollieren. Dazu braucht es einen Menschen auf ethisch sicherem Boden. Eine blaue Drachenfigur mit Sonne und Uranus in Schütze, Haus 6, an der Spitze, flankiert vom MC Wassermann: Das Ziel war eindeutig die Ferne – die ganz weite Ferne.

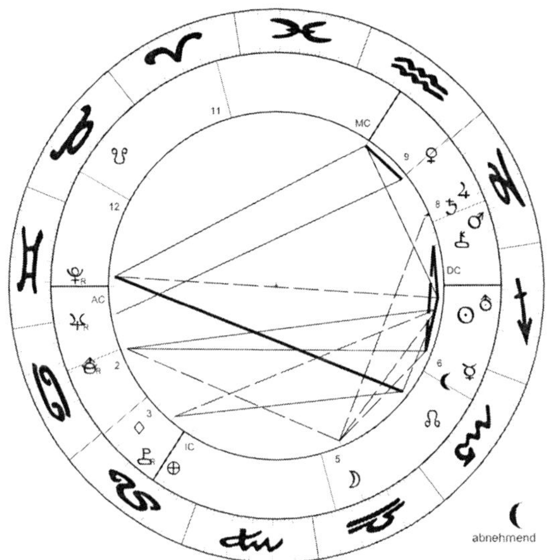

Abbildung 83: Werner Heisenberg, 5.12.1901, 16h45, Würzburg/D Kernhoroskop quintilisch, Orbis 1°

Mit der Reduktion auf 1° Orbis ist viel des üblichen Horoskops verblieben, was grundsätzlich auf ein markantes Grundhoroskop hindeutet, in welchem Verheißenes entsprechend präzise eintrifft. Der Weg des Physikers scheint vorgezeichnet gewesen zu sein. Das kardinale T-Quadrat Mond-Transpluto und Mond-Jupiter, Saturn steht in voller Kraft. Dem blauen Drachen in den Luftzeichen fehlt nur das Trigon Mond-Pluto (4° Orbis), welches jedoch bereits 8 Stunden nach der Geburt exakt wurde.

Um einiges präziser ist das Kernhoroskop mit den quintilischen Aspekten. Auffallend ist Pluto am Aszendenten in Opposition zu Uranus. Ein Biquintil verbindet die Drachenachse mit der Uranus-Pluto-Opposition: »Überzeugungen in der Ahnenreihe«? Vielleicht müsste man hier anstelle der »Überzeugungen« (Biquintil) von »unbedingtem Durchsetzungswillen« sprechen. Überzeugungen können so stark sein, dass sie zwingend praktisch um- und durchgesetzt sein müssen. Es ist noch nie etwas Zerstörerisches erfunden worden, das nicht entsprechend umgesetzt wurde.

Uranus setzt ein ergreifend kleines decilisches Dreieck oben drauf. Es sitzt wie ein »Auge Gottes«, wie ein Blick in die Tiefe der Atome und ein Blick in die Zukunft, am Steuer der »Rakete«. Entspricht es dem Wissen des Physikers, welche gefährlichen Möglichkeiten seine Erkenntnisse beinhalten? Oder ist es ein Warngerät, welches Heisenberg eingebaut mitbekam? Heisenberg gehörte mit seinen grundlegenden Erkenntnissen in der Kernphysik zu den bedeutendsten theoretischen Physikern seiner Zeit. Er entwarf immerhin den ersten Kernreaktor (1940) und wusste, womit er es zu tun hatte. Er entsprach jedoch keineswegs dem Typ Wissenschaftler, dem jedes Mittel recht ist, um anderen zuvorzukommen oder sie zu übertrumpfen. Das ganz kleine Dreieck an Uranus im Haus der Vorsicht (6.) entspricht ebenso der Kontrolle, die er im Hinblick auf beobachtbare Vorgänge der Quantentheorie auf wissenschaftlichem Gebiet forderte, die 1927 zur *Heisenbergschen Unschärferelation* und 1932 zum Nobelpreis führten.

Uranus entspricht den Fortschritten der Wissenschaft, Decile und erst recht Halbdecile (18°) weisen in Bewusstseinstiefen potenzierter Kräfte. Eigentlich produzierte Heisenberg keine Zerstörung, obwohl er mit den gefährlichsten Kräften der Welt umging. Und doch, er saß dahinter, am Platz eines andern, der vielleicht weniger Skrupel gehabt hätte. Uranus beherrscht das MC »Wissenschaft«. Das Halbsextil vom MC zur Venus auf der Spitze Haus 9 (Ethik) könnte auch hier für »Verantwortlichkeit« stehen.

Wernher von Braun

Freiherr Wernher von Braun, Sohn eines adeligen Großgrundbesitzers aus Preußisch-Schlesien, war bereits 18-jährig von der Idee fasziniert, von der Erde wegzufliegen und das Weltall zu erforschen. Er studierte Maschinenbau und Physik. Nebenher beschäftigte er sich mit Raketenbau und erhielt bereits als 20-Jähriger vom Heereswaffenamt den Auftrag, als Leiter eines Teams von Forschern und Technikern Flüssigkeitsraketen zu entwickeln. 7 Jahre

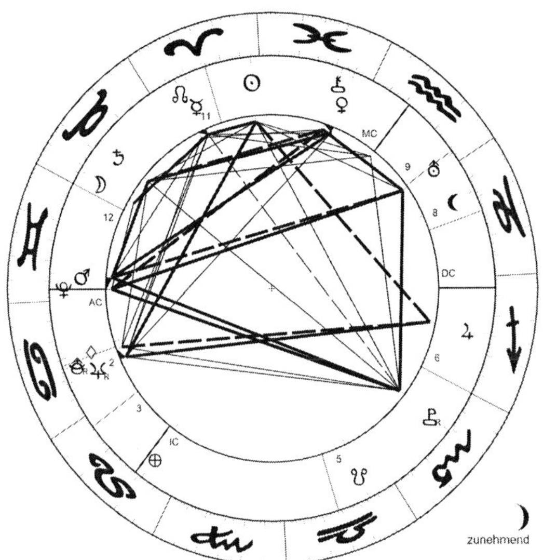

Abbildung 84: Wernher von Braun, 23.3.1912, 9h15, Wyrzysk/PL, (53.09N, 17.14E) Radix mit quintilischen Aspekten

später leitete er das Projekt zur Entwicklung der automatisch gesteuerten Fernrakete, die im zweiten Weltkrieg gegen England eingesetzt wurde. Ab 1950 arbeitete er in den USA an der Entwicklung von Fernlenk- und ballistischen Raketen. 1959 wurde er Mitarbeiter der NASA. Ein Jahr später trieb er die Entwicklung großer Trägerraketen (Saturn) voran und wurde 1970 als Leiter der Planungsabteilung zugleich stellvertretender Direktor der NASA. Von Braun war durch die Konstruktion künstlicher Satelliten wesentlich am Raumfahrtprogramm und der Vorbereitung des Mondlandeprogramms Apollo beteiligt.

Dass er 1980, 68-jährig, nicht selbst den Mond betreten konnte, war für Wernher von Braun herb enttäuschend. Nachdem das Budget des Raumfahrtprogramms stark gekürzt worden war, wechselte er 1972 in die Privatindustrie zum Luft- und Raumfahrtkonzern Fairchild. Im selben Jahr machte ein Nierenkrebsleiden eine erste Operation nötig. fünf Jahre später, am 16.6.1977, starb er in Washington an der Krankheit.

Dr. Hans-Jörg Walter verfasste eine Fallstudie über Wernher von Braun. Darin fällt die überragende Anzahl Aspekte aus der Decilreihe auf. Um die Figur als Ganzes erfassen zu können, empfiehlt es sich, die Aspekte 36°, 72°, 108° und 144° farbig nachzuziehen.

Im Horoskop von Wernher von Braun fallen die quintilischen Aspekte (drei Quintile, acht Biquintile und fünf Tridecile) in geschlossenen Figuren auf. Mit Pluto genau auf dem Aszendenten in Konjunktion mit Mars, beide in Biquintilen zu Uranus, Herrscher über das MC und in Kenntnis des Lebenslaufs sticht der plutonische Charakter des Geburtsbildes stark hervor. Die beiden großen Figuren im Horoskop von Brauns zeichnen mit unglaublicher Deutlichkeit das extreme Leben des bedeutenden Forschers und Entwicklers.

Der besondere und extreme Lebensverlauf wird jedoch erst im Wellenmodell nach Dr. H.-J. Walter offensichtlich. Um die Beziehung zwischen Wellenfeld und Körpermodell zu verdeutlichen, sei hier Dr. Walter zitiert aus seiner exzellenten Erläuterung des Beispielhoroskops. Nach den dominierenden Quintil-Figuren erwähnt er zwei uranische Figuren, einmal vom Standpunkt der Figur aus (Wellenmodell), im zweiten Abschnitt im Hinblick auf das Horoskop als Ganzes (Körpermodell).

> Die zweite uranische Figur dagegen stellt den eigentlichen dialektischen Gegenpol zu diesem ersten Lebensmotiv der hochfliegenden utopischen Pläne [gemeint sind die plutonischen Figuren] dar: Es handelt sich um das direkte Planetenbild Sonne = Saturn/MC, worin die Sonne in Halbdistanzen von ca. 45° [Walter deutet den 45°-Aspekt als uranisch gefärbten Winkel] zu Saturn und MC steht. Die relativ spannungsarme und symmetrische, dabei aber schmalflächig-eindimensionale Spannungsfiguration verkörpert ein etwas disharmonisches und nicht immer durchschlagskräftiges Uranus-Prinzip. Es bedeutet wohl innere Auflehnung und den Wunsch individueller Befreiung von mondhaften Schranken, wie Familientradition, Milieu, Stand, gesellschaftlichen und sozialen Vorurteilen.
>
> Wie das Ergebnis schließlich lautet, hängt indessen vom kosmischen Zustand der Figur und vor allem auch den Gegebenheiten der ganzen

Geburtsfigur ab [= Körpermodell]. Hier ist nun die Bedeutung der Halbsumme an sich negativ und weist auf schwere Hemmungen und Bedrückungen durch die Umwelt hin. Andererseits muss man jedoch berücksichtigen, dass diese Sonne-Saturn-MC-Kombination in ein uranisches Milieu eingetaucht ist [durch die Halbsextile], so dass der saturnische Druck hier auf uranischen Gegendruck stößt. Dabei ist unübersehbar, dass diese belastende Konfiguration einer Entfaltung des uranischen Prinzips nur einen begrenzten Spielraum lassen konnte. Es ist derart bezeichnend, dass sich das Privatleben des Geborenen betont in den durch familiäre Standes- und Glaubenstraditionen festgelegten Bahnen bewegt hat. So wurden freilich die uranischen Kräfte nicht verzettelt in der nur allzu oft unproduktiven Protesthaltung des »Bürgerschrecks«. Die Zähigkeit und Kraft zum Durchhalten, die aus der Spannung zwischen den Uranus- und Saturn-Prinzipien resultieren kann, hat im Verein mit der Dynamik und Stoßkraft der beiden Pluto-Mars-Figurinen die Verwirklichung der uranischen Utopie zweifellos begünstigt. Die Sonne als Symbol des Lebensziels steht derart im so genannten »Lotustrichter« der beiden direkten Halbsummen Jupiter/Neptun und Saturn/MC wie in einem dynamischen Wechselspannungsfeld, einerseits der Expansion und andererseits der Kontraktion, das dynamisch stabilisierend wirkt. Vor allem weil die beiden direkten Planetenbilder vom Wellenmodell her mit den aktiv-dynamischen Prinzipien Pluto-Mars und Uranus gespeist werden, liegt der Vergleich zur Antriebsmotorik einer gespannten Stahlfeder nahe. (ENTSCHLÜSSELTE ASPEKTFIGUREN, Seite 338f.)

Verbrecher

Selbstwertprobleme als Hintergrund von Massenmorden

Von den vielen unterschiedlichen Arten von Verbrechen hoben sich in den letzten Jahren die Massenmorde hervor. Einer Gärung gleich scheint sich bei dieser Art von Verbrechen etwas anzustauen, bis eines Tages »der Damm bricht«. Es mögen in jedem einzelnen Fall andere Motive zur Tat führen, deren persönlicher Hintergrund sind im Endeffekt häufig Selbstwertprobleme. Hier einige Beispiele:

Der Dirnen-Totschläger Georg Hartmann beteuerte vor Gericht: »Ich war von Sinnen, weil sie mich demütigte!«

Liegen massive Selbstwertprobleme vor, wird jede Aussage eines andern als Angriff auf den Wert der eigenen Person gedeutet. Der Co-Pilot Andreas L., der am 24.3.2015 einen Airbus A320 in den französischen Alpen absichtlich zerschellen ließ, hatte sich zuvor bei einer befreundeten Stewardess über zu wenig Lohn und zu viel Druck beklagt, und fügte hinzu: »Eines Tages werde ich etwas tun, was das ganze System verändern wird. Alle werden dann meinen Namen kennen und in Erinnerung behalten.«

Hier zeigt sich deutlich: Das Gefühl, unterschätzt zu werden, wird bei krassen Eigenwertproblemen überhöht und mit Selbstüberschätzung kompensiert. Einer solchen Wahnsinnstat liegen oft unbewältigte demütigende Gewalterfahrungen sowie krasser Liebesmangel in der Kindheit oder eine schizoide und entsprechend psychotische Veranlagung zugrunde.

Astrologisch handelt es sich mit dem 2. Haus, analog zu Venus, um das subjektive Empfinden und Einschätzen eigener Werte, um Liebe und Eigenliebe und schließlich, im Sinne des Tierkreiszeichens Stier, um Halt und Sicherheit der Persönlichkeit. Zu einer realistischen Eigenbewertung aus der Sicht des Ichbewusstseins, führt die Symbolik der entsprechenden Opposition in Haus 8 (die nötige Selbsthinterfragung) und zusätzlich Pluto (die Unbestechlichkeit in der Selbsteinschätzung, das Erkennen und Ertragen der Wahrheit anstelle von Rachebestreben) sowie weiter die Symbolik des Skorpions, nämlich zu Einsicht, Bewusstseinsarbeit und Wandlung bereit sein. Quer dazu liegen das Tierkreiszeichen Löwe (Anzweiflung ertragen lernen, sich eigene Mängel eingestehen) und das Zeichen Wassermann (Die Angst vor Verunsicherung und Veränderung überwinden sowie den Anspruch, als »besondere« Persönlichkeit gesehen zu werden, loszulassen). Es gibt nur besondere Persönlichkeiten!

Der amerikanische Architekturstudent und Scharfschütze Charles Whitman war in psychiatrischer Behandlung. Er hatte seinem Psychiater bereits 4 Monate vor der Tat in einer Sitzung angekündigt, er werde auf den Turm der Universität von Austin steigen und mit einer Jagdflinte auf die Menschen unter sich schießen. Der Psychiater, Dr. Heatly, maß diesen Worten jedoch keine Bedeutung bei, da, wie er sagte, viele Studenten von Gewalttaten sprächen, diese aber niemals ausführten. Nach dessen Auskunft hatten sich in Whitman Hassgefühle und vor allem Feindseligkeit angestaut, die bei der geringsten Reizung zum Ausbruch kommen konnten. Heatly schilderte Whitman während der letzten Sitzung am 29. März als feindseligen Menschen. Whitman habe ihm gesagt, es geschehe etwas mit ihm, er scheine nicht mehr sich selbst zu sein. 4 Monate später, am 1.8.1966, 25-jährig, erschoss er in einem Wahnsinnsanfall seine Frau, seine Mutter sowie 14 weitere Menschen. Um ihn zu stoppen, wurde er von zwei Polizisten erschossen. Eine in seinem ausführlichen Abschiedsbrief erbetene Autopsie führte zur Entdeckung eines kleinen Hirntumors.

Das Radixhoroskop zeigt die Drachenachse belastet mit der Opposition Mars-Neptun im T-Quadrat zum Zwillingsneumond. Das Planetenbild Mars, Neptun, Mond beschreibt Reinhold Ebertin (abgesehen von den Zeichen- und Hausständen) in seinem Buch KOMBINATION DER GESTIRNEINFLÜSSE als »Minderwertigkeitsgefühle, Empfindlichkeit, Nervenschwäche«. Mars in Konjunktion mit dem Drachenschwanz und im 12. Haus zeigt ins Leben mitgebrachte martialische Inhalte des Selbst – wie Groll und Rachephantasien – die, unbearbeitet, zu Problemen führen mussten. »Fremd« in Fische, hat Whitman die geistige Ebene des Mars-Standorts nicht erkannt, wodurch der Geburtsherrscher Mars – außer im Wahn – von ihm als Machtlosigkeit empfunden wurde. Neptun am Drachenkopf in Jungfrau wiederholt die Aufforderung: »Erkenne deine Sensibilität als geistige Fähigkeit, in der Realität des Alltags durch eine große Anzahl von Möglichkeiten zu bestehen«. Doch Neptun

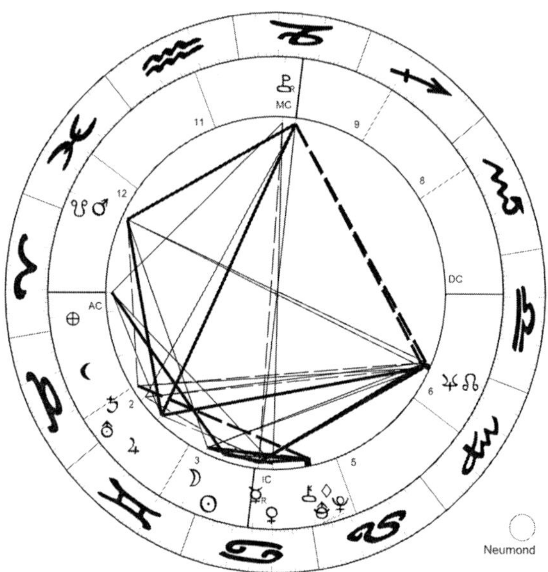

Abbildung 85: Charles Whitman, 24.6.1941, 1h12, Lake Worth/FL USA

im Exil weist hier auf mangelnde Abgrenzungsfähigkeit und gestörten Realitätssinn hin. Whitman, ausgebildeter Scharfschütze, sah im Wahn (12. Haus) die Rache mit der Schusswaffe als Lösung seiner Probleme. Mit dem Mond in Zwillinge hatte er seine diesbezüglichen Gefühle und Pläne sogar im Voraus ausgeplaudert, was der Psychiater offensichtlich unterschätzt hatte.

Außer Mars befinden sich alle Planeten und beide Lichter im persönlich emotionalen und subjektiven Bereich des Horoskops. Der auffallend kontroverse Inhalt des 4. Hauses weist auf ein entsprechend disharmonisches Empfinden von Intimität sowie irritierende Kindheitserfahrungen. Der Gesellschaftsquadrant 3 ist leer, steht einem extremen, überbetonten 1. Quadranten unreflektiert gegenüber: Whitmans Psychiater bezeichnete seinen Mandanten als »hasserfüllt und von triefender Feindseligkeit«. Pholus, eleviert in Steinbock, weist als verbohrter, unbeherrschter Kentaur und Spannungsherrscher auf Kompromisslosigkeit und Herrschsucht, möglicherweise Whitmans Rachsucht, hin. Das ganze Horoskop zeigt stets beide Enden einer Skala, die Extreme auf, wie hier mit Pholus in Opposition zu Merkur und Venus in Krebs, im Intim- und Familienbereich des 4. Hauses.

Der Blick auf das 2. Haus zeigt die Problematik der Selbstbewertung: Saturn zulaufend auf Uranus, beide in Stier verlangsamt und als hemmend empfunden: »Das Empfinden von Minderwertigkeit nicht aufkommen lassen wollen, es mit Hass- und Rachegefühlen abwehren und mit dem exilierten Jupiter die Eigenwerte überhöhen.« Uranus, »Spannung, Exzentrik, Ungeduld« – in Stier und Konjunktion mit Saturn eigentlich zu realer Einschätzung angehalten – verlor durch die (blaue) Verbindung zur wahnhaften Mars-Neptun-Opposition auf der Drachenachse allen Realitätssinn. Whitman fehlte es an Selbsthinterfragung, an der Auseinandersetzung mit sich, seinem Erleben und der Sozietät, dem dritten Quadranten. Die großen Unterschiede zwischen Härte und Weichheit (Sonne, Merkur, Venus in Krebs, stark besetztes 4. Haus), die leeren Quadranten und fehlenden Oppositionen erschwerten Auseinandersetzung und Vermittlung. Die seelische Krankheit, möglicherweise akzentuiert durch den Hirntumor, erstickte Whitmans Mitfühlen und Gewissen.

In Charles Whitmans Kernhoroskop sind von den quintilischen Aspekten trotz kleinstem Orbis praktisch alle vertreten. Auf die bedeutsame Mars-Neptun-Opposition mit der Drachenachse bauen sich geschlossene rote und quintilische Drei- und Vierecke auf.

Von der Drachenachse mit Mars aus entsteht durch je ein Quintil zu Jupiter und MC sowie Tridecilen zu Neptun das unregelmäßige Viereck. Jupiter im Exil in Zwillinge und MC Steinbock (sowie Pholus) nähren die Überzeugung, in Bedeutung und Können unterschätzt zu werden. Vier marsisch-plutonische Quintile und zwei uranisch-neptunische Tridecile auf dem Hintergrund roter Aspekte steigern die Gewaltbereitschaft ins Maßlose. Die Tridecile und Steinbock am MC deuten zudem auf technische Fähigkeiten: Whitman war Architekturstudent und Scharfschütze. Den Mond verbindet ein Decil mit Chiron, Transpluto und Pluto, welches diese durch Halbdecile mit dem »Gärtchen« in Krebs verbindet. Wurde

Abbildung 86: Charles Whitman, 24.6.1941, 1h12, Lake Worth/FL/USA, Kernhoroskop quintilisch, Orbis 1°

hier eine heile Welt erwartet oder eine extreme Sensibilität versteckt, vergessen, bekämpft? Seine Frau und seine Mutter erschoss er, weil er sie vor der Schmach seiner Tat bewahren wollte, wie er in seinem ausführlichen Abschiedsbrief erwähnte. Die Halbdecile, alle persönlichen Gestirne außer Mars beinhaltend, weisen auf die Anfälligkeit der Seelenstruktur Whitmans.

Mit dem Sonnenbogen verschiebt sich zur Zeit des Attentats die ganze quintilische Figur samt den vielen damit verbundenen roten Aspekten um 24°. Die Drachenachse mit der Opposition Mars-Neptun vorgeschoben, nimmt die Aszendentenachse in Beschlag, während die Jupiterecke der Figur kurz vor die Sonne radix zu liegen kommt. Die Ecke Chiron, Transpluto, Pluto der ganz kleinen, körperlich sensibilisierenden Figur am IC, war zur Zeit der Wahnsinnstat ins Quadrat der beiden für das Selbstwertempfinden verbindlichen Planeten Saturn und Uranus im 2. Haus getreten. Pluto, um 24° vorgeschoben, hatte zusammen mit seinem »Paket« das

Quincunx zu Mars, Drachenschwanz erreicht: die vermeintliche Problemlösung durch massive hinterhältige Gewaltanwendung.

Mit der Zahl 24 handelt es sich um eine quintilische Zahl: 3 x 24 = 72. Die Zahl 24 des Sonnenbogens bestätigt sich hier insofern, als sie in 72° (= Quintil) 3-mal enthalten ist. Das Quintil gilt mit seiner Mars-Pluto-Färbung als elementare Kraft, steigerungsfähig bis zu extremer Gewalt.

Die Hypothese, quintilische Figuren wiesen auf Krisenzeiten, die vermehrt Lösungs-, Entwicklungs- und Wandlungsmöglichkeiten böten – wie das Aktivieren von Begabungen und Erkenntnissen –, oder diese seien einer »Zufälligkeit« unterworfen, bestätigt sich in diesem Fall markant – allerdings als »Lösung durch eine Wahnsinnstat«.

Ronald DeFeo

Der Amerikaner Ronald DeFeo erschoss 23-jährig am 13.11.1974, in Amityville/NY seine Eltern, seine Brüder (9- und 12-jährig) und seine Schwestern (13- und 18-jährig).

Er litt unter der Brutalität seines Vaters und hatte ein inzestuöses Verhältnis mit einer seiner Schwestern. Das Elternhaus wurde später als Spukhaus bezeichnet. DeFeos Geschichte wurde literarisch verarbeitet sowie in der fünfteiligen Filmserie AMITYVILLE HORROR ausgeschlachtet.

Die »Brutalität des Vaters« springt im Geburtshoroskop ins Auge: Sonne Konjunktion Saturn, beherrscht von Chiron im 12. Haus (Züchtigung), Halbquadrat Pluto in Löwe, 8. Haus (vernichtende Gewalt, Demütigung, massiver Angriff auf das Selbstwertempfinden des Sohnes). Der Vater scheint streng reglementiert und, was Lebensansichten betrifft, festgefahren gewesen zu sein – im Gegensatz zum Sohn, der eine sexuelle Verbindung zu einer Schwester pflegte. Leben und Konflikt spielten sich entsprechend fast ganz im sozialen Bereich ab. Mit extremem Schwerpunkt im 3. Quadranten (insbesondere im 8. Haus), zeichneten sich Gesellschaftsprobleme ab, wie jenes des verbotenen Inzestverhältnisses,

Abbildung 87: Ronald DeFeo, 26.9.1951, 14h10, Brooklyn/USA

einer intensiven, beglückenden, vorerst heimlichen Bruder-Schwester-Verbindung (Jupiter im 3. Haus in Widder in vielen Verbindungen zum 8. Haus Löwe). Die Drachenachse zeigt mit dem Drachenschwanz in Jungfrau ins Leben mitgebrachte herkömmlich reglementierte Lebensansichten. DeFeo sah sich diesen Normen jedoch nicht unterworfen. Das »Überzeugungsdreieck« mit der Basis Pholus-Jupiter zur Venus im 8. Haus weist auf die »freien« Ansichten, die er den herrschenden Gesellschaftsregeln mit dem Inzest entgegensetzte. Doch wirkliche diesbezügliche Freiheit zu finden, hätte noch viel Lebenszeit erfordert. Die heimliche unerlaubte Verbindung musste an der Gesellschaftsnorm scheitern.

Als DeFeo 23 Jahre alt war und sein Verbrechen beging, betrat der Geburtsherrscher Saturn per Sonnenbogen das Tierkreiszeichen Skorpion. Der Aszendent Steinbock ist für Verbissenheit und Stauungen anfällig, kommt es dann doch zu Ausbrüchen, sind sie entsprechend heftig. Wahrscheinlich trugen Probleme durch die inzestuöse Beziehung DeFeos zur Tat bei: Möglicherweise kam die

Sache heraus oder es bewarben sich andere Burschen um die 18-Jährige und diese wollte die Beziehung zum Bruder beenden. Vielleicht bestand das Verhältnis jedoch zur 13-jährigen Schwester, was noch problematischer gewesen wäre. Venus in Jungfrau ist trigonal mit dem Aszendenten verbunden und durch Halbsextil mit der Sonne. Dieser Schauplatz unterscheidet sich stark von den Gewaltelementen des Horoskops. Am Tag der Erschießungen stand der laufende Jupiter auf der Spitze 3 und dem Drachenkopf, der laufende Drachenkopf in Schütze im Trigon zum Mond radix – die »glückliche Befreiung«.

Im maximal betonten dritten Quadranten des Kernhoroskops mit dem gleichschenkligen = symmetrischen, quintilischen Dreieck Aszendent-Neptun-Transpluto sowie dem kleinen Dreieck (nicht ganz exakt, deshalb nicht eingezeichnet) MC-Quintil-Mond mit seitlichen Decilen zu Merkur scheint sich viel von DeFeos Leben abgespielt zu haben, das ihm unverzichtbar schien. Auf den körperlichen – erotischen – Bereich weisen die Halbdecile, die Merkur mit Venus, Mars mit Transpluto und (ungenau) Pluto mit dem Drachenschwanz verbinden. Sie geben ein beachtliches Bild von der erotischen Komponente in DeFeos Leben, die ihren Anfang im verbotenen Bereich der Geschwisterliebe nahm.

Etwas Unüberwindbares muss dann geschehen sein, das DeFeo veranlasste, nach dem Vorbild – und den Mustern – seines Vaters, zur Gewalt zu greifen, diesen an Kaltblütigkeit sogar zu übertreffen und mit ihm und der ganzen »unseligen« Familie abzurechnen. Das schöpferische/zerstörerische Quintil, welches hier mit 4 Exemplaren vorkommt, ist radikal, macht zu destruktiver Gewalt geneigt, sofern man sich nicht in eigener Gewalt – der Auseinandersetzung mit eigenen Problemen – hat. Die Drachenachse auf den Spitzen der Häuser 3 und 9 zeigt zudem, dass unterschiedliche Lebensanschauungen den Konflikt schürten. Ausgehend von einer streng geregelten Lebensphilosophie fielen die Ansichten leicht ins Gegenteil, eine alles erlaubende Ungebundenheit befürwortend, was eine wesentliche Komponente in der Auseinandersetzung zwischen Vater und Sohn gewesen sein könnte.

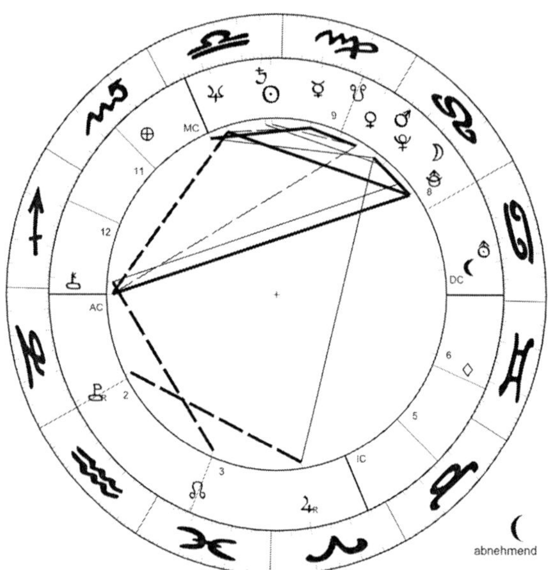

Abbildung 88: Ronald DeFeo, 26.9.1951, 14h10, Brooklyn/NY/USA, Kernhoroskop quintilisch, Orbis 1°

Wie steht es hier mit dem Selbstwertempfinden? Der raue Kentaur Pholus in Steinbock, das 2. Haus ganz mit Wassermann ausgestattet: schwierig, ganz besonders durch den Großangriff vom 8. auf das 2. Haus, Mars und Pluto beinhaltend. Hier zeigt sich: Als die Liebe zur Schwester (Fremdwert) bedroht war, verflog die Nonchalance der Eigenwerte. DeFeo, mit Pholus und Wassermann trotzend, sah Hilfe einzig im Einsatz des großen Gewaltangebots im 8. Haus.

Die ganze Figur hatte sich bis zum Tag der Erschießungen um knapp 23° Sonnenbogen vorwärts verschoben. Der Sonnenbogen zeigt in etwa diesem Alter stets viele 22,5°-Winkel, die allgemein durch ihre Zugehörigkeit zu den weiteren roten Aspekten öfter Krisenzeiten anzeigen. Der Drachenschwanz erreichte die Sonne radix und stellte die Rache am Vater ins Zentrum des Geschehens. Die Inhalte des 8. Hauses, Venus bis Pluto, hatten sich vom 8. ins 9. Haus (Pluto auf die Spitze 9 in Jungfrau und auf den

Drachenschwanz) verschoben: Die Abrechnung mit Erbschaften der Vergangenheit, die bis zu den Vorfahren und deren Lebensphilosophien reichte. Eine Vorstellung von der Gewalthaftigkeit des Geschehens geben Transite am Tag der Mordtat: In Skorpion, im Quadrat zum 8. Haus, liefen Merkur, Mars (wo sich auch der vorgeschobene Neptun befand) sowie Mond, Sonne (Zulauf Neumond) und Venus. Uranus, noch in Waage, verhieß eine totale und wehtuende Veränderung in den kommenden Jahren. Der laufende Neptun auf der Spitze 12 deutete bereits auf die kommende Verwahrung, mögliche Besinnung, oder den Aufenthalt in einer psychiatrischen Klinik.

Die Hypothese, dass in Krisen das quintilische Horoskop hervortritt, respektive nach dem quintilischen Horoskop gegriffen wird, bestätigt sich in beiden Amok-Fällen im Sinne von »Leben hilft sich selbst«.

Triebverbrechen

Starke sexuelle Triebe müssen nicht notgedrungen zu Verbrechen führen. Sind sie jedoch überstark und entfalten sich auf dem Hintergrund einer krankhaften Persönlichkeit, nehmen sie nicht selten grausame Züge an. Obwohl mit Zwängen verbunden, müssen selbst sexuelle Eigenheiten und Vorlieben nicht zu Untaten führen. Tun sie es doch, stecken menschenverachtende, satanische Züge, massive geistige und psychische Probleme dahinter. Der Sexualmörder weiß mehr oder weniger, was er tut, kann seine Taten sogar bereuen, will es nie wieder tun – doch er erliegt dem inneren Zwang, zu töten, was er liebt. Die Strafe liegt bereits im Verbrechen selbst. Möglicherweise wird er sich in jahrelanger Haft, und mit kompetenter Hilfe, dessen bewusst. Die Chancen dazu stehen allerdings schlecht. Zwänge können schwerlich durch neuen, durch Haftzwang, beseitigt werden.

Im Alter von 20 Jahren hatte der homosexuelle Metzger Jürgen Bartsch bereits drei 11-jährige und einen 8-jährigen Jungen in seine Höhle gelockt, sie gequält, gefoltert, bestialisch umgebracht und sich alsdann an ihnen vergangen. Sein fünftes Opfer konnte schwer verletzt entkommen und verriet die geheime Todeshöhle.

Bartsch wurde im Alter von 11 Monaten adoptiert. Er hatte ein vertrauensvolles Verhältnis zu diesen Eltern. Der Adoptivvater führte eine Metzgerei (in welcher Jürgen das Töten gelernt hat!) und war mit dem Geschäft vollauf beschäftigt. Der Junge wurde als überdurchschnittlich intelligent eingestuft. Die Ermittler bezeichneten ihn als wohlerzogensten Mörder, den sie kannten. Mehrere Psychiater und Gutachter befanden ihn als gehirngesund, voll zurechnungsfähig, ausgeformt (nicht mehr in jugendlicher Entwicklung stehend) und für seine Taten voll verantwortlich. Zusammenfassend wurde er als extrem und ausgeprägt sadistischer Triebtäter bezeichnet, der jederzeit wusste, was er tat.

Den Quadranten des Menschseins, der durch den Unmensch ebenso definiert ist wie durch den Übermensch, besetzt Bartsch in Radixhorodkop quantitativ mit einem Großteil der Gestirne! Der impulsive Widdermond »hängt in den Seilen« der Planeten in Feuerzeichen, die jedoch in den von Wasserzeichen beherrschten Wasserhäusern stehen – sozusagen in kochendem Wasser – und sämtlich im theoretischen Bereich des Horoskops. Das Radixhoroskop ist von seiner Besetzung her extrem disharmonisch und kontrovers in seinen Aussagen, was vor allem den Spannungsherrscher Mond belastet – der als einziges Gestirn die Instinkthälfte des Horoskops besetzt. Es muss schwierig gewesen sein, so viele Einflüsse aus den Häusern 8 und 12 psychisch aufzufangen mit dem Mond, der ebenfalls im gefühlsfernen Bereich des 3. Hauses und durch Herrschaft den unberechenbaren Einflüssen von Uranus ausgesetzt ist. Uranus wirkte seinerseits unter der Herrschaft des exilierten Merkur, der in der Abgeschiedenheit des 12. Hauses steht, mit am großen »hilfreichen« Trigon zu Saturn und Transpluto im 8. Haus, wo auch Pluto mitmischte.

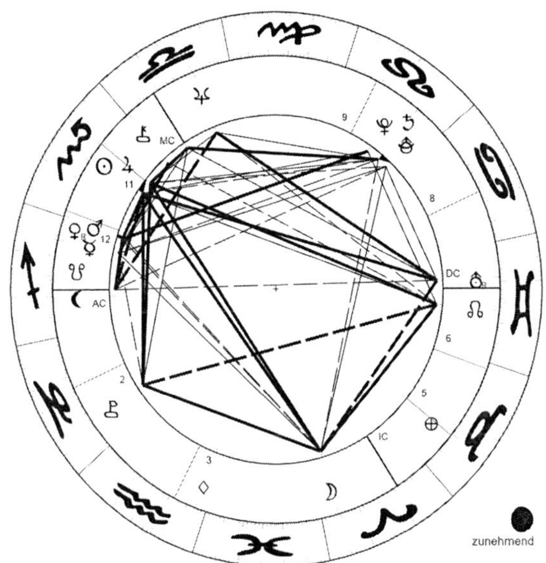

Abbildung 89: Jürgen Bartsch, 6.11.1946, 10h50, Essen/D

Das Gute gereichte hier zum Bösen: Bartschs Kontaktbedürfnis war ausgeprägt, auf kurze Kontakte fokussiert, sporadisch und abartig. Er gewann das Vertrauen der Buben jeweils sehr rasch, sodass sie ihm willig in seine Höhle folgten. In der Verborgenheit (12. Haus) geschah das Verbrechen mit erotischem (Venus und Mars) Hintergrund. Er wusste, was er tat (Sonne und Jupiter in Skorpion und im 11. Haus sind dem großen Trigon angehängt). Zwar beichtete er seinen ersten Mord, doch der betreffende Priester hielt sich an »Vorschriften« und riet ihm lediglich, das Verbrechen der Polizei zu melden, sonst bleibe ihm die Absolution verweigert. Bartsch jedoch tat dies nicht. Er mied fortan die Kirche. Vor dem Richter sagte er später: »Ich brauche einen Arzt, nicht die Kirche.« Damit meinte er die Kastration. Mit knapp 30 Jahren wurde er im Gefängnis auf seinen eigenen Wunsch hin kastriert. Er starb, am 28.4.1976 an dieser Operation. Am Ende wurde seine abartige sexuelle Veranlagung für ihn selbst tödlich.

Während das Radixhoroskop viele symmetrische Figuren bildet, sind im Kernhoroskop fast alle Figuren unvollständig (ungeschlossen), obwohl Aspekte aller Farben, ganz besonders aber rote Spannungsaspekte, verblieben sind. Insgesamt ist die Wirkung chaotisch, vergleichbar einem Irrgarten ohne Ausweg. Wie sehr der Triebverbrecher unter seiner Abartigkeit stand und litt, erlebten Kriminalbeamte, die Bartsch zu einer Tatortbesichtigung führten: Als er an einer Gruppe spielender Kinder vorbeiging, begannen seine Handschellen zu zittern. »Ich kann nichts dagegen tun«, sagte er den Beamten, »wenn ich Jungen sehe, überfällt es mich. Ich würde es wieder versuchen, wenn ich frei wäre. Es ist gut, und ich bin froh, dass ich im Gefängnis bin.« Seinen Adoptiveltern schrieb er Briefe, dankte ihnen, dass sie ihm halfen und sich nicht von ihm abwandten.

Die einzige auffällig ausgeprägte, genaue und geschlossene Figur des Kernhoroskops ist das kleine decilische Dreieck mit Venus und Mars an der Spitze, im Tridecil zu Pluto. Spontan habe ich dieses als »Spezialitäten-Dreieck« bezeichnet. Ein solches hat auch der Physiker Werner Heisenberg in seinem Horoskop mit der Spitze im 6. Haus. Heisenberg hatte an der Wiege der Kernenergie-Projekte gestanden, was damals ebenfalls einer »Spezialität« entsprach.

Halbdecile weisen auf den körperlichen Bereich: einerseits auf »Krankheit«, hier auf den überstarken Trieb mit Mars in Skorpion in Konjunktion mit der rückläufigen Venus im 12. Haus auf Verborgenes /Unmenschliches, weiter – mit Tridecil Pluto in Löwe im Todeshaus 8 sowie mit Saturn im Quintil zum MC – auf die Operation mit Todesfolge. Die Krise des 30. Lebensjahrs zeigt sich mit der Sonnenbogen-Direktion in der Vorverschiebung aller Faktoren um 30°, also um ein Tierkreiszeichen. Die von Bartsch in Haft geforderte Kastration wurde im 30. Lebensjahr vollzogen. Sie setzte dem Leiden und – unerwartet – dem Leben ein Ende. Chiron, der »Arzt«, traf mit dem Sonnenbogen auf den triebstarken, sadistisch erlittenen und gelebten Mars in Konjunktion mit Venus. Die beiden Tridecile (108°), die an sich kreuzende Klingen erinnern, nahmen – um 30° vorgeschoben – äußerst wichtige Radix-Positionen ein: wie

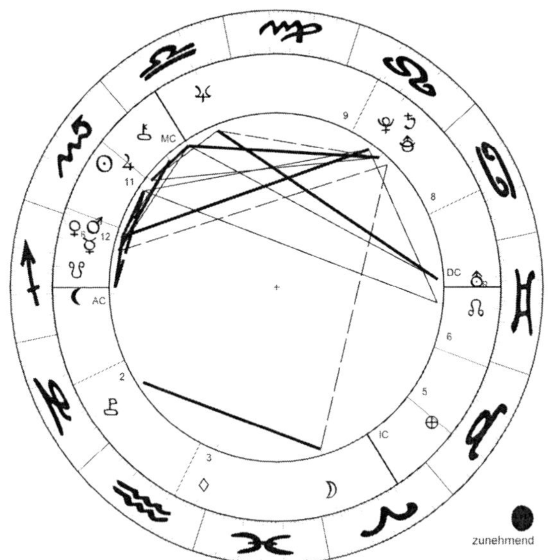

Abbildung 90: Jürgen Bartsch, 6.11.1946, 10h50, Essen/D, Kernhoroskop quintilisch, Orbis 1°

Uranus, der, um 30° vorgeschoben, ins Quadrat zum MC radix trat, was das ganze Horoskop verbindlich in Schwingung versetzte: Neptun nahm Jupiter ein (eine bekannte Todeskonstellation), Pluto machte das Sextil zur Sonne, wodurch das »Spezialitäten-Dreieck« in Schwingung geriet.

Insgesamt entspricht das Kernhoroskop der Feststellung Bartschs, dass er aus Eigenem nicht mit sich selbst und seiner Veranlagung zurechtkommen konnte. Als er 21 Jahre alt war wurde ihm der Prozess gemacht: Erste Uranus-Krise: Uranus transitierte im Halbquadrat zu Uranus radix und hatte das Planeten-Paket im 8. Haus erreicht, von welchem zwei quintilische Aspekte ausgehen: das Quintil Saturn-MC und das Tridecil Pluto zu Venus-Mars. Das Urteil war Zuchthaus. Bartschs Begehren, anstelle der Inhaftierung kastriert zu werden, wurde nicht stattgegeben mit der Begründung, dass die Kastration ungesetzlich sei und in einigen vergangenen Fällen nicht erfolgreich gewesen war.

Anders als bei den vielen bereits untersuchten Horoskopen scheint hier das ursprüngliche Horoskop bereits jenes mit einer »besonderen Begabung«, wie eine Vorwegnahme von Lebensinhalten, zu sein! Es mutet an, als wäre Bartsch noch zu jung gewesen, um mit seinem starken Sexualtrieb umzugehen.

Auch dieses Beispiel-Horoskop zeigt sehr deutlich, wie in Krisenzeiten die quintilischen Aspektfiguren hervortreten und Möglichkeiten der Veränderung aufzeigen, auch die negativen. Das quintilische Horoskop weist hier auf härteste Lebenserfahrungen und zeigt die Lösungen, die das Leben zu bestmöglichen Entwicklungsschritten vorsah.

Marc Paul A. Dutroux

Die ehemalige Lehrerin Jeanine Lauwens, geschieden, hatte jahrelang keinen Kontakt mehr zu ihrem Sohn, Marc Paul A. Dutroux, gelernter Elektriker, zur Zeit seiner Verbrechen und bereits vorher arbeitslos. Sie ist eine gebrochene Frau, fühlt sich schuldig: »Ich habe diesen monströsen Kerl geboren. Warum konnte ich diesen Schrecken nicht verhindern? Schon als Bub war Marc, neben drei normalen Schwestern, ein Sonderling, ein Egozentriker, Einzelgänger, machthungrig, ohne Skrupel und ohne Mitleid und stets auf den eigenen Vorteil bedacht. Als er 15 war, habe ich Marc gesagt, er werde noch im Gefängnis enden. Er durchwühlte unser Schlafzimmer und bestahl uns.«

Mehrere Laster zeichnen diesen Verbrecher aus: Neben seiner sexuellen Abartigkeit machte er Geld mit Kinderpornos, verkaufte junge Frauen als Sexsklavinnen und trachtete, Mädchen an Bordelle zu verkaufen. Er schlug seine Ehefrauen. Die erste, mit der er 2 Kinder hatte, ließ sich scheiden. Sie sagte aus: »Er war aggressiv, teilweise gar widerlich und untreu«, aber von Pädophilie habe sie nichts bemerkt. Auch aus Justizkreisen hieß es, Dutroux sei eher ein Psychopath als ein Triebtäter. Der mit den Untersuchungen beauftragte Staatsanwalt hielt fest, Dutroux sei bei den Verhören »erschreckend gelassen«. Kinder waren für ihn offensichtlich nicht mehr als ein gewöhnliches Raubgut – wie die gestohlenen Autos, die er und seine Räuberbande in ganz Europa verschacherten. Marcs zweite Frau, Michèle, ehemalige Lehrerin, wurde ebenfalls geschlagen, war ihm hörig und zu jeder Abscheulichkeit bereit. Sie filmte die scheußlichen Taten. Die Aufnahmen verkauften sich für teures Geld.

1989 wurde Dutroux zu 13½ Jahren Haft verurteilt, aber bereits 1992 wegen guter Führung auf freien Fuß gesetzt. Der damalige belgische Justizminister hatte der vorzeitigen Entlassung zugestimmt, obwohl der Gefängnisdirektor Dutroux einen »perversen, uneinsichtigen Psychopathen« nannte und sich zwei von drei zuständigen Kommissionen gegen einen solchen Straferlass ausgesprochen hatten. Vier Jahre später, am 13.08.1996, wurde Dutroux erneut verhaftet. Er gestand, sechs Mädchen entführt zu haben, erst Julie und Melissa, dann An und Eefje, die er monatelang missbrauchte und anschließend in einem versteckten Kellerverlies qualvoll verhungern ließ. Die vergrabenen Leichen der Mädchen wurden auf einem benachbarten Grundstück, das Dutroux gehörte, aufgefunden. Laetitia und Sabine konnten am 15.08.1996, ausgehungert und mehrfach vergewaltigt, aber lebend, aus dem Kerker in Dutrouxs Haus bei Charleroi befreit werden. Sie sollten an einen Ring von Pornohändlern nach Prag, Amsterdam und Südafrika verkauft werden. Die Polizei hatte bei einer früheren Hausdurchsuchung das geschickt getarnte Versteck im Keller übersehen. Seit dem 13.8.1996 sitzt der Kinderschänder in einer Hochsicherheitszelle im Gefängnis von Arlon. Die Polizei vermutet weitere Verbrechen. Dutroux war arbeitslos und besaß mehrere Häuser. Woher kam das dazu nötige Geld? Er würde jedoch nie etwas zugeben, was ihm nicht nachgewiesen werden kann.

Obwohl beide schändlich und extrem grausame Scheusale, sind die Mörder Bartsch und Dutroux nicht vergleichbar. Bartsch war homosexuell, sexuell getrieben, zwanghaft abartig und extrem sadistisch. Sadisten genießen ihr eigenes Mitleiden. Er wusste, was er den Kindern antat, bereute und bedauerte seine Morde und drängte schließlich zu seiner eigenen Kastration. Dutroux dagegen war erschütternd menschenverachtend, zynisch und machtbesessen. Sein Treiben diente ihm nicht vorwiegend zu Lustbefriedigung und Vergnügen, sondern um leicht Geld zu machen. Dafür tat er alles – gewissen-, skrupel-, mitleidlos und unmenschlich. Eine vergleichbare, sexuell sehr starke, eindeutige Konstellation, wie Bartsch sie in seinem Horoskop aufweist, fehlt bei Dutroux. Skrupellos und gierig trachtete er hingegen nach Geld.

Wahrscheinlich ist der Hintergrund seiner Verbrechernatur in einer ererbten psychischen und geistigen Krankheit zu sehen: Victor Dutroux, Lehrer, Marcs depressiver Vater, ist gewalttätig und lebt nach einem Aufenthalt in einer psychiatrischen Klinik, abgeschieden einzig an seinen Pflanzen interessiert. Ein Bruder Marcs ist schizophren, während die Mutter und Schwestern keine derartigen Auffälligkeiten zeigen.

Rote Aspekte beherrschen das Geburtsbild. Die Ich-Seite des Horoskops ist überstark besetzt, davon sind mehr als die Hälfte der Sterne im 1. Quadranten, Ort des egozentrischen Ich-Bewusstseins. Sonne, Merkur und Aszendent in Skorpion, im T-Quadrat zu den beiden Kentauren Chiron und Pholus sowie dem schwarzen Mond, alle von Saturn beherrscht, versucht es gerne mit raffinierten, bösen Tricks, in Wassermann kaltblütig und ungeduldig – »bist du nicht willig … ICH werde es dir zeigen!«. Der Herrscher des 9. Hauses, Mond in Schütze und im 2. Haus, stimmt zu – aus dem bestärkenden Gefühl selbstverständlicher Berechtigung.

Mars, allein im 2. Quadranten, ist Spannungsherrscher, beherrscht vom exilierten Uranus in Löwe, im Haus der Lebensphilosophie, die hier überheblich und menschenverachtend daherkommt. Dessen Konjunktion mit Transpluto weist z. B. auf seine Ehefrauen: Als Herrscher von Mars und in Opposition zweier Kentauren und des schwarzen Mondes, ist das despotische Gebaren ihnen gegenüber trefflich beschrieben: Er verlangte bedingungslose Unterwürfigkeit. Die erste Frau verließ ihn, die zweite war ihm hörig: Venus in Waage, im Haus der Gesinnung, entspannt die rüde Opposition. Letztere wusste, dass im Keller zwei Mädchen am Verhungern waren! Mars im 4. Haus und im Trigon zur Skorpion-

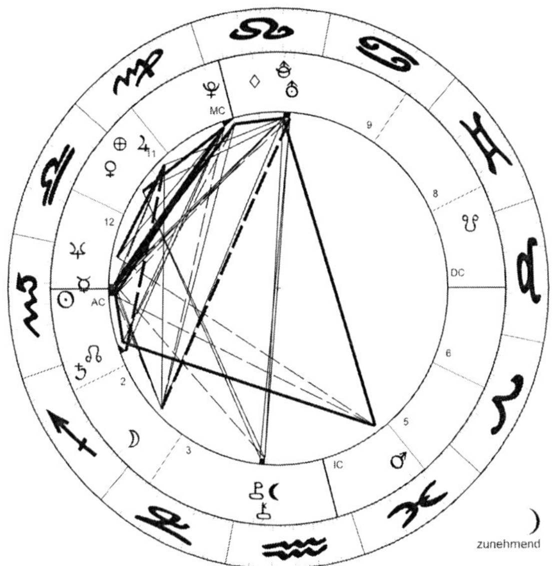

Abbildung 91: Marc Paul A. Dutroux, 6.11.1956, 7h35, Ixelles/B

Sonne ist zugleich Hinweis auf die männlichen Familienmitglieder. Fische weist hier auch auf deren Seelenkrankheiten und die psychische Auffälligkeit von Dutroux. Der Drachenkopf in Skorpion bewegt sich von Saturn in Schütze weg, der Sonne entgegen: Es gälte die schöpferische Kraft des Skorpions zu entwickeln.

Im Kernhoroskop sind vorwiegend rote Aspekte verblieben und beachtliche vier blaue, die leicht auch Böses transportieren. Auffallend ist, dass – wie bei Bartsch – nur eine einzige geschlossene Figur mit quintilischen Aspekten vorkommt: nämlich das kleine Dreieck Pluto-Aszendent-Drachenkopf. Das Quintil Mars-Drachenachse zusammen mit dem Quadrat zu Pluto verschärft das Thema der stark psychisch angeschlagenen Männer der Familie. Anscheinend waren weitere Vorfahren Dutrouxs vom Thema betroffen.

Zu wissen wie, das erwähnte kleine Dreieck mit Pluto Quintil Aszendent in der Halbsumme Sonne/Merkur, Halbdecil Drachenkopf, dazu »stets ausgeklügeltes Organisieren«, Pluto in Jungfrau,

Abbildung 92: Marc Paul A. Dutroux, 6.11.1956, 7h35, Ixelles/B, Kernhoroskop quintilisch, Orbis 1°

verhalfen schließlich zu angenehmem Wohlleben. Die Mädchen waren nicht allein für abartiges Vergnügen gut, zusätzlich konnte man mit der Vermarktung des Porno-Materials schön Geld machen und sie anschließend erst noch als Sexsklavinnen verkaufen. Als Komplizen hatte sich Dutroux passende Gesinnungsgenossen und -genossinnen zugelegt (Venus und Jupiter im 11. Haus), wie den »Beau« Michel Lelièvre und den Immobilienmakler Jean-Michel Nihoul (beide wurden ebenfalls zu Haftstrafen verurteilt). Nicht zuletzt seine ihm hörige, zu jeder Abscheulichkeit bereite zweite Ehefrau Michèle (Venus in Waage entspannt die Opposition der beiden Kentauren Chiron, Pholus zu Uranus und Transpluto in den Endhäusern 3 und 9 und ist durch Decil mit Pluto verbunden). Dies alles trug dazu bei, dass dem grausamen Spiel lange unentdeckt gehuldigt werden konnte.

Zwei fast übereinanderliegende Halbsextile im 1. Haus, den Aszendent Skorpion, Sonne, Saturn und den Drachenkopf betreffend, weisen auf die überstarke Ich-Bezogenheit und Ich-Gefangenheit. Transpluto mit zulaufendem Uranus und Halbdecil zum MC deuten auf mögliche Herzrhythmusstörungen/Herzlosigkeit. Das Kernhoroskop beinhaltet alle quintilischen Aspekte außer dem Biquintil. Das Morden Dutroux's begann anscheinend, als er 39 war und als Folge seiner Verbindung zu einem Ring von Mädchen- und Pornohändlern. Wahrscheinlich haben die Morde bereits mit 36 Jahren – der Decilspanne von 36° – begonnen. Pluto erreichte zu der Zeit mit dem Sonnenbogen Venus, während Jupiter, Herr des Finanzhauses, per Sonnenbogen auf Neptun in Skorpion im 12. Haus vorgerückt war. Dessen Sextil zu Pluto und MC zeigt die illegalen finanziellen Anreize der Schandtaten.

Weisen quintilische Aspekte und Aspektbilder mit quintilischen Aspekten auf spezielle Talente?

Die vier dargelegten Fälle zeigen, dass quintilische Aspekte und deren Vernetzung mit den weiteren Aspekten im Horoskop mit dem Begriff »Talent« nicht genügend definiert sind. Es waren nicht Begabungen, welche die Attentäter zu ihren Untaten führten, sondern Geltungssucht, aufgestauter Hass und Rachsucht, hervorgerufen durch eingebildete, unbewältigte oder reale herabsetzende Erfahrungen, das Gefühl, übergangen und unterschätzt zu werden, psychische Krankheiten, Defekte, die zu Ausweglosigkeit, Verbohrtheit, Manie und Verfolgungswahn führten. Die Sexualverbrecher brauchten zwar ihre speziellen Talente und Beweggründe, um an die passenden Gelegenheiten heranzukommen, was sie dann aber taten, war nicht Begabung, sondern schändlichstes Verbrechen, Faszination des grausam Bösen und Abartigen – letztlich Unmenschlichkeit – schwerstes menschliches Vergehen. Der Mensch allgemein baut mit Vorteil auf seine Begabungen. Anscheinend weisen quintilische Aspekte vermehrt auf Beweggründe menschlichen Verhaltens und Tuns.

Aufgefallen ist mir, dass bei den beiden Sexualverbrechern keine Biquintile vorkommen. Sie handelten demnach nicht aus Überzeugung, sondern waren besessen und getrieben.

Die Massenmörder haben je ein Biquintil in ihren Horoskopen.

Charles Whitman war überzeugt, dass er in seinen Fähigkeiten unterschätzt wurde. Ronald DeFeo war überzeugt, dass seine Ernsthaftigkeit und die Bedeutung, welche die Verbindung zu seiner Schwester für ihn hatte, verkannt und unterschätzt wurde, deren Existenz jedoch rechtens war.

Bei den Wissenschaftlern hat Newton vier, Einstein eines und Heisenberg drei Biquintile. Dass sie in der Folge die Richtigkeit ihrer Überzeugungen beweisen konnten, macht wohl ihre Größe aus!

Sexualität als Beruf

Nachdem Horoskope von Sexualverbrechern zu quintilischer Untersuchung gelangten, interessieren zum Vergleich in der Folge Menschen, deren Berufe mit Sexualität zu tun hatten, die jedoch nicht kriminell waren.

Wilhelm Reich

Wilhelm Reich war Sexualforscher und Psychoanalytiker. Als er 12 Jahre alt war, warf der Selbstmord seiner Mutter Schatten auf seine unbeschwerte, natürliche Kindheit. Er machte sich schwere Vorwürfe, da er seinem Vater einen Seitensprung der Mutter mit seinem Hauslehrer verraten hatte. Bekannte Psychologen und Biografen betrachten dieses Kindheitserlebnis als Urszene in Reichs Lebensverlauf. Für mich ist es ebenso Ausdruck seiner Veranlagung, Dinge beim Namen zu nennen.

Mit 21 Jahren studierte Reich Medizin. Als ungemein fleißigen Studenten beschäftigten ihn viele offene Fragen der Wissenschaft, wie z. B. die Sexualforschung. Dabei beeinflussten ihn die Arbeit und Persönlichkeit von Sigmund Freud. 23-jährig wurde er Mitglied der Wiener Psychoanalytischen Vereinigung. Sein Buch über die FUNKTION DES ORGASMUS wurde von vielen Kollegen jedoch abgelehnt. Er entfernte sich in der Folge von der psychoanalytischen Technik Freuds und bezog im Gegensatz zu dieser den Körper konsequent in die Behandlung von psychischen Problemen mit ein, wodurch er erstaunliche Heilerfolge erzielte. Das Heiligtum der Psychoanalyse, den Ödipus-Komplex, lehnte Reich als »sozial bedingtes Phänomen« ab. Während er die Sexualunterdrückung als gesellschaftlich bedingt ansah, war Freud überzeugt, die menschliche Kulturentwicklung setze die sexuelle Unterdrückung voraus: »Kultur geht vor.« Reich wurde, ähnlich wie zuvor schon Jung, vom großen Seelenmeister Freud fallen gelassen.

Reichs Schrift MASSENPSYCHOLOGIE UND FASCHISMUS (1933) wurde zum Kultbuch und Wegbereiter der Pariser Studentenrevolte. Auf dem Campus der Universitäten begann eine Kampagne der sexuellen Information und Aufklärung, mi Hilfe von bedeutenden Fachleuten für Familienplanung und unter Berufung auf die sehr wichtigen, weil politisch und gesellschaftlich revolutionären Thesen Reichs. Diese Kampagne führte zur Besetzung der Studentenhäuser und zur Aufhebung der Hausordnung in jenem Heiligtum jungfräulicher Reinheit und Keuschheit.

Wilhelm Reichs Behandlungspraxis beinhaltete keine beruhigende »Couch«-Therapie. Selbst vor »heißen Kartoffeln«, wie der Liberalisierung der (jugendlichen) Sexualität und vor Schwangerschaftsabbrüchen aus psychischen Gründen schreckte er nicht zurück. Reich war konsequent: Unbeirrt setzte er seine berufliche Laufbahn für das Recht der Frau aufs Spiel. Durch die Anfechtungen Freuds und der ganzen Kollegschaft zermürbt emigrierte Reich 1939 in die USA. Er wurde psychotisch, nachdem er bereits in den Jahren zuvor verschiedene depressive Krisen hatte überwinden müssen. Er bekämpfte weiter sexuelle Unterdrückung, wobei er bei Verkrampften schon mal eine Tracht Prügel verabreichte, um die Libido aus den versteiften Halsmuskeln raus zu klopfen. Aus der Libido entwickelte er die *Orgontheorie* und damit den *Oszillographen*, mit Übernamen »Sexkasten«, in den hinein er Patienten nackt schickte. Die Orgon-Kasten-Methode fand großen Anklang bei der Behandlung unheilbarer Krankheiten wie Krebs. Bei seinen Forschungen fand Reich Zusammenhänge zwischen emotionalen Blockaden, Energiestau, Zellauflösung und Krebs. (Dazu passt die heutige

Beobachtung, dass dem Ausbruch von Krebs meist eine große emotionale – jedoch unüberwindbare – Enttäuschung vorausgeht.)

Reichs Erkenntnisse hatten und haben weitreichende Folgen und wurden von einigen seiner Schüler übernommen, z. B. von Alexander Löwe mit der Technik *Bioenergetik* und Fritz Perls, dem Begründer der *Gestalttherapie* sowie vielen weiteren Therapeuten, welche in der Folge die Körperlichkeit zur Grundlage ihrer Heilmethoden machten. Bücher: DIE FUNKTION DES ORGASMUS 1927, DIE SEXUELLE REVOLUTION 1945. Im Jahr 1947 begann eine veritable Hetzjagd der Medien gegen Reichs Behandlungsmethoden. Nach verlorenen Prozessen musste er im Alter von 60 Jahren für zwei Jahre ins Gefängnis, wo er im selben Jahr am 3.11.1957 an Herzversagen starb. Reich war mehrmals verheiratet. Mit der ersten Frau, Annie Pink, bekam er zwei Töchter, mit der dritten Frau, Ilse Ollendorf, einen Sohn.

Lauter geometrische Figuren, Vier- und Dreiecke, kennzeichnen dieses außerordentliche Horoskop. Die ausschließlich geschlossenen, symmetrischen, äußerst markanten Figuren deuten auf eine starke Persönlichkeit hin. Sie decken sich mit vielen Aussagen der Biografien Wilhelm Reichs. Der »Sexual-Therapeut und -Schriftsteller«, Wilhelm Reich ist mit der Opposition Venus-Schwarzer Mond zu Chiron in den erotischen Zeichen Stier-Skorpion und in den Studienhäusern 3–9 bestens ausgewiesen. Deren Verbindung (Quadrate) mit der Drachenachse deutet auf eine Lebensaufgabe hin, wie auch der Aszendent Wassermann mit dem Herrscher Uranus in Konjunktion mit dem MC, welche sämtliche Figuren miteinander verbinden. Reich erfüllte seine Mission über alle Hindernisse und Anfeindungen hinweg – wozu ihn sein Horoskop unbarmherzig zu verpflichten scheint. Er fühlte sich dabei seinen Erkenntnissen schuldig. Doch Wahrheiten über die Natur des Körpers werden von der Masse stets zögerlich akzeptiert, da sie anstrengende Eigenleistungen zur Folge haben und von Profiteuren mit allen Mitteln bekämpft werden. Das gilt noch heute! Hoffnung bereiten zunehmend Menschen, die erkannt haben, dass Körper, Geist und Seele einander bedingen, eins sind.

Abbildung 93: Wilhelm Reich, 24.3.1897, 3h40, Dobzau/A

Abbildung 94: Wilhelm Reich, 24.3.1897, 3h40, Dobzau/A, Kernhoroskop quintilisch, Orbis 1°

Überraschend vielfältig zeigt sich das Kernhoroskop von Wilhelm Reich. Ausnehmend viele der geschlossenen, symmetrischen Figuren übersteigen 1° kaum oder gar nicht. Alle Aspektarten sind vertreten.

Außer dem Biquintil sind im Kernhoroskop sämtliche quintilischen Aspekte vorhanden. Diese bilden mit dem übrigen Horoskop zusammen meist geschlossene Figuren. Dominierend ist ein fast ausschließlich quintilisches Viereck. Rote und schwarze Aspekte, die sich gegenseitig durch ihre Verwandtschaft verstärken, überwiegen die grünen und blauen leicht. Rote und schwarze Aspekte bilden den Hintergrund von Reichs absoluter Konsequenz, mit der er seine Erkenntnisse umsetzte, was schließlich zu Zuchthaus und seinem Tod führte.

Auffallender und gleichzeitig bezeichnend ist das Fehlen von Biquintilen. Reich handelte weniger aus Überzeugung als aus Erkenntnis: Die beiden Finger-Gottes (Yod) mit Aszendent und Mars an ihren Spitzen zeugen einerseits von seiner starken Beziehung zur Natur, hier der Körperlichkeit, andererseits von Reichs starker Motivation, seinen Erkenntnissen zu folgen (Mars im Sonnen-/Lebenshaus 5, Aszendent Wassermann mit Geburtsherrscher Uranus am MC). Ein Freund Reichs beschrieb diesen als »körperlich ungemein entspannt«, dessen Geist jedoch »ruhe selten«. Die beiden Kentauren warnten Reich davor, Erkenntnisse zu missachten. Er gab Letzteren jedoch mehr Gewicht als deren Warnung, sein Leben zu schützen. Auf die betonte Körperlichkeit weisen zudem die beiden Halbdecile.

Tridecile treten in Reichs Horoskop vermehrt auf. Von den postulierten Bedeutungen dieses Aspekts bewähren sich hier quasi alle, wie: »Vorstellungsvermögen, Einfälle, Wissenschaft, Erkenntnis, Beziehung zum/Erforschung des Unbewussten, Übersinnlichen, Freiheitsbedürfnis, Fortschritt, Sensibilität, Menschseinsidee, Mystik, Inspiration, Finden, Erfinden, Wandlung, Irre, Überrissenheit, Bewusstseinsstörung, Verworrenheit.«

Oswalt Kolle kam 31 Jahre nach Wilhelm Reich als Sohn des deutschen Psychiaters Kurt Kolle auf die Welt. Oswalt betätigte sich als Sexualtherapeut, Publizist, Autor, Filmproduzent und war bekannt für seine Aufklärungsschriften und -filme der 60er- und 70er-Jahre.

»Liebe zum Davonlaufen« betitelte der Filmkritiker Christian Gehrig seine Kritik über die 150.000 Meter Aufklärungsfilm, Material aus Archiven und Dachböden, zu 50 Minuten Sexual-Wochenschauen der 60er-Jahre zusammengeschnitten: »Dem geneigten Publikum werden gegen 25 blanke Busen, mehr als fünf Scheiden, etwa drei Penisse – im Ruhezustand, selbstverständlich! – zwei verrenkungsintensiv kopulierende Holzgliederpuppen, Schemen aus Medizinalbüchern und Schattenrisse sich vereinigender Paare gezeigt. Wobei das einzige wirkliche Mysterium körperlicher Liebe, wie sich Paare vereinigen, nicht enthüllt wird, wenn der Penis aus Zensurgründen zwischen die Beine gebunden werden muss.«

Doch Oswalt Kolle hatte eine große begeisterte Anhängerschaft, die allerdings zuweilen als arrogant und forciert empfunden wurde. In der Schweiz fand er kaum Beachtung. Von seiner Sache überzeugt und fleißig zusammensuchend und zusammentragend, verlief das Leben von Oswalt Kolle so weit unbescholten und aus seiner Sicht sehr erfolgreich.

Passend zum Thema »Verbindungen, Partnerschaften« finden sich in der Radix vier Oppositionen:

1. Sonne-Uranus – mit Sonne in Waage, Uranus rückläufig in Widder im erotischen 8. Haus.
2. Die Drachenachse mit dem Schwarzen Mond am Drachenschwanz im 4. Haus in einem geschlossenen roten Dreieck mit Pluto in Krebs im 11., dem Haus Gleichgesinnter.
3. Mars auf der Spitze 11 in Zwillinge in Opposition zum Kentaur Pholus – im eigenen Zeichen Schütze – tatkräftig und wirksam Fans bildend.

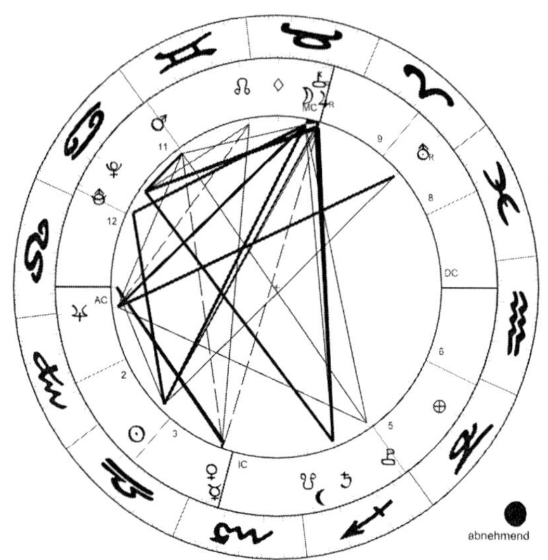

Abbildung 95: Oswalt Kolle, 2.10.1928, 2h00, Kiel/D

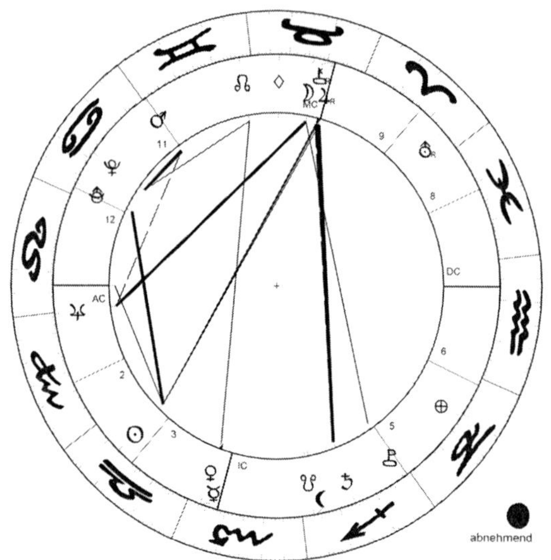

Abbildung 96: Oswalt Kolle, 2.10.1928, 2h00, Kiel/D, Kernhoroskop quintilisch, Orbis 1°

4. Die Erfolg verheißende Dreierkonjunktion am MC auf der erotischen Achse Stier-Skorpion in Opposition zu Venus und Merkur – gerade noch im 3. Haus.

Interessanterweise wiederholt sich hier die Sexual-Psychotherapeuten-Konstellation Venus Opposition Chiron in der Stier-Skorpion-Achse von Wilhelm Reich sowie dessen Verbindung von-Sonne mit Uranus. Doch mit der Wucht von Reichs Horoskop ist das Kolle-Geburtsbild nicht annähernd vergleichbar. Aber Kolle konnte aufbauen auf 30 Jahren Weiterentwicklung in der Sache und eine große Anhängerschaft. Er hat sicher von der Forschungsarbeit Reichs und dem Trend profitiert. Kolles Horoskop mit Jupiter, Chiron und Mond in Stier am MC, in klug eingesetzter, sichernder Verbindung zur Geburtsherrscherin Sonne in Waage sowie mit aktivierender Anhängerschaft – Mars in Zwillinge im 11. Haus in Opposition zum Kentaur Pholus in Schütze – und dem sichernden Saturn-Bonus aus dem Elternhaus, hat das Erfolgsversprechen der Radix erfüllen lassen.

Sämtliche Oppositionen und weitere Konstellationen sind im Kernhoroskop verschwunden. Wichtig bleibt jedoch in diesem Horoskop die Stierbesetzung, das Stellium am MC mit den Aspekten zu Tausendsassa Pholus, Saturn, Sonne und Neptun, der eben von Löwe in die therapiefreundliche Jungfrau wechselt. Das Quincunx Sonne in Waage mit dem Stier-Stellium verspricht Ansehen und pekuniären Erfolg. Die starke Besetzung des Menschseins-Quadrants erweist das gewählte Thema Sexualität – einzig in der Natur – als menschliche Problematik.

Einige quintilische Aspekte sind vertreten: Das Hauptgestirn Sonne ist per Quintil mit dem Waage-Herrscher Transpluto verbunden, was diskreten Druck aufsetzt. Neptun, Hausherr 8, dominant im 1. Haus bildet ein Tridecil zum Mond am MC mit Bedeutungen wie »Vorstellungsvermögen, Einfälle, Wissenschaft, Erkenntnis, Inspiration, finden, erfinden«. Vom Aszendenten führt ein Quintil zu Venus und Merkur im 3. Haus: »kräftig Schriften, Filme einsetzen«. Das Biquintil von Saturn im 4. Haus zu MC,

Jupiter, Chiron im Stier zeigt die Überzeugung, mit welcher er seine Ideen vortrug, sowie den »Bonus aus dem Vaterhaus«, der zu Bekanntheit und kommerziellem Erfolg führte.

Mae West

Mae West war der erste Sex-Star des amerikanischen Films, Kultfigur, Showgirl, Kabarettistin, Bühnen- und Filmschauspielerin. Sie war bekannt für ihren Esprit, ihre Wortgewandtheit (»Nicht die Männer in meinem Leben zählen, sondern das Leben in meinen Männern.«) und obszöne Direktheit (»Is that a gun in your pocket or are you just glad to see me?«). Sie spielte noch mit 84 Jahren sexbetonte Rollen und starb über 87-jährig am 22.11.1980.

Bereits mit 8 Jahren stand sie in einem kleinen Vorstadttheater auf der Bühne. Als 14-Jährige machte sie sich mit ihrer rauen Stimme und ihren schon sehr üppigen Formen einen Namen in Kabaretts. Das von ihr 1926 verfasste Theaterstück SEX, welches das Leben einer New Yorker Prostituierten schildert, löste im prüden Amerika der 20er-Jahre einen Skandal aus. Nach 375 ausverkauften Vorstellungen wurden weitere verboten und die Autorin wegen Jugendgefährdung für eine Woche ins Gefängnis gesteckt. 1928 folgte das Stück DIAMOND LIL, das später mit Cary Grant verfilmt wurde.

Wests Karriere in Hollywood begann 1932, wo sie mehrere Filme drehte. Im Mittelpunkt dieser Streifen standen der aufreizende Hüftschwung des platinblonden Stars und ihre 109 cm Oberweite. Fotos der in einen weißen Fuchspelz gehüllten, tief dekolletierten Filmdiva zierten damals die Soldatenspinde in den Kasernen und die Fahrkabinen der Fernfahrer. Ihren Stil, eine noch nie da gewesene Mischung aus Sinnlichkeit und Humor, perfektionierte sie unermüdlich bis ins letzte Detail. Als Meisterin der doppeldeutigen Anspielung gelang es ihr dank ihres genialen Timings, aus der unschuldigsten Bemerkung einen anzüglichen Spruch zu machen. Oft schrieb sie zu diesem Zweck das Drehbuch um, bis ihr der Text auf den wohlproportionierten Leib zugeschnitten war.

West war felsenfest davon überzeugt, dass Sex gesund sei – ihre

Gesundheit lag der Nichtraucherin und Abstinenzlerin sehr am Herzen. (Anmerkung: Sex hält die entsprechende Hormonbildung aufrecht, was die Alterung hinausschieben kann.) Nicht intellektuelle Fähigkeiten, sondern ein athletischer Körperbau faszinierten sie an einem Mann, und so säumte eine endlose Reihe von Boxern, Schwingern und Bodybuildern ihren Lebensweg. In ihren Filmen hatte West selten einen Ehemann und nie ein Kind – und im wirklichen Leben hielt sie es genauso. »Heiraten? Ich habe weder Zeit für einen Ehemann noch für ein Kind. Mein ganzes Leben lang habe ich auf mich achtgegeben, als wäre ich mein eigenes Kind«, erklärte die Egomanin in einem Interview. Sie brauchte täglich zwei Stunden fürs Anziehen und Make-up und erschien immer mindestens eine halbe Stunde zu spät am Filmset.

Ab den 50er-Jahren tourte West mit ihrer eigenen Revue durch die USA. Mit den gut gebauten, halbnackten Männern, die sie dabei auftreten ließ, nahm sie die Entwicklung des Männer-Striptease um ein Vierteljahrhundert vorweg. Ihre letzten beiden Filme waren MYRA BRECKINRIDGE (1969) und SEXTETT (1978), in welchem sie eine Sexgöttin spielte, die einen mehrere Jahrzehnte jüngeren Mann heiratet. Die letzten Lebensjahre verbrachte sie zurückgezogen mit ihrem Lebensgefährten Paul Novak, Bodybuilder, mit dem sie 27 Jahre zusammenlebte. Sie starb am 22.11.1980. Auch im Sarg machte sie noch eine gute Figur – sie sah nur halb so alt aus, wie sie wirklich war.

Fast alle Gestirne gewichten in der Instinkthälfte der Radix, die zudem mit einer vielseitig symmetrischen und geschlossenen Figur beeindruckt. Der emotionale, ausdrucksstarke und lebensintensive 2. Quadrant ist weitaus am meisten betont. Damit besteht kein Zweifel an der Richtigkeit des Horoskops, errechnet nach Wests eigenen Geburtsangaben.

Das 1. Haus mit Aszendent und Jupiter in Stier widerspiegelt das einschlägige Auftreten des erfolgreichen Stars. Neptun und Pluto in Zwillinge (über Jahre in den Horoskopen dieser Zeit) beschreiben eine Zeit der Entfesselung, Veränderung und Auflösung von Gefühls-/Erotiktabus. Die Opposition Plutos zum Schwarzen

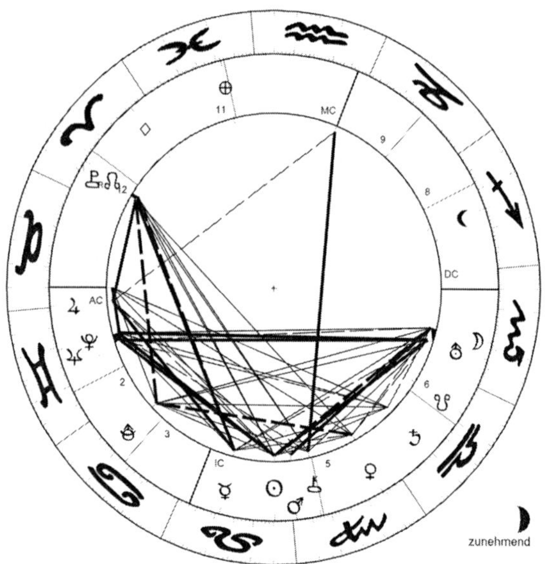

Abbildung 97: Mae West, 17.8.1893, 22h30, New York NY/USA

Mond sowie das Quincunx zum Mond in Wests Radix zeigen, mehr oder weniger bewusst, das Bild der Frau im Visier des Stars.

Im 2. Haus ist der Hintergrund von Wests Selbstsicherheit zu finden, ihre Wortgewandtheit und Fähigkeit, sich gefühlsstark einer eindeutig betonten Aufmachung zu bedienen. Der tiefschürfende Skorpionmond im Haus des Überlebens hat beinahe zu allen andern Gestirnen Verbindung. Kaum an Uranus vorbei, zeigt er die erotischen Fakten im Zeichen der Veränderung des Frauenbildes.

Pholus, abenteuerlicher, herausfordernder, oft übertreibender Kentaur, steht in enger Konjunktion mit dem Drachenkopf. Im 12. Haus läuft er unter der Vorsehung und dem Diktat einer kommenden Entwicklung in der westlichen und schließlich östlichen Welt, die – vorwegnehmend – mit West angedeutet ist. Pholus ist zudem verbunden mit der Löwe-Sonne und dem weiteren Kentaur, Chiron, beide stark in ihren eigenen Zeichen, und durch Mars in deren Halbsumme. Der Star zweifelte keinen Moment, das Richtige zu tun. Den Konflikt Stier-Löwe löste sie, indem sie für die Frau mehr

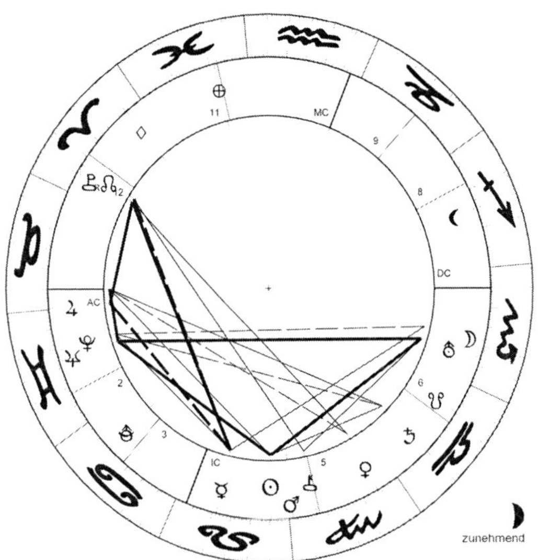

Abbildung 98: Mae West, 17.8.1893, 22h30 New York/NY/USA, Kernhoroskop quintilisch, Orbis 1°

Weiblichkeit und Selbstbewusstsein vorsah und mit Venus in Jungfrau Trigon Aszendent Stier während eines langen Lebens zeigte, wie Weiblichkeit durch ein sorgfältig auf Wirkung bedachtes Auftreten bewusst zu steigern sei. Bestehende Traditionen des Zusammenlebens von Frau und Mann sah sie als Hindernis der Selbstwerdung. Entsprechend der spärlich besetzten Ideenhälfte ihres Horoskops, war ihr kaum bewusst wie sehr sie mit ihrer Provokation im Trend gesellschaftlicher Veränderungen lag – Aszendent Anderthalbquadrat Saturn in Waage. Jupiter, Herr von Haus 8, vor dem Übertritt von Stier in Zwillinge mit Trigon zum MC Wassermann, bestätigt die entsprechenden Veränderungstendenzen.

Nicht nur bleiben im Kernhoroskop sehr viele Aspekte des Horoskops gültig – sämtliche quintilischen Aspektarten legen sich zudem mit vielen geschlossen Figuren über das übliche Bild. Von daher ist es ein markantes Horoskop. Das Bild der »Wiege mit Verdeck« – vorwiegend im Instinktbereich des Horoskops – passt perfekt: In der Wiege liegt ein Kind der Zukunft!

Mit drei Quintilen ist der quintilische Grundaspekt am meisten vertreten. Es passen fast alle bis dato dafür geprägten Begriffe: Sexual-, Schöpfer-, Gestaltungs-, Verwirklichungs-, Durchsetzungskraft, Kunst, Egozentrik, Direktheit, Rücksichtslosigkeit, Leidenschaft, Triebhaftigkeit, beeindrucken, beeinflussen, Geltungs- und Machtbestreben, provozieren, beherrschen. Das quintilische Dreieck Merkur-Jupiter-Pholus und Drachenkopf spricht für Wests scharfe Zunge. Geschichtlich gesehen, hatte sie der Welt etwas zu sagen (Drachenkopf mit Pholus im 12. Haus, Widder). Das Dreieck Neptun und Pluto Biquintil Uranus mit beidseitigen Quintilen zur Sonne – gleichschenklige Dreiecke sind stets auch Halbsummen – zeigt mit den drei geistigen Planeten die übergeordnete Rolle, die West zukam, das Biquintil Uranus-Neptun weist auf deren Überzeugung und Glaube an ihre Besonderheit und Mission in der »wichtigsten Sache der Welt«. Es fällt hier auf, dass den meisten Aspekten und Figuren neben der persönlichen eine überpersönliche Bedeutung zukommt.

Larry Flynt

Larry Flynt war Verleger und Herausgeber des Porno-Magazins HUSTLER. Er war mit der Journalistin und Co-Verlegerin Althea Flynt verheiratet.

Die Horoskope von Larry Flynt und Mae West gleichen sich von Bild und Lage her sehr. Beider »Mission« hatte das gleiche Thema, die Sexualität. Der Instinkt- und Gefühlsbereich des Horoskops eignet sich besonders, um die Heerscharen der Interessierten anzusprechen, zu animieren und befriedigen. Bei näherem Hinsehen werden unterschiedliche Einzelheiten der beiden deutlich: Flynt war Verleger, nicht Akteur. Entsprechend ist der Aszendent in den Zwillingen, das 3. Haus mit dem Löwemond stark besetzt und thematisiert Merkur in Waage die erotischen Faktoren in Skorpion: Mars, Venus und Sonne.

Das Horoskop zeigt mehrere geschlossene Figuren. Pholus, an Haus 8 in Steinbock, bildet ein Quincunx zum Mond und ein Halbquadrat zu MC und Drachenschwanz.

Abbildung 99: Larry Flynt, 1.11.1942, 21h10, Salyersville/KY/USA

Abbildung 100: Larry Flynt, 1.11.1942, 21h10, Salyersville/KY/USA, Kernhoroskop, quintilisch Orbis 1°

Quincunxe haben einen Kontroll- und Warncharakter. Bestimmt war Vorsicht angesagt: Als Pornographie-Verleger war man zu der Zeit noch Kritik und argwöhnischer Überwachung ausgesetzt, davor hatte man sich ständig vorzusehen. Mit der großen symmetrischen »Becherfigur«, dem Trapez Neptun Halbquadrat Mars und beidseitigen Trigonen zu MC, Drachenschwanz sowie zu Uranus in Zwillinge im 12. Haus, ist von lichtscheuen medialen Frivolitäten und abseitigen Freiheiten die Rede, die zu genießen jedermann Anrecht habe. Dass man damit die Liebe von der Sexualität trennt, blieb und bleibt vielfach unbemerkt oder nimmt Mann im Hinblick auf Kitzel und Brisanz in Kauf. Ganz anders übrigens auf den berührenden Gemälden vieler bekannter Künstler, auf denen ihre Liebe zu einer Frau »pornografisch« dargestellt ist. Ein Überzeugungsdreieck Venus-Pholus-Saturn sind in Flynts Leben und Kernhoroskop tragende Elemente. Venus in Skorpion und Haus 5, Biquintil Saturn in Zwillinge: veraltete Strukturen im Erotikbereich könnten für jedermann zugänglich gemacht werden.

Ein gutes Selbstwertempfinden – Jupiter erhöht in Krebs und Haus 2 – sowie Biquintil Drachenschwanz in Fische am MC lassen Erfolg ahnen, nicht zuletzt finanziellen. Mond und Mars, durch Quintil in seiner Bedeutung aktiviert und verschärft, zeigt: Pornografie soll allgemein verfügbar gemacht werden mit Sonne Quintil Chiron: alles legal.

Saturn und Uranus sind rückläufig im 12. Haus, während Zwillinge mit dem Aszendenten zusammen grünes Licht für die lichtscheue Sache verspricht. Uranus ist ferner Ecke zweier Dreiecke, beide auf der Basis von Uranus Anderthalbquadrat Pholus. Das rote Dreieck mit der Spitze MC Fische am Drachenschwanz deutet auf mögliche Schwierigkeiten, mahnt zu Vorsicht. Doch mit den Luftplaneten Uranus und Transpluto in Luft- und Feuerzeichen und Quincunx MC-Transpluto soll, zwar mit Vorsicht und Diplomatie, doch etwas gewagt werden. Möglicherweise wirkten sich Hindernisse in der Folge positiv auf das Produkt aus: Verbotenes interessiert bekanntlich besonders. Die beiden weiblichen Gestirne Mond und Venus in Verbindung mit Erdplaneten deuten zudem auf die mögliche – ja wahrscheinliche – Qualitätssteigerung der Pornobilder/Pornohefte und die Unterstützung, die Flynt durch seine elf Jahre jüngere Frau, die Journalistin und Co-Verlegerin Althea Flynt, geb. 6.11.1953, bekam.

John Holmes

Mit dem Namen des Porno-Stars John Holmes wird gleich seine Penislänge von 30 cm mit vermerkt. Er behauptete, mit 14.000 Frauen geschlafen zu haben, wirkte in über 3.000 Pornofilmen mit und war kokainabhängig. 1981/82 war er in Haft wegen des Verdachts, an einem Massaker à la Manson teilgenommen zu haben. Mangels an Beweisen wurde er freigesprochen. Er starb 44-jährig, am 13.3.1988 an Aids.

Auch dieser Fall der im Sexgewerbe Tätigen, Holmes, zeigt in der Radix die verblüffend ähnliche Gewichtung der Gestirne der beiden vorangehenden: die überstarke Betonung der Instinkthälfte vorwiegend im zweiten Quadranten. West und Holmes, die sich beide körperlich exponierten, überragen im 2. Quadrant der selbstbewussten, emotionalen und kreativen Selbstdarstellung. Zum Vergleich: Flynt, der mit seinem Porno-Magazin bekannt wurde, verteilt seine Instinktpunkte im 1. und im 2. Quadrant, der deutlich merkurisch betont ist.

Obwohl die roten Aspekte in Holmes' Radixhoroskop stark dominieren, sind daneben doch vier geschlossene symmetrische Figuren, alle mit grünen und blauen sowie teilweise roten Aspekten auszumachen – Hinweis auf Beweglichkeit und Unruhe. Zu dem Quadrat Mond-Pholus schließen ein Sextil und ein Halbsextil zum Dreieck mit dem Aszendenten auf. An der Aszendentenachse hängt wie eine »Badewanne« die Opposition mit seitlichen Halbsextilen und dem Trigon Sonne-Mond als Boden der Wanne sowie dem Quincunx Mond-Schwarzer Mond. Mit gleichartigen Faktoren besteht das kleine Dreieck auf der Seite Deszendent, vom 6. ins 7. Haus: das Sextil Neptun-Transpluto mit Halbsextilen zu Jupiter. Grüne Aspekte, Quincunxe sowie Halbsextile, sind in allen drei

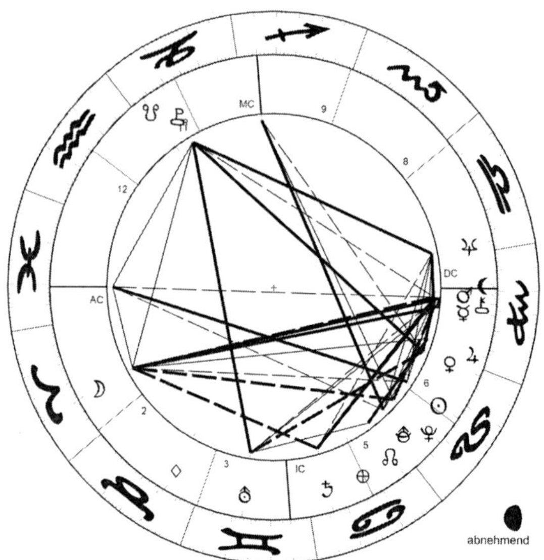

Abbildung 101: John Holmes, 8.8.1944, 22h00, Columbus/OH/USA

oben erwähnten Geburtsbildern relativ stark vertreten. Sie deuten auf Erwerbsfleiß, Perfektionierung, Ausschließlichkeit, Körper- und Gesundheitsthemen und haben einen elementaren Warncharakter. Die Drachenachse Steinbock-Krebs ist bezeichnenderweise von Uranus im 3. Haus in Zwillinge unverschämt konkret in pausenlose Spannung (Halb- und Anderthalbquadrat) gegen veraltete, hemmende Ansichten versetzt. Dieses Thema war mit Saturn im 4. Haus, Herr Haus 11, bereits im Elternhaus und durch Vorfahren angedeutet (mindestens durch besondere Penislängen, die sich als wirksames Instrument evolutionär entwickelten).

Mit starker Besetzung im 6. Haus, davon Sonne und Venus ausdrucksstark in Löwe, und weiter Mars, Merkur, Chiron und Schwarzer Mond in Jungfrau, im Haus der konkreten Lebensbewältigung, ist ein enorm vielseitiges Instrumentarium angedeutet: »Überleben« muss ein dringliches Thema gewesen sein. Doch, Überleben ist dem Tierkreiszeichen Jungfrau entsprechend keine einseitige, sondern

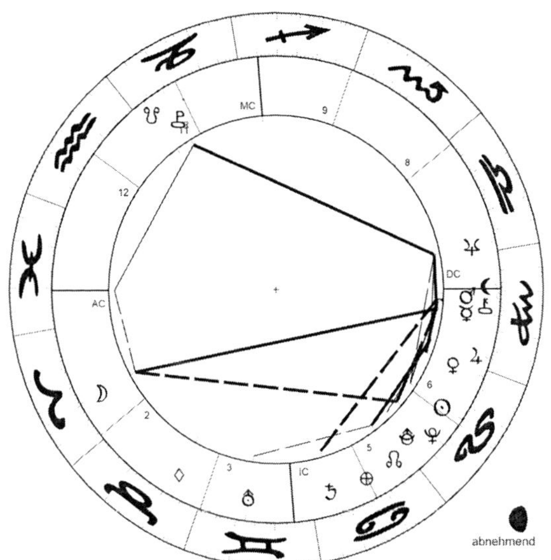

Abbildung 102: John Holmes, 8.8.1944, 22h00, Columbus/OH/USA, Kernhoroskop quintilisch, Orbis 1°

eine hoch komplexe Angelegenheit, wie die Lebensaufgabe, herauszufinden, was das Leben unterstützt und was es unterhöhlt: Holmes starb in der klassischen Zeit der Mittlebenskrise mit 44 Jahren an Aids. Gegenspieler zur »Jungfräulichkeit« ist der Geburtsherrscher Neptun. In Waage verspricht er gerne Wohlleben durch Spezialitäten – oft betäubende – sowie Bequemlichkeit durch Unterlassungen. Das kleine Dreieck verbindet Neptun zudem mit Transpluto – Herr von Haus 8 – im zu Exzessen neigenden Zeichen Löwe, in dem ihm entsprechendem 5. Haus und mit Decil zu Jupiter, wie das Kernhoroskop zeigen wird. Ein exzessiver Charaktereinschlag ist nicht zu übersehen.

Im Kernhoroskop sind sehr viele Aspekte weggefallen – umso stärker zählt, was verblieben ist und sich quintilisch verbindet. Die ansehnliche schwarze Figur ist nur scheinbar symmetrisch, schließt auf der Seite Jungfrau mit 54° (= 3x18°), was zwar drei Halbdecilen entspricht, hier aber ein Decil und ein Halbdecil ist. Doch als auffallend starke Figur ist sie als symmetrisch zuzulassen. Weitere geschlossene Figuren sind asymmetrisch und ungenau.

Ein Biquintil Mond-Merkur deutet auf Überzeugungen und Glaubenskräfte. Mond in Widder mit absolut exaktem Biquintil zu Merkur im Erwerbshaus bestärkte ihn grundlegend darin, dass seine überzeugenden Fähigkeiten zu aller und nicht zuletzt zu seinem eigenen Nutzen öffentlich zu demonstrieren seien. Das Tridecil Pholus in Steinbock zu Neptun in Waage – Geburtsherrscher – zeigt Dreistigkeit, Überrissenheit und den Glauben Holmes' an seine persönliche Wunderwirkung in der kulturellen Öffentlichkeit. Mit Neptun in Waage, beherrscht von Transpluto im 5. Haus in Löwe, ist zudem der exzessive Hang zu Genussmitteln, Drogen und schließlich der tödlichen Ansteckung mit Aids möglich. Ähnliches bedeutet das Tridecil Mond zu Pluto in Löwe im ausdrucksstarken 5. Haus. Mit solchem Publikumserfolg verlor Holmes jegliche Objektivität und Vorsicht.

Drei Halbdecile (Merkur-Neptun, Venus-Mars, Venus-Chiron) innerhalb von Venus und Neptun weisen als Aspekte, Häuser und Tierkreiszeichen auf Körperlichkeit und letztlich deren Anfälligkeit hin. Das Decil Drachenkopf in Krebs im 5. Haus zu Jupiter deutet auf Erfolg dank hemmungslos überzeugender Selbstdarstellung, Gerissenheit, Exzentrik, Kultur/Unkultur, was von Uranus in Zwillinge, Haus 3, durch Halbquadrat in dieselbe Richtung unterstützt wird. Am Drachenkopf wird jedoch gewogen, gezählt und festgehalten, was über das Leben hinaus für ihn selbst und schließlich für die Menschheit als Ganzes evolutionär von Bedeutung ist.

Sport

Ayrton Senna

Bekannter und bis heute vergötterter brasilianischer Autorennfahrer, der mit 34 Jahren am 1.5.1994 auf der Rennstrecke verunfallte. Mit überschrittenem Tempo hatte er, als dreifacher Weltmeister, seinen Zenit erreicht.

Senna hatte Benzin in den Adern und Tempo im Gefühl. Wenn Senna im Cockpit saß, dann war er bereit sämtliche Grenzen zu überschreiten. Fernab der Rennstrecken jedoch sei Senna ein Ausbund an Wohlanständigkeit gewesen, ruhig, schüchtern, unauffällig, erzählte Gascon, der Mechaniker von Senna. Auf der Piste verwandelte er sich, wurde zum Teufelskerl. Dann hatte er nicht 25 Konkurrenten, sondern 25 Feinde. Besessen von einem unstillbaren Siegeswillen war er bereits, als er mit der Rennfahrerei anfing. Und dies, obwohl er als Kind lange bezweifelt und als tollpatschig bezeichnet wurde.

Tragischer mutete jedoch an, dass der Rennkünstler von Triumph zu Triumph eilte, derweil die meisten Menschen, die ihm nahe standen, auf der Strecke blieben. Die Eroberungen, die er machte, glichen sich in einigen Merkmalen des Erscheinungsbildes: Alle waren von hoher Statur, mit einem bildschönen, athletischen Körper. Die Bindungen dauerten jedoch nie lange. Von seiner ersten und einzigen Frau, die er als zwanzigjähriger Springinsfeld geheiratet hatte, trennte er sich bereits nach acht Monaten. Der Mond in Steinbock – »sachlich im Fühlen, Gefühl für Sachliches und für Sachlichkeit« – ist quintilisch verbunden mit der Mondknoten-Achse. Er lief bei der Geburt von Senna auf den im eigenen Zeichen Steinbock stehenden Saturn zu. Auch Nabelschnüre zu Freunden schnitt er anscheinend emotionslos durch, wenn sie ihm nicht mehr ins Konzept passten. Um seine Eltern und Geschwister kümmerte er sich kaum – dies in einem Land, in dem die Familie mehr gilt als alles andere. Seine Eltern versuchten erfolglos, den Sprössling in andere Bahnen zu lenken. Kurze Zeit gab Senna dem Drängen des Vaters nach, schnupperte in dessen Unternehmung Büroluft und immatrikulierte sich an einer Hochschule. Doch ob dem Schneckentempo dieses Lebens ging er fast ein.

Am Samstag, dem 30. April 1994, lieferte Senna während des Trainings für den Großen Preis von San Marino seine letzte Glanzleistung ab. Ohne die hilfreiche Elektronik, die auf die neue Saison hin verboten war, drückte der Brasilianer den alten Rundenrekord von Nigel Mansell um 3 Zehntelsekunden. Am folgenden Tag, am

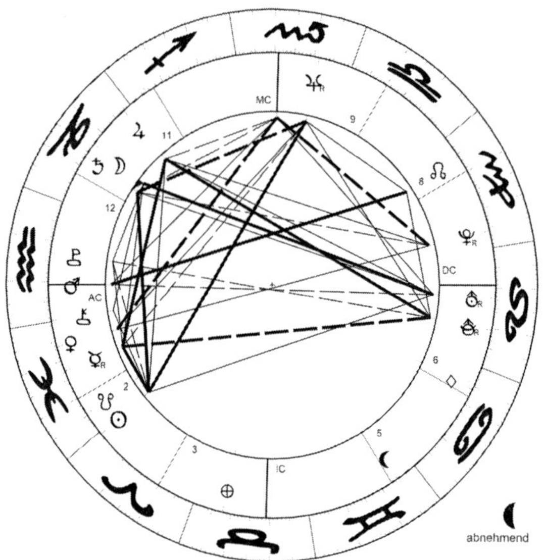

Abbildung 103: Ayrton Senna, 21.3.1960, 3h18, Sao Paulo/BRA

1. Mai 1994, verunfallte er tödlich. Er, der keine Niederlagen akzeptierte, starb, wie er lebte: in Führungsposition und als dreifacher Weltmeister. Bis heute ist das Grab von Senna Wallfahrtsstätte!

In Radixhoroskop des Brasilianers bilden die zahlreichen Aspekte durchgehend geschlossene Figuren. Allein schon dadurch ist es ein Ausnahme-Horoskop. Es weist auf die Fähigkeit hin, viele unterschiedliche, gleichzeitig wirkende Energien zu orten, aufzunehmen, auszuhalten und sie auch noch zu ordnen. Dabei dominieren die roten – uranischen – Radix-Aspekte sowie die verwandten quintilischen schwarzen Winkel. Sennas Horoskop weist mehrere quintilische, jedoch auffallend viele decilische Aspekte auf: »aktives Chaos, Katastrophe, Schöpfung«.

Zusätzlich beschleunigend und aktivierend in dieser an sich energetisch unruhigen Figur wirken die Sonne in Widder und Mars Konjunktion Aszendent in Wassermann. Als wollten sie Anlauf nehmen und die Geschwindigkeit regulieren, sind sämtliche Langsamläufer auf der Du-Seite des Horoskops rückläufig. Sogar

Merkur im ersten Haus ist rückläufig und zudem in Fische, in krasem Gegensatz zu der rasanten uranischen Horoskopfigur.

Die Gegensätze von »betont langsam« und »unruhig schnell« mag Hintergrund sein von Sennas außerordentlicher Tollpatschigkeit, welche seine Eltern auch beim Vierjährigen noch feststellten. Die Mutter kaufte ihm jeweils gleich zwei Eisstängel, denn einer landete bestimmt am Boden! Das magische Objekt, das den Ungeschickten dann in einen perfekten Meister verwandelte, war ein vom Vater gebasteltes Vehikel auf vier Rädern. Mit sieben Jahren schaltete der Bengel die Gänge eines Jeeps rauf und runter, ohne die Kupplung zu benützen – nur mit dem Erlauschen der Tourenzahl. Der verblüffte Vater kaufte dem Jungen einen richtigen Go-Kart, anstatt ihm die Ohren lang zu ziehen und wurde so zu dessen erstem Sponsor. Mit MC Skorpion und Pluto in Eckhaus 7 ist bereits viel plutonische Energie sowie seine spätere Faszination für den Rennsport angedeutet.

Bleibt erneut auf die Verwandtschaft der uranischen mit der plutonischen Energie hinzuweisen, welche die Geschwindigkeit hier ins Unermessliche zu steigern erlaubt haben. Die mathematische Verwandtschaft der uranischen mit den quintilischen Aspekten steigert deren Geschwindigkeit und Aussagekraft energiemäßig gewaltig.

Reinhold Messner

Reinhold Andreas Messner ist ein italienischer Extrembergsteiger, Abenteurer, Buchautor und ehemaliges Mitglied des Europäischen Parlaments (Verdi Grüne Vërc). Er erreichte zusammen mit Peter Habeler 1978 als erste den Gipfel des Mount Everest ohne Flaschensauerstoff. Messner stand als Erster auf den Gipfeln aller vierzehn Achttausender (1970–1986, jeweils ohne Flaschensauerstoff). Ebenfalls als Erster hat er einen Achttausender im Alleingang bestiegen (Nanga Parbat 1978). Er durchquerte die Antarktis, Grönland und die Wüste Gobi.

Reinhold Messner wuchs mit acht Geschwistern in Villnöß in Südtirol auf. Heute lebt er in Meran und auf seinem Schloss Juval

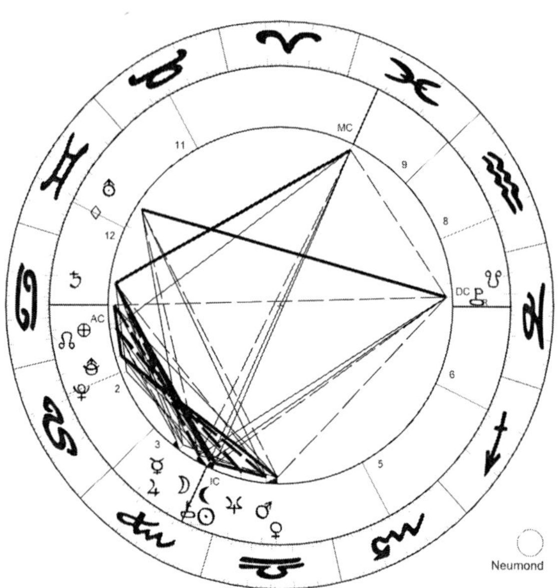

Abbildung 104: Reinhold Andreas Messner, 17.9.1944, 1h00, Villnöß-Brixen/IT, Radix mit quintilischen Aspekten

im Südtiroler Vinschgau. Außerdem unterhält er das Messner Mountain Museum. Er studierte Vermessungskunde an der Universität Padua. Ein Jahr lang unterrichtete er Mathematik an einer Mittelschule. Messner war von 1972 bis 1977 mit Uschi Demeter verheiratet. Aus seiner Verbindung mit Nena Holguin stammt eine Tochter. Am 31. Juli 2009 heiratete er seine langjährige Lebensgefährtin Sabine Stehle, mit der er drei gemeinsame Kinder hat.

Messner hat auffallend viele Quintile. Meine Deutung greift auf Dr. Walter zurück, der das Quintil als marsisch betonten Aspekt beschreibt. Da Messner daneben viele rote Aspekte hat, die mathematisch mit den quintilischen verwandt sind, wirken seine Quintile umso stärker. Messner hat seine sämtlichen Planeten und den Aszendenten innerhalb von 123° in den Häusern 11 bis 4 platziert, besonders viele befinden sich in den Häusern 3 und 4 um das IC herum, wodurch er auf Familienverhältnisse/Erbschaft zurückgreift.

Zudem stehen Sonne, Mond, Merkur, Jupiter, Chiron und der Schwarze Mond in Jungfrau um das IC herum platziert mit quintilischen und sehr vielen roten Aspekten, die sich durch die mathematische Verwandtschaft (5x18 = 90) gegenseitig unterstützen, d.h. einseitig unterstützen! Uranus ist Spannungsherrscher, sofern Pholus nicht einbezogen wird. Andernfalls wäre Pholus in Steinbock – durch quintilische Aspekte verbunden – Spannungsherrscher. Letzterer ist sicher von großer Bedeutung in diesem Geburtsbild: in Steinbock »der Teufelskerl«, wobei der absteigende Mondknoten in Steinbock wiederum auf die Herkunft Messners deutet, passend zum IC-Gedränge. Neumond setzt gerne Neuigkeit in ein Leben.

Musik

Wolfgang Amadeus Mozart

Johannes Chrysosthomos Wolfgangus Theophilus Mozart, Sohn des Komponisten Leopold Mozart, am 27.1.1756 im musikfreundlichen Land Österreich geboren, war Wunderkind, Klavier- und Violinvirtuose, Komponist. Bereits mit 8 Jahren schrieb er seine ersten Sinfonien, später u. a. EINE KLEINE NACHTMUSIK, Horn-, Klarinetten- und Klavierkonzerte, Requiems, Messen, Opern: HOCHZEIT DES FIGARO, ZAUBERFLÖTE, COSÌ FAN TUTTE. Mozart starb 35-jährig, am 3.12.1791. Zu Ruhm kam er erst nach seinem Tod.

Vollzählig und am stärksten zeichnen die quintilischen Aspekte im Kernhoroskop von Mozart. In einer eindrücklichen quintilischen Figur zeigen sie geschlossene, oft symmetrische Aspektfiguren, die durchgehend mit dem restlichen 1°-Horoskop verbunden sind. Besonders fällt das gleichseitige Dreieck aus Tridecilen auf, hier als Grundlage von Genialität: Mars Tridecil zu Jupiter sowie Tridecil zu Deszendent Uranus, Knotenachse mit Drachenschwanz und Transpluto in Fische. Diese sehr starke harmonische tridecilische Figur ist am Deszendenten mit einer weiteren symmetrischen Figur verbunden: Deszendent mit Uranus, Transpluto und Drachen-

Abbildung 105: Wolfgang Amadeus Mozart, 27.1.1756, 20h00, Salzburg/A

Abbildung 106: Wolfgang Amadeus Mozart, 27.1.1756, 20h00, Salzburg/A. Kernhoroskop quintilisch, Orbis 1°

schwanz im Decil zu Sonne, Merkur und im Tridecil zu Jupiter sowie im Decil zum Aszendenten, Drachenkopf. Entsprechend den gehäuften, verbindenden Faktoren war die Zuneigung zu seiner Cousine leidenschaftlich stark, jedoch mehr oder weniger im Verborgenen gelebt. Doch diese überirdische Konstellation (am Himmel eben), hat die großartige Musik von Mozart – entsprechend der Kraft der Liebe und ihrer grundlegenden Bedeutung – unsterblich gemacht. Venus in Wassermann, Quintil Mond Pluto: leidenschaftlich. Von dieser markanten Konstellation, in welcher alles mit allem »musikalisch« verbunden ist, geht die überirdische Leidenschaft seiner großartigen Musik aus.

Im Horoskop von Mozart macht eigentlich alles Figur. Seine Gestirnsfiguren sind fast durchgehend mit darunterliegenden Aspektbildern verbunden. Es kreuzen sich zwei Trigone und ein Sextil verbindet Jupiter mit Mond und Pluto.

Als Ganzes wahrgenommen könnte Mozarts streng geometrisches Horoskop als »Figurine des bindenden Ebenmaßes« bezeichnet werden. Seine sehr starken quintilischen Aspektfiguren deuten dabei auf eine große innere Leidenschaft, die sich über die Musik hinaus in der Verbindung zu seiner Cousine widerspiegelt hat.

Ludwig van Beethoven

Ludwig van Beethoven, Pianist, Komponist, Hauptvertreter der Klassik, war Schüler von Joseph Hayden. Er komponierte im Auftrag des Wiener Adels neun Sinfonien sowie die Oper FIDELIO. Zahlreiche Konzerte, Kammermusik, Klavierwerke, Messen und Chorwerke zeugen von seinem umfangreichen Schaffen. Er war erst 25-jährig, als er schwerhörig wurde. Mit etwa 50 Jahren war er vollständig taub. Er hörte Musik nur noch innerlich. Er starb am 26.3.1827 57-jährig an den Folgen eines sehr schmerzhaften Mund- und Rachenleidens, einer Leberzirrhose und eines Darmleidens.

Beethovens Radix weist fünf Biquintile, zwei Quintile, ein Tridecil, ein Decil und zwei Halbdecile (nicht eingezeichnet Lilith-MC,

Abbildung 107: Ludwig van Beethoven, 16.12.1770, 13h29, Bonn/D, Radix mit quintilischen Aspekten Orbis 1°

Pluto und AC-Drachenschwanz) auf, insgesamt sind alle quintilischen Aspekte vertreten. Ebenso alle neptunischen Winkel (40°, 80°, 120°, 160°). Die stärkste Figur ist jedoch uranisch. Diese bedeckt nahezu das halbe Horoskop. Uranus steht im Stier rückläufig im ersten Haus nahe der Spitze eines uranischen Dreiecks, das fast mit dem ganzen übrigen Horoskop liiert ist (45° AC zu Mars sowie Chiron, Transpluto, 135° AC zu Sonne, Merkur, zudem 135° Mars-Pholus, Venus, 45° Mond-schwarzer Mond).

Die saturnische Betonung ist leicht zu unterschätzen. Doch Pluto in Steinbock am MC ist an sich schon belastend und hat wohl mit seinen Krankheiten zu tun. Steinbock und Saturn betreffen das Gehör, Saturn mit Quincunx zur Pluto-Konstellation am MC, saturnisch verbunden mit dem Drachenkopf und mit Mars, sind belastende Faktoren. Beethoven muss angesichts seiner Leiden enormen Willen für sein Schaffen aufgebracht haben.

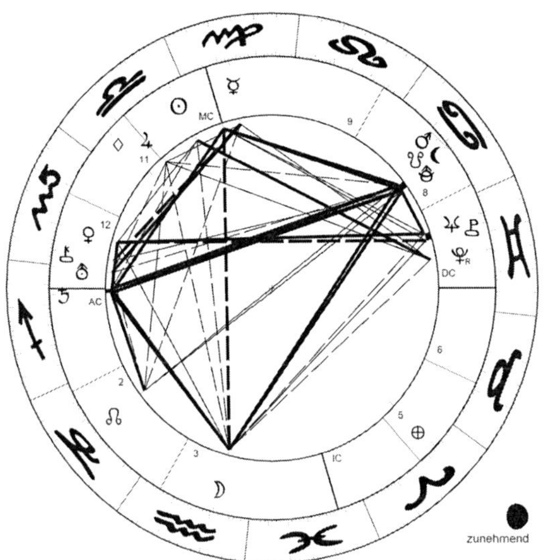

Abbildung 108: George Gershwin, 26.9.1898, 11h09, New York/NY/USA

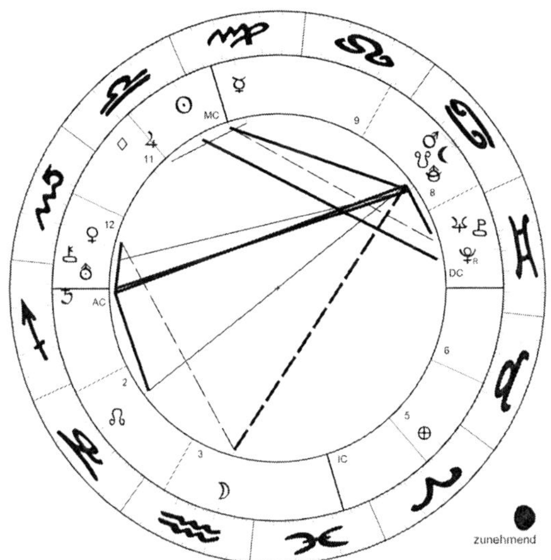

Abbildung 109: George Gershwin, 26.9.1898, 11h09, New York/NY/USA Radix mit quintilischen Aspekten Orbis 1°

Mars ist Spannungsherrscher im Dialog mit Sonne, Merkur und dem Neumond in Schütze. Oppositionen sind jupiterhaft hilfreich durch ihren vermittelnden Charakter. »Natur« macht Beethoven, neben geistlichen Werken, oft zum Thema. Das Stellium Mond, Merkur, Sonne, Jupiter in den Häusern 8 und 9 ermöglicht Selbstreflektion. Daneben deutet dieses Bild auf das Ansehen Beethovens, das er in der gehobenen Gesellschaft genossen hat.

George Gershwin

Amerikanischer Komponist, komponierte Schlager, Musicals, Revuen. Zusammen mit seinem Bruder, Ira Gershwin, schuf er den sogenannten »Sinfonischen Jazz«, einen Zusammenklang von europäischen Musikelementen mit amerikanischem Jazz sowie einer ausgefeilten Rhythmik. Er ist bekannt für seine Klavierkonzerte, beliebt ist weiter die RHAPSODIE IN BLUE (1924), F-MOLL (1925) sowie das Orchesterstück AN AMERICAN IN PARIS und die Oper PORGY AND BESS. Gershwin starb mit 39 Jahre am 11.7.1937 in Hollywood.

Sein Bruder Ira Gershwin geb. 6.12.1896, Komponist und Texter, starb am 17.8.1983, 87-jährig, und wurde mehr als doppelt so alt wie sein berühmter Bruder George.

Bereits im herkömmlichen Horoskop von George Gershwin springt eine starke quintilische Figur ins Auge. Sehr markant zeichnet sein quintilisches 1°-Horoskop mit mehreren genauen, zusammenhängenden Figuren aus sämtlichen quintilischen Aspekten. Sie charakterisieren seine eindringliche Musik perfekt.

Karlheinz Stockhausen

Karlheinz Stockhausen wird als »Avantgarde-Komponist« bezeichnet. Er war ursprünglich Bar-Pianist, Fabrik- und Gelegenheitsarbeiter, Experimental-Komponist (u. a. Schüler von Messiaen und Milhaud), Kompositionslehrer, Musiktheoretiker, Vertreter der seriellen und elektronischen Musik. Er drang mit Klang und Musik in mystische Dimensionen vor. Werke wie GESANG DER JÜNGLINGE

(1956), HYMNEN (1967), MANTRA (1970) sowie die Oper SAMSTAG (1984) haben ihn bekannt gemacht.

Stockhausens Musik besteht, im Gegensatz zur sonstigen Szene moderner Musik, nicht überwiegend aus Disharmonien. Ich empfand seine Kompositionen von Beginn an als charaktervoll und ganzheitlich im Gegensatz zu anderer »moderner« Musik, die mir schwerfällig und konstruiert zu sein scheint und zuweilen, ob dem Reiten auf Misstönen, Ohrenschmerzen bereitet. Im BADENER-TAGBLATT vom 7.9.2018 wurde Stockhausen durch Thomas Meyer unter dem Titel *Vorbild und Freak* in einem fast ganzseitigen Bericht als *»eine der großen Persönlichkeiten der zeitgenössischen Musik, auch noch elf Jahre nach seinem Tod«* vorgestellt.

In Stockhausens Radix mit Uranus am MC in Widder prangt ein quintilisches Dreieck der Überzeugung, das den 1°-Orbis übersteigt, Stockhausen, sein Leben und seine Musik jedoch charakterisiert. Er war – seinem Uranus entsprechend – ein veritabler Neuerer auf dem Gebiet der zeitgenössischen klassischen Musik. Uranus steht in Widder in enger Konjunktion mit dem MC. Thomas Meyer schrieb im Badener Tagblatt weiter:

> Die Zwölf hatten er und seine Altersgenossen aus der Zwölftontechnik Arnold Schönbergs und Anton Weberns übernommen und über die ganze Musik gelegt. Sie wurde zur magischen Zahl der Avantgarde. Stockhausen hielt daran fest und manifestierte sie als Urzelle seiner Musik. Dabei stiess er immer wieder in neue Räume vor.

Außer fünf Tridecilen verzeichnet Stockhausens quintilisches Horoskop das Biquintil Saturn-Pluto. Stier und das zweite Haus in plutonischer Verbindung, beide verwandt durch ihr starkes Wertebewusstsein, tragen und steigern das Selbstwertempfinden entsprechend. Das Biquintil Saturn-Pluto bestärkt hier die Überzeugung, eine Mission zu haben in der geistigen Geschichte der Menschheit. Dass diese verstärkt werden muss, schwächt sie andererseits wieder etwas ab – alles im Lot!

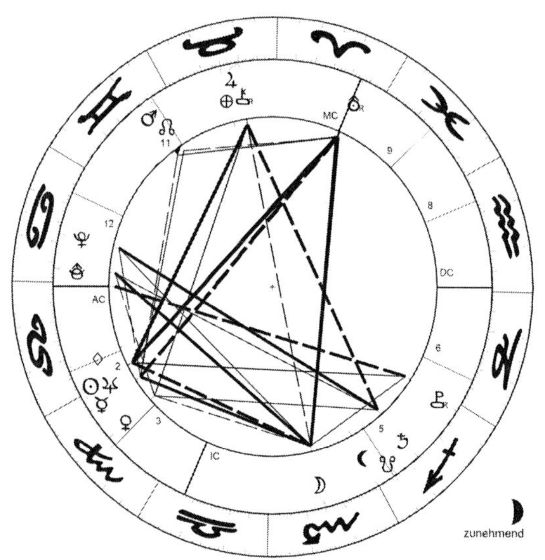

Abbildung 110: Karlheinz Stockhausen, 22.8.1928, 2h00, Kerpen/D

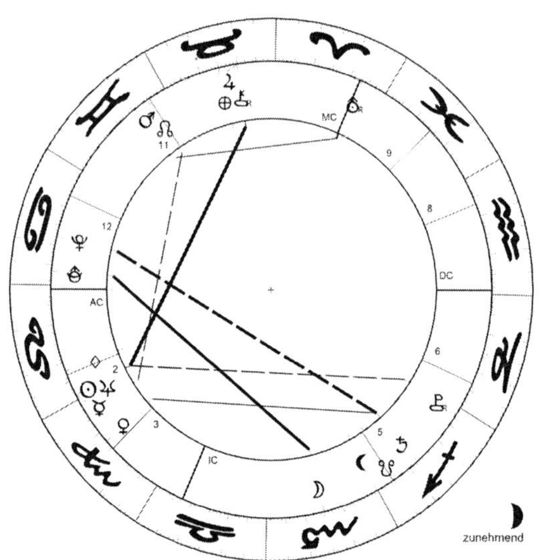

Abbildung 111: Karlheinz Stockhausen, 22.8.1928, 2h00, Kerpen/D, Kernhoroskop quintilisch, Orbis 1°

Zum Tod von Polo Hofer schrieb Marc Krebs im BADENER TAGBLATT vom 24. Juli 2017:

> Mit Polo Hofer ist ein Pionier verstummt. In den 1970ern zählte er als Sänger von Rumpelstilz zu den Wegbereitern des Berner Rocks. Der Interlakner gab der Gegenbewegung, den Hippies, ein Gesicht. Und er gab ihr Songs, die ein Lebensgefühl vermittelten, in einer Sprache, die jeder verstand: Mundart. Im Wissen, dass er damit eine ganze Generation unterhalten konnte.
>
> So kombinierte Polo Hofer Pioniergeist mit Kalkül. Früh realisierte er, wie er mit nonkonformem Verhalten Aufsehen erregen konnte: Er lieferte Plädoyers fürs Kiffen (»Vogelfutter«), sang im ersten Schweizer Reggaesong TEDDYBÄR über Kamasutra und unterstützte die Liberalisierung des Radiomarktes (»Radio 24«). Hofer, ein 68er, rüttelte die konservative Schweiz auf. Er hatte Bob Dylan studiert und für die Schweiz adaptiert. So machte er sich stark für eine offene Gesellschaft und war bald mehr als nur Sänger; eine identitätsstiftende Figur, ein Sprachrohr.
>
> Mit zunehmendem Erfolg erkannte man auch seine bürgerliche Seite: Er sah sich als KMU-Chef, der Mitmusikern ein Einkommen gab, war Chef, Bandleader – blieb aber in seinen Sprüchen Klassenclown. Nahbar und aufmüpfig, diese Kombination machte ihn zum Phänomen: »Polo National« hiess man ihn. Weil er lange Zeit der erfolgreichste Rockstar war, der mit Refrains wie ALPENROSE Evergreens landete. Und weil er mit seinen Sprüchen alle unterhielt: Die Festbesucher im Festzelt wie auch die Fernsehzuschauer von Talkrunden. Er war ein Hofnarr und Charakterkopf, ein Troubadour und Pionier. Vor allem aber war er eines: einzigartig.

Bereits das Grundhoroskop von Polo Hofer zeigt enorm viele quintilische Aspekte – quintilische Dreiecke gepaart mit roten Aspekten. Die Aspektfiguren sind durchgehend geschlossen.

Im Kernhoroskop dominieren die quintilischen Aspekte immer noch, sämtliche Größen sind vertreten. Geschlossene Figuren sind allerdings keine mehr vorhanden, jedoch gibt es Verbindungen zu anderen 1°-Aspekten. Das quintilische Horoskop von Polo Hofer weist auf einen tief im emotionalen Bereich ruhenden, zäh festhal-

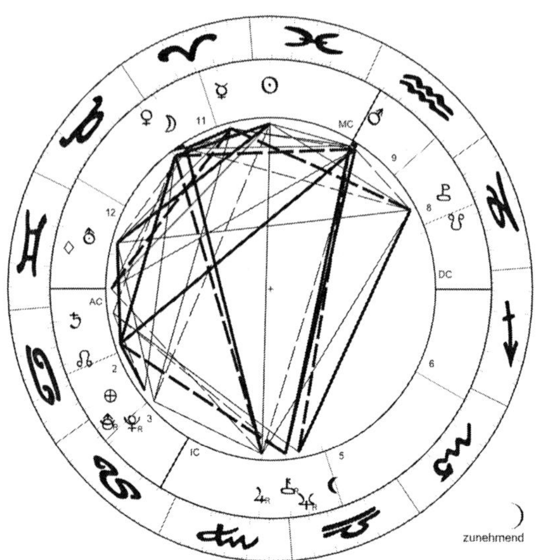

Abbildung 112: Polo Hofer, 16.3.1945, 10h45, Interlaken/CH

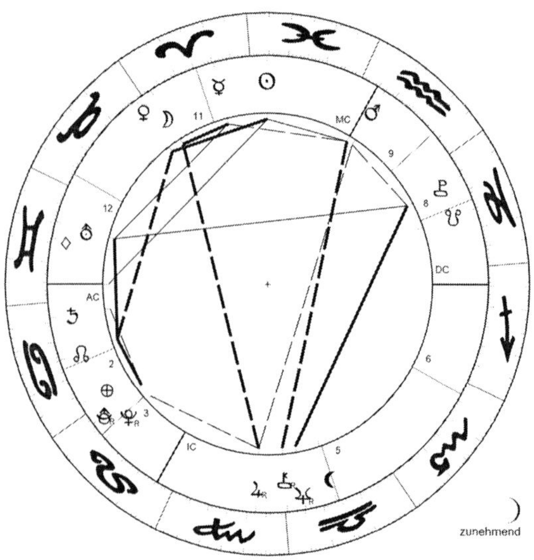

Abbildung 113: Polo Hofer, 16.3.1945, 10h45, Interlaken/CH, Kernhoroskop quintilisch, Orbis 1°

haltenden und intensiv hypnotisch/hypnotisierend wirkenden Menschen. Das Leben des Mundart-Rocksängers Polo Hofer ist ein gutes Beispiel für große Erfolge dank tiefstem Vertrauen in spezielle eigene Fähigkeiten. An möglichen Scheidewegen hat er sich nicht auf die Meinungen anderer – auch nicht auf die seiner Nächsten, sondern stets konsequent auf seine eigene, zutiefst verankerte Emotionalität verlassen und sich als Künstler für seinen ganz persönlichen Weg entschieden. Härten und störenden Nebengeräuschen seines unkonventionellen Lebens begegnete er gelassen, akzeptierte freiwillig und klaglos, dass er sie in Kauf nehmen musste. Das ist quintilische Konsequenz und Härte in Reinkultur. Ich bin nicht Liebhaber dieser Art Musik, aber seine Musik berührt mich – durch ihre Echtheit.Polo Hofer ist 72-jährig gestorben. Das ließ zum Vorneherein darauf schließen, dass er charakterlich quintilisch betont war, »betont« hier auch im musikalischen Sinn.

Herbert von Karajan

Pholus – sichtlich Dirigent im Dirigenten-Horoskop – ist hier Spannungsherrscher, diesmal im Musikzeichen Waage. An der Ecke eines gleichschenklichen quintilischen Dreiecks steht er der überstark betonten Du-Seite, dem Publikum, hier in doppeltem Sinne, als Dirigent gegenüber. Gemäß seinem 11. Haus und Uranus in Steinbock im 2. Haus suchte Karajan stets nach Neuerungen im Bereich der Aufnahmetechnik und Technik überhaupt. Auch neigte er dazu, Musik zu akzentuieren (man höre dazu etwa seine Intonierung von Maurice Ravels Bolero). Als Widdergeborener trieb er in der Freizeit viel Sport. Daneben zog er sich gerne zurück, lebte nicht den Salonlöwen, den er, gemäß seines 3. Quadranten hätte sein können (Sonne Widder, Aszendent Skorpion). Den dritten Quadranten, insbesondere das 7. Haus, verschrieb er der Kunst und Kultur, seinem Werk.

Der Mitspannungsherrscher Uranus in Steinbock im 2. Haus (spricht ebenfalls für Nähe zu musikalischer und auch sonstiger Technik) liegt dem Gesellschaftsquadranten gegenüber. Mit

Abbildung 114: Herbert von Karajan, 5.4.1908, 22h30, Salzburg/A

Transpluto – dem Musik- und Kulturplaneten, in Konjunktion zu Neptun und Drachenkopf in Krebs besetzt – wurde Karajan laut Haus 8, Feld mit Pluto an dessen Spitze, von einem kritischen Publikum als Klangspezialist (manche sagten »Klangfanatiker«) bezeichnet und dafür bekannt. Für diese Einschätzung sprechen auch das 7. Haus mit Mars in Stier in enger Konjunktion mit Venus sowie der Mond in Zwillinge.

Viel Druck herrscht insgesamt im Publikumsquadranten drei für die sechs Gestirne von Mars bis zum Schwarzen Mond. Druckträger in Karajans Horoskop sind Venus und Mars in Konjunktion mit dem Deszendenten. Karajan hatte entsprechend viele Verehrerinnen. Er förderte begabte Musikerinnen und Musiker, wobei er teilweise als parteiisch kritisiert wurde.

Medizin und Ernährung

Dr. Max Bircher-Benner

Dr. Max Bircher-Benner war Arzt und überzeugter Rohköstler. Durch sein Früchtemüesli aus Haferflocken, Äpfeln, Nüssen, Zitronensaft und gezuckerter Kondensmilch, das er seinen sieben Kindern und den Patienten seines Sanatoriums am Zürichberg vorsetzte, gehört er heute zu den bekanntesten Persönlichkeiten der Schweiz. Auch im Ausland ist sein Früchtemüesli weit herum bekannt und beliebt. Bereits Kindern ist Birchermüesli ein Begriff.

Als er jedoch um 1900 vor Zürcher Ärzten erklärte, dass Getreide, Früchte und Gemüse hochwertigere Nahrung sei als Fleisch, erntete er Spott. Zu der Zeit war Bircher bereits überzeugter Alkohol-Abstinent, was ihn zusätzlich zum Sonderling machte. Der Erfolg mit seiner Ernährungslehre und der Klinik zeigte sich erst nach und nach.

Bircher soll zudem ein guter Pianist gewesen sein. Auf Musikalität weisen Mars in Waage (Gefühl für Rhythmus) im mitteilsamen Haus drei sowie Mond Konjunktion Pluto eleviert in Stier, Haus zehn (betonter Gefühlsausdruck). Seine Jugendfreundin Sophie Hämmerli-Marti sagt über ihn: »Eine unerhörte Willenskraft war dem verschlossenen Menschen eigen. Er meisterte und stählte seinen eher schwächlichen Körper durch harte Willensübungen: Turnen, Reiten, Jurawanderungen bei jedem Wetter und Schwimmen im kalten Aarewasser.« Sein Horoskop zeigt zwei geschlossene (quintilische) Überzeugungs-/Willensdreiecke!

In seinem Mus waren ihm vor allem die Äpfel wichtig. Deshalb nannte er es »Apfeldiätspeise«. Die süße Kondensmilch soll er nur verwendet haben, weil die Rohmilch damals ein zu großes Tuberkulose-Risiko barg. Bis zur Mitte des 20. Jahrhunderts hatte das Birchermüesli den Durchbruch geschafft: Die Schweizer aßen es regelmäßig zum Abendessen und es wurde auch in Gefängnissen, Heimen und dem Militär serviert.

Sein Radixhoroskop betont aufsteigend die Lebenssymbole

Abbildung 115: Max Bircher-Benner, 22.08.1867, 03h30, Aarau/CH

Sonne und Venus im vitalen Tierkreiszeichen der Herzkraft, Löwe. Merkur aufsteigend weist auf den Wissenschaftler, Venus in den Halbsummen Sonne/Merkur auf die Wissenschaft der Lebenskräfte allgemein, insbesondere im Hinblick auf die Ernährung (Venus). Durch den vorgeburtlichen Neumond mit Sonne in Wassermann waren lebenswichtige »Erneuerungen im Bereich der Lebenskräfte« vorprogrammiert. Gemäß dem aufsteigenden Mondknoten in Jungfrau empfand Bircher das Ernährungshaus zwei als Lebensaufgabe, sich den eigenen Schwächen und ererbten Krankheiten wie auch den gesundheitlichen Mängeln der Bevölkerung – Chiron in den Fischen in Haus acht – anzunehmen. MC in Widder: Bewegung und Aktion wurden zudem von Bircher als »A und O« des Gesundens erkannt, hartnäckig verfolgt und gelebt. Mond und Pluto eingeschlossen in Stier: »auf reine Natur«, wie u. a. auf naturbelassene Ernährung fokussiert sein, Frontalangriff von Spannungsherrscher Saturn in Skorpion (hartnäckig, bleiern, unbedingt). Die Opposition Saturn zu Mond und Pluto zeigt deren

Vermittleraufgabe erschwert. Doch in der Halbsumme Neptun/Transpluto ist auch Bereitschaft zur Anpassung gegeben: Das Birchermüesli ist nicht Strafnahrung, sondern appetitlicher Anreiz, es zeitigt Wohlbefinden und Gesundheit.

Mars in Waage im dritten Haus, Mitspannungsherrscher, erweist den Arzt Bircher als wirkungsvoll mitteilsam: Mars steht in Waage an der Spitze des quintilischen Überzeugungsdreiecks mit den Biquintilen zu Jupiter und Mond, Pluto in Stier eingeschlossen – fokussiert auf Rohkost. Hinter dem starken Willen von Bircher steht entsprechend, ein plutonischer Überzeugungsaspekt von 144° von Venus zu Chiron. Der »Technikerwinkel« von 108° verbindet den Schwarzen Mond – in Steinbock beharrlich – mit dem MC: Bircher entwickelte eigens Techniken, um Leben (Haus 5) zu stärken. Saturn im Herkunftshaus vier in Opposition zu Mond und Pluto – in Stier unbeirrbar eingeschlossen – deuten auf das Bestreben, ererbte gesundheitliche Schwächen und Schäden u. a. durch strikte Ernährungsregeln hartnäckig zu korrigieren.

In Birchers Horoskop sind sämtliche plutonischen Winkel vertreten, stark verbunden mit roten Aspekten, die mit den quintilischen Winkeln mathematisch verwandt sind (4x22,5° = 90°) und sich somit gegenseitig unterstützen und stärken, was nochmals auf die absolute Entschlossenheit des Arztes hinweist, den tief greifenden Wandel – insbesondere durch gesunde Ernährung – zur Stärkung der Lebenskräfte in der eigenen und weiteren Familiengeschichten durchzusetzen.

Pfarrer Sebastian Kneipp

Pfarrer Sebastian Kneipp lebte von 1821 bis 1897 in Süddeutschland. Kneipp, Sohn armer Weber, lernte zunächst ebenfalls Weber, fühlte sich jedoch zum Priester berufen und begann mit dem Studium. In dieser Zeit erkrankte er an Lungentuberkulose. Von den Ärzten aufgegeben, las er Schriften der sogenannten »Wasserhähne«. Mittels deren Methoden – unter anderem machte er regelmäßig winterliche Tauchbäder in der eiskalten Donau – unterzog

Abb. 118: Sebastian Kneipp, 17.05.1821, 22h48, Ottobeuren/D

er sich selber einer Wassertherapie. Mit Erfolg, er wurde dadurch vollständig gesund! Diese Erfahrung prägte sein Leben – und sein Leben prägte die Wasserheilkunde. Auf Drängen seiner Mitstudenten verriet er diesen die Geheimnisse seiner Lehre. Dafür handelte er sich prompt eine Rüge wegen unerlaubter Ausübung der Heilkunde ein. Doch seine Erfolge sprachen für sich. 1886 verfasste er sein Werk MEINE WASSERKUR. Sebastian Kneipp nimmt unter den Wasser-Heilern einen besonderen und einzigartigen Platz ein.

Kneipps Ruf breitete sich rasch aus. Kranke kamen von weit her zu ihm. Trotz Anfeindungen von Behörden und Ärzten und entgegen den Anweisungen der Kirchenoberen fuhr er fort, Kranke zu behandeln. Schließlich musste die Schulmedizin die Wirkung der Kneippschen Methode anerkennen – obwohl sie damals wissenschaftlich nicht nachweisbar war. Die Wasseranwendungen nach Kneipp wirken über die Haut und das Nervensystem auf Wärmehaushalt, Stoffwechsel, Kreislauf und Nerven. Sie steigern das Wohlbefinden und stärken die Abwehrkräfte.

Die berühmteste Anwendung ist das Wassertreten. Mit unermüdlichem Eifer und Einsatz verfeinerte und erweiterte Pfarrer Kneipp seine Methode. Neben verschiedenen Kaltwasserkuren entwickelte er die Güsse. Vor allem dieser Teil seiner Behandlungsmethoden hat bis heute überlebt. Die medizinische Wirkung ist unterdessen umfassend erforscht und anerkannt. Güsse, Bäder und Wickel gehören zur Standardbehandlung in vielen Heilbädern und Sanatorien. Ihr größter Vorteil besteht darin, völlig natürlich und ohne irgendwelche Nebenwirkungen zu sein.

Das Horoskop von Sebastian Kneipp betont überwiegend die Ich-Hälfte und die Instinktseite entsprechend seinem Solo-Gang, seinem Instinkt, dem er vorerst zu seiner eigenen Heilung folgte. Sonne, Venus und Merkur in Stier in den Häusern drei und vier bezeichnen seine Herkunft als behäbig. Doch ist das dritte Haus – Stätte des Überlegens und Vergleichens – beachtlich besetzt. Mars, Herrscher im eigenen Zeichen, entspricht dem zähen Widerspruchsgeist dieses Mannes. Er machte sich jeweils seine eigenen Gedanken über sein Leben und das Leben an sich. Er dachte zusammenhängend und realistisch, bewegte sich dabei in geistigen Dimensionen, ohne als Pfarrer den Boden der Realität zu verlassen. Seine Gläubigkeit paarte sich mit dem Realismus und der Hartnäckigkeit, die dem Tierkreiszeichen Stier eigen sind. Wodurch er sich schwerlich beirren ließ.

Der Vollmond in Schütze im 11. Haus ist reichlich verbunden mit dem übrigen Horoskop, was von großer Popularität und Begeisterungsfähigkeit zeugt. Pluto deutet mit Quintil zum Aszendenten auf krass umgestaltende, auf hypnotisch eindringlich wirkende Fähigkeiten seiner Persönlichkeit. Die Wasser-Planeten Mond, Neptun und Pluto sowie der Heilerplanet Chiron vereinen eine große Anzahl Aspekte auf sich, was zusammen mit dem Mond in Schütze im elften Haus auf einen großen Freundeskreis hinweist, der ihn verehrte und unterstützte.

Rote Aspekte überwiegen in diesem Radixhoroskop, dazu kommen viele schwarze – plutonische – Aspekte, wodurch Kneipp seine Überzeugungen hoch hielt.

Forschungsergebnisse

In der Vergangenheit blieben die Aspekte **Quintil** und **Biquintil** erstaunlich unerkannt, teilweise unverstanden, was ihre Bedeutung betrifft, und wurden folglich meist weggelassen. In der Horoskop-Deutung wurden der Grundaspekt Quintil sowie das Biquintil meist als gleichbedeutend bezeichnet.

Als fast gänzlich fremd verweilte zudem die decilische Aspekt-Reihe mit den Aspekten Halbdecil, Decil und Tridecil in einem Dornröschenschlaf. Der Zeitpunkt, sie aufzuwecken war damit gegeben, wenn hier auch nur im Nebenbei!

Unterschätzt zu werden gilt für die quintilischen Aspekte an sich: Ihrer sublimen und geheimnisvollen Natur entsprechend vermögen sie sich hinter der Bezeichnung »Nebenaspekte« zu verstecken und werden aus den Horoskopen verbannt. Ebenso werden Menschen mit quintilischen Horoskopen anfänglich oft gewaltig unterschätzt oder unterdrückt. Dadurch sammeln sich in ihnen Kräfte an, die im geeigneten Moment ex- oder implodieren, Letzteres möglicherweise als Krankheit. Von Menschen mit einem stark quintilischen Horoskop bekommt man den Eindruck, schlummernde Fähigkeiten erwachten zu gegebener Zeit – im Guten wie im Bösen – zu gigantischer Auswirkung, zu übermenschlichem Gestaltungsvermögen oder unmenschlichster Boshaftigkeit und grausamer Rache. Es scheint, als vermöchten sie mit ihren Kräften das Schicksal zu drehen, jedwelche Türe aufzustoßen, Unmögliches möglich zu machen und andere für ihre Sache zu instrumentalisieren oder zu vernichten.

Quintilische Aspekte sind nicht intellektuell, sondern instinktiv und emotional wissend – ein Wissen, welches jeden einzelnen Schritt des Werdens und Vergehens beinhaltet und mit diesem weit über die Lebensgrenzen hinaus reicht.

Zentral für die Deutung sind folgende Erkenntnisse:

- Als gesichert erkannt wurde der **grundsätzlich plutonische Charakter aller quintilischen Aspekte**, wobei der Venuseinfluss mitschwingt, entsprechend der Stier-Skorpion-Achse.
- Ferner zeigte sich, dass **beide Herrscher des Tierkreiszeichens Skorpion** – Mars, der alte und Pluto, der neue Herrscher – für Bedeutung und Verständnis quintilischer Aspekte **wirksam** sind.
- **Pluto** geriet in Vorzeiten in den Grenzbereich des Sonnensystems und wurde schließlich von der Sonne – bisher Letzter in der Reihe – als Trabant in ihre Bahn gezwungen. Dieser Zwang haftet ihm merklich an. Doch das ist letztlich eine Fehlinterpretation. Im Weltall herrscht nicht Zwang, sondern Folgerichtigkeit. **Pluto zwingt nicht, sondern zeigt an, mit welchen Änderungen und Konsequenzen im Leben vermehrt zu rechnen oder momentan umzugehen ist.**
- Pluto kennt wie alle anderen Himmelskörper nur einen Weg, den des logischen Fortschreitens! Sein vermeintliches Rückwärtsbewegen wirkt wie eine heimliche Drohgebärde. Pluto ist mit bloßem Auge nicht sichtbar, ein Einzelgänger. Die Wissenschaft hat ihm den Status »Planet« abgesprochen. Wissenschaftliche Versuche konnten jedoch Plutos Wirkung auf Wasser sogar in einer Kaffeetasse nachweisen. Charakter und Stärke plutonischer Kräfte sind es, die in quintilischen Aspekten – im Guten wie im Bösen – kräftig mitwirken und den Menschen zeitweise, oder für immer, vor moralische und ethische Fragen stellen.«
- Der alte Herrscher, **Mars**, wirkt in quintilischen Aspekten als **Impuls**, der in der Folge die plutonischen Kräfte wie mittels eines Schalters auslöst. Dem ist beizufügen, dass für quintilisch/plutonisch/skorpionisch betonte Menschen der Impuls, etwas zu vollbringen, oft umso stärker ist, je unmöglicher der Erfolg erscheint. Dabei offenbart sich die Unbedingtheit im Wesen von Pluto.

Weiter wird deutlich, dass das **Selbstwertempfinden** der jeweiligen Person am Schalthebel ihres Handelns sitzt. Naturbeobachtung zeigt: Die größten Gefahren im Tierleben lauern neben einem möglichen Nahrungsmangel (Venus-Pluto) oder systematischer Bekämpfung durch den Menschen, im Akt der Fortpflanzung (beides unter der Symbolik von Venus-Pluto und den Häusern 2/8). Kämpfe zwischen Rivalen enden oft tödlich, wenn der Schwächere nicht ablässt! Der Stärkere überzeugt: Er wird die neue Generation begründen. Daraus ist ersichtlich, wie tief und unbedingt das Selbstwertempfinden in der Natur greift. Nicht anders in der menschlichen Natur. Starkes Ungleichgewicht im Empfinden eigenen Werts gehört zu den häufigsten Ursachen seelischer und in der Folge körperlicher Krankheiten. Mangel an Selbstwert löst Zwänge aus, wie jenen, hinter allem und jedem – hinter Lob und Tadel – Herabsetzung zu sehen oder zwanghaft das Herabsetzende zu wiederholen, um den eigenen Minderwert zu bestätigen. Im Horoskop äußern sich Selbstachtung und Selbstbewertung durch die Häuserachse 2/8 entsprechend den Tierkreiszeichen Venus-Pluto und in der Symbolik quintilischer Aspekte grundsätzlich.

Anhand von **quintilischen Aspektfiguren** und dem Vergleich mit den Persönlichkeiten, in deren Horoskopen besonders das hohe Dreieck mit seitlichen Biquintilen und dem Quintil als Grundlinie oft mehrmals oder betont vorkommt, konnte die Figur als »Überzeugtheit in einer Sache« erkannt werden. Dies findet sich z.B. in den Horoskopen von Päpsten, wie auch in sämtlichen untersuchten Geburtsbildern von Astrologen und Astrologinnen!

Deutungshilfe

Quintil – 72°
Charakter: Venus, Mars, Pluto
Themen und Eigenschaften:
Bewegungs- und Aktivierungsbedürfnis, helfen, verschönern, gefallen, beeindrucken, beeinflussen und sich charmant durchsetzen wollen, werben, provozieren, beherrschen, vereinnahmen, herausfordern, kompensieren, kritisieren, bloßstellen, kämpfen, rächen
Sexualleben, Gestaltungs- und Verwirklichungskraft, Kultur, Durchsetzungskraft, Geltungs- und Machtstreben, Egozentrik, Direktheit, Rücksichtslosigkeit, Leidenschaft, Triebhaftigkeit, Versuchung, Täter-/Opferhaltung, Gewalt, (Sex-)Besessenheit, Abnormität
Nach gesunder Lebensweise streben als mögliche Regeneration der Geisteskräfte

Biquintil – 144°
Charakter: Jupiter, Saturn
Themen und Eigenschaften:
Überzeugung, Glaubens-, Erkenntnis-, Überzeugungskraft, Ausdauer, Maß, Statik, Selbstüberschätzung, Selbstunterschätzung, übertreiben, einschränken.
Unduldsamkeit, Fanatismus, Absolutheit, der Zweck heiligt die Mittel

Decil – 36°
Charakter: Merkur, Jupiter, Transpluto
Themen und Eigenschaften:
Angeregtes Bestreben, Gesetzmäßigkeiten von Zahlen und Proportionen zu erforschen und umzusetzen in Bereichen der Landschaftsgestaltung, Architektur, Wissenschaft und Forschung. Abwägen, ausbalancieren, vermitteln. Anpassung, Schein.
Intelligenz, trendige Idee, Zustimmung erhalten, Einheit, Harmonie

Tridecil – 108°
Charakter: Uranus, Neptun, Transpluto
Themen und Eigenschaften:
Vorstellungsvermögen, Einfälle, Wissenschaft, Erkenntnis, Beziehung zum Erforschen des Unbewussten und Übersinnlichen, Freiheitsbedürfnis, Fortschritt, Sensibilität, Menschseinsidee, Mystik, Inspiration, Finden, Erfinden, Wandlung, Irre, Überrissenheit, Bewusstseinsstörung, Verworrenheit

Sich für fortschrittliche wissenschaftliche und geisteswissenschaftliche Theorien und Erkenntnisse interessieren, das Zusammenleben mit der Natur betreffend

Nach Möglichkeiten suchen, diese praktisch umzusetzen und zu nutzen.

Halbdecil – 18°
Charakter: Merkur, Jupiter; Transpluto
Themen und Eigenschaften:
Gesellschaftliche und kulturelle Werte pflegen und fördern in Form von körperlicher, künstlerischer und geistiger Betätigung wie Kommunizieren, Lesen, Vermitteln, Rechtsprechung, Reisen, Gestikulieren, Turnen, Tanzen …

Formen, gestalten, lehren, lernen, schreiben, Pflege von Literatur, Kunst, Spiel, Tanz, Theater; Ethik, Kultur, Handel

Empfindlichkeit gegen Fehleinschätzung, Unterbewertung, Belehrung, Perfektionismus, Snobismus, hohe Erwartungen.

Schäden durch Verwöhnung, Selbstüberschätzung, Suchtmittel, Angeberei, Theatralik, Größenwahn

Aussagen über die körperliche Beschaffenheit: Je kleiner der Aspekt, umso tiefer liegende, komplexe genetische Strukturen repräsentiert er, und umso tiefer unbewusst, zusammenhängender und gleichzeitig potenzierter ist deren Charakter.

Literaturverzeichnis

Karl Brandler-Pracht, DIE ASTROLOGISCHE TECHNIK, Berlin, 1934, mehrmals überarbeitet, Erstausgabe 1905

Wolfgang Beuer, Irmtraud Dümotz, Sergius Golowin, LEXIKON DER SYMBOLE, Wiesbaden 1980

Geoffrey Dean, RECENT ADVANCES IN NATAL ASTROLOGY, 1977, Prepared under the aegis of Arthur Mather, published by *The Astrological Association*

Dr. Baldur R. Ebertin, KOSMOBIOLOGISCHE DIAGNOSTIK – DIE KOSMISCHEN SYMBOLE, STRUKTUREN UND RHYTHMEN IN UNS – EIN KURSUS PRAKTISCHER KOSMOBIOLOGIE, drei Ordner in Buchformat, Freiburg im Breisgau 1984

Dr. Baldur R. Ebertin, DAS ABC DER KOSMOBIOLOGIE, Freiburg im Breisgau 1989

Reinhold Ebertin, STERNE HELFEN HEILEN, Freiburg im Breisgau 1981

Reinhold Ebertin und Georg Hoffmann, DIE BEDEUTUNG DER FIXSTERNE, Freiburg im Breisgau, 1979. 3. Auflage, enthalten ist Elsbeth Ebertin STERNENWANDEL UND WELTGESCHEHEN, 1928,und Anhang: *Die Bedeutung der Fixsterne*, Kempten 1927

Reinhold Ebertin, DAS KONTAKT-KOSMOGRAMM, Aalen 1973

Reinhold Ebertin, KOMBINATION DER GESTIRNEINFLÜSSE, Tübingen 2018, Erstausgabe 1934

Frank A. Glahn, ERKLÄRUNG UND SYSTEMATISCHE DEUTUNG DES GEBURTSHOROSKOPES, Bad Oldesloe 1924

Jeff Green, PLUTO - DIE EVOLUTIONÄRE REISE DER SEELE, München 1989

Karen M. Hamaker-Zondag, DEUTUNG VON ASPEKTEN UND ASPEKTFIGUREN, München 1998

Robert von Heeren und Dieter Koch PHOLUS – WANDLER ZWISCHEN SATURN UND NEPTUN: DIE WENDUNG INS UNERWARTETE, Mössingen 1995

HERDER LEXIKON SYMBOLE, Verlag Herder, Freiburg im Breisgau 1978

Gertrud I. Hürlimann, ASTROLOGIE – EIN METHODISCH AUFGEBAUTES LEHRBUCH, 3. Auflage, Schaffhausen 1984

Dr. Walter Koch, ASPEKTLEHRE NACH JOHANNES KEPLER. Bietigheim 1979

Dr. Walter Koch, GESAMMELTE AUFSÄTZE – GESTALTHOROSKOPIE, Bietigheim 1980

Meier-Parm (Heinrich Christian Meier-Parm), GANZHEITSSCHAU IM HOROSKOP, Warpke-Billerbek 1954

Thomas Ring, ASTROLOGISCHE MENSCHENKUNDE, Band 1: Kräfte und Kräftebeziehungen, Freiburg 1997

Dane und Leyla Rudhyar, ASTROLOGISCHE ASPEKTE, Tübingen 2007

A. Schmitt, DEUTUNG DER KLEINEN ASPEKTE, Sonderdruck 48, Warpke-Billerbeck (Hannover) 1956

Johannes Vehlow, DIE KONSTELLATIONSLEHRE – LEHRKURSUS DER WISSENSCHAFTLICHEN GEBURTS-ASTROLOGIE, Band 8, Berlin 1955

Hans-Jörg Walter, ENTSCHLÜSSELTE ASPEKTFIGUREN, Freiburg im Breisgau 1981

Hans-Jörg Walter, DIVINA COMMEDIA ASTROLOGICA – PRIME-HARMONICS: DIE COMPUTER-TOMOGRAPHIE DES HOROSKOPS, Frankfurt 1999

Jean Claude Weiss, HOROSKOPANALYSE, ASPEKTE IM GEBURTSBILD. Wettswil 1984

Alfred Witte, REGELWERK FÜR PLANETENBILDER; mit Hilfe von Hermann Lefeldt, Friedrich Sieggrün, Ludwig Rudolph, Hamburg, fünfte verbesserte Auflage 1959, Erstausgabe 1928

Standardwerke der Astrologie

BIL TIERNEY

Dynamik der Aspektanalyse

360 Seiten, Hardcover, 20 Abbildungen

ISBN 978-3-89997-137-8

Wie bei allen Lebewesen liegt auch der Astrologie ein »astro-genetischer« Code zugrunde. Dieses Potenzial findet in allen Zellen (Planeten, Zeichen, Häuser usw.) seinen Ausdruck. In den Aspektne verbergen sich besondere archetypische Ausdrucksweisen. Deswegen trägt er alle Aspekte vom 0-Grad-Widder-Punkt ab und assoziiert sie mit dem jeweils gefundenen Tierkreis oder dessen Herrscher.

Er fasst die Qualitäten und Bedeutungen. der Aspekte (von Konjunktion bis Novil), der unaspektierten rückläufigen oder stationären Planeten, der Aspektfiguren (Großes Trigon, T-Quadrat, Mystisches Rechteck usw.) und der der Quadranten zu einem ausführlichen Nachschlagewerk zusammen. So bekommen Sie auf leicht fassbare Weise Einblick in die hinter den Aspekten liegenden Gesetzmäßigkeiten und können sich Horoskope schneller erschließen. Abgerundet wird das Buch durch Horoskopbeispiele.

»Dieses Buch steht in einer Reihe mit dem Besten, was bisher beispielsweise von Oskar Adler und Dane Rudhyar an differenzierten Betrachtungen zu den Aspekten vorgelegt wurde.«

Astrologie Heute Nr. 121